Hans Liepmann
Spurensuche

Spurensuche

... und andere Jagdgeschichten

Von Hans Liepmann
Herausgegeben von Peter Herrmann

Verlagshaus Reutlingen · Oertel + Spörer

Titelabbildung von Günther Schumann, Homberg/Efze

Die Deutsche Bibliothek – CIP-Einheitsaufnahme

Liepmann, Hans:
Spurensuche : ... und andere Jagdgeschichten / von Hans Liepmann
Hrsg. von Peter Herrmann. –
Reutlingen : Verl.-Haus Reutlingen Oertel und Spörer, 2001
ISBN 3-88627-952-9

© Verlagshaus Reutlingen · Oertel + Spörer · 2001
Postfach 16 42 · 72706 Reutlingen
Alle Rechte vorbehalten
Schrift: 10,5/11,55 p Garamond
Lektorat: Martin Fuchs, Reutlingen
Satz und Druck: Oertel + Spörer, Reutlingen
Einband: Heinrich Koch, Tübingen
Printed in Germany
ISBN 3-88627-952-9

Inhalt

Vorwort 7

Der Feuerturm 9

... alles falsch im Leben 73

Stiftung Siebeneschen 147

Die Tote neben der Heidekrautbank 206

Vorwort

Zum 100. Geburtstag des verstorbenen Jagdgeschichtenerzählers, wie er sich bescheiden immer selbst bezeichnete, Hans Liepmann hat das zuständige Team des Verlages Oertel + Spörer aus den unveröffentlichten Manuskripten liebevoll das vorliegende 18. Buch zusammengestellt. Ich bin sicher, daß auch dieses wie das letzte „Und wenn es nicht ums Jagen wär" viele Liepmann-Freunde und auch wieder neue Leser begeistern wird.

Im Namen der Familie Liepmann sowie auch in meinem danke ich von Herzen dem Verlag, der die Realisierung dieses Buchprojektes ermöglichte, besonders Herrn Banaski, der meinen Herzenswunsch verstand, diese noch unveröffentlichten Werke Hans Liepmanns, der mir mehr als nur ein väterlicher Freund war, seiner alten und sicher auch neuen Leserschaft nicht vorzuenthalten, nachvollziehen konnte und entsprechend unterstützte. Auch diesesmal empfinde ich große Dankbarkeit gegenüber der Familie Liepmann, die mir die Ehre zuteil werden ließ, als Herausgeber zu fungieren.

Schließen möchte ich: „Glücklich der Jäger, der Hans Liepmann zum Freund haben durfte!"

Wadgassen, zum Beginn der Blattzeit 2001

Peter Herrmann

Der Feuerturm

Mit dem Mädchen stimmt etwas nicht!" sagte der Mann auf dem Feuer-
wachtturm halblaut vor sich hin. „Ja! Ganz und gar nicht!"
Seit dem Frühjahr hauste der Mann auf dem Turm, allein während vieler
Tage und mancher Nächte. Stundenlang klapperte seine Schreibmaschine.
Stundenlang las er oder sprach halblaut mit sich selbst, in Leidenschaft und
Zorn, Schwermut und Selbstverspottung, Sehnsucht und Hoffnung. Gelang-
weilt hatte er sich noch keinen Augenblick.
„Muß aufpassen, was sie vorhat", sagte er.
Er legte das Doppelglas auf den Klapptisch und rutschte auf der hartgepol-
sterten, aber breiten und bequemen Bank zur Seite, bis er das vor dem West-
fenster verschraubte Fernrohr einrichten konnte.
„So, jetzt habe ich dich. Jetzt werde ich deine Gedanken lesen. Indiskret? Verbitte mir den Vorwurf! Sorglich, nicht neugierig!"
Die starke Vergrößerung sog die Mädchengestalt dicht heran, als ginge sie
wenige Schritte vom Beobachter entfernt. Eine schmale, feine Gestalt übrigens, fußfreier leichter Kostümrock, lange Beine, helle Bluse unter offener
Jacke. Darüber ein nachdenklich zur Erde geneigtes Gesicht.
Der Mann setzte sein Selbstgespräch fort: „Blondes Haar ... strahlend blondes ... jauchzend blondes Haar. Hübsch, daß sie keinen Hut trägt, zusam-
mengenäht aus Modetorheit und Geschmacklosigkeit. Das Kopftuch ist rei-
zend. Resedagrün ... Aber man läuft doch nicht an einem Sommermittag,
unter der Woche, fünf Kilometer vom Dorf entfernt, auf einem Gestell hin
und her. Wo bloß Kiefern da sind und auf dem Lehmfleck die Douglasien.
Ohne Auto oder Fahrrad. Allein. Und grübelt und will zu einem Entschluß
kommen ... Ich sage: Da stimmt etwas ganz und gar nicht ... Teufel! Was
macht sie jetzt?"
Das Mädchen war inzwischen zum Abflußgraben getreten. Durch ihn wurde
im Flotterbruch eine nasse Senke entwässert, vor Jahren ausgepflanzt mit
Erlen und Fichten. Jetzt, im Hochsommer, führte er nur wenig gelblich
oder zartgrün faulendes Wasser. Das Mädchen holte etwas Korallenrotes
aus der Handtasche. Der Mann konnte selbst durch das Fernrohr die Bedeutung dieses faustgroßen roten Dinges nicht sofort erkennen. Aber die Bewegung des Mädchens ließ es erraten. Die schmale Gestalt bückte sich, um zu
schöpfen.
„Verrückt! Das Zeug kann man doch nicht trinken. Algen ... Schlamm ...
schmeckt doch nicht ... Ach so ... trinkt nicht. Nimmt den roten Zahnbe-
cher mit Dreckwasser mit. Geht jetzt runter vom Gestell ... Setzt sich hinter
dem Douglasienhorst in den Schatten. Stellt den Becher – vorsichtig, also
noch voll! – neben sich. Neben die Handtasche ... Wird mit dem Dreckwasser irgend etwas machen wollen ...
Schnell! Leise! Aber sehr schnell!"

Der Mann war ein Träumer, ein Spintisierer. Aber in einer plötzlich auftauchenden Schwierigkeit wußte er, sich ganz seinem Jägerinstinkt überlassend, schnell und folgerichtig zu handeln.

Er öffnete die Tür, die ins Freie führte. Wie alles an diesem Auslug, der zwanzig Meter hoch über horizontweiten, einsamen Wäldern ragte, war auch diese Tür beste Handwerkerarbeit. Sie schwang geräuschlos in sauber verschraubten, eingelassenen Angeln. Der Mann kletterte, so schnell es ihm möglich war, die achtundfünfzig Sprossen der zwei Leitern hinunter. Fast so behende wie ein Gesunder. Es fiel nur wenig auf, daß sein linker Rockärmel lose in der Jackentasche steckte. Auch das Hinken des linken Beines war auf der Leiter nicht zu bemerken. Erst unten, auf dem Waldboden, sah man es. Hier stützte er sich auf einen festen Eichenstock, der an der fünften Leitersprosse gehangen hatte.

Das Mädchen saß noch genauso hinter dem Tannenhorst. Auch der korallenrote Becher aus Kunststoff stand im Moos auf derselben Stelle. Das Grabenwasser hatte sich gesetzt. Es sah jetzt beinahe klar aus. Das Gesicht des Mädchens war trostlos. Viel trostloser, als wäre es von Tränen überströmt gewesen. Beim unerwarteten Auftauchen des Fremden blickten die Augen entsetzt. Dunkelblaue, angstgeweitete Augen. Die Hand machte eine fahrige Bewegung. Sie verbarg etwas, das im Schoß lag, auf dem geschmackvollen, schiefergrauen, mit schwarzen Punkten durchsetzten Stoff des Rockes.

„Bitte haben Sie keine Angst!" sagte der Mann. Er sprach eilig, aber um Deutlichkeit bemüht, etwa wie ein stark beschäftigter Arzt, der trotz seiner beschränkten Zeit dem Patienten alles verständlich machen will. „Ich bin der Wächter vom Feuerturm, sehen Sie: da drüben. Ich muß aufpassen, ob es nicht irgendwo brennt. 10 000 Morgen meist junger Wald. Ich sah Sie durch mein Fernrohr. Daß Sie allein sind. Da dachte ich ..." Er überlegte blitzschnell. Unmöglich, die Vermutung anzudeuten, sie könne etwas Wahnsinniges vorhaben. Er wußte es ja nicht einmal genau. Also sagte er, um Harmlosigkeit bemüht: „Ich dachte, es müßte nett sein, wenn Sie mir beim Mittagbrot Gesellschaft leisten würden."

„Ich danke", sagte das Mädchen. „Nein."

„Spiegeleier mit Weißbrot. Kartoffeln gibt's heute nicht. Man kann immer nur eine Sache auf dem Spirituskocher zurechtschmurgeln. Sonst wird es zu langweilig."

„Ich danke wirklich. Ich bin nicht hungrig."

„Deswegen würde ich Ihnen auch die Kletterei zu meinem Turmzimmerchen nicht zumuten. Aber die Aussicht ..." Er zögerte wieder einen Augenblick, diesmal, um das rechte Wort zu finden. „Die Aussicht ist ... ergreifend."

„Sie sind sehr ... Sie geben sich große Mühe mit mir. Ich muß aber ablehnen. Unter allen Umständen!"

„Mein Fräulein!" Seine Stimme hatte jetzt das Berufsmäßige des beratenden Arztes abgestreift. Sie klang sehr warm. „Mein Fräulein! Kommen Sie mir zu Gefallen mit! Ich hocke da oben Tag für Tag und sehne mich danach, daß mal ein Mensch vorbeikommt, der mir etwas von seiner Zeit schenkt. Außerdem ist es im Turmzimmer herrlich kühl. Da werden Ihre Kopfschmerzen sofort vergehen."

„Kopfschmerzen? Wie meinen Sie das?" Sie verstand ihn nicht.

„Sie haben sich doch vom Flottergraben Wasser mitgenommen. Bestimmt zum Nachtrinken. Weil Sie etwas einnehmen wollten. Darum dachte ich an Kopfschmerzen."

Sie war brennend rot geworden. Es sah bezaubernd und rührend aus, wie die Röte die Wangen färbte und das Stückchen Hals über der Bluse. Sie schüttelte den Kopf: „Nein. Ich habe keine Kopfschmerzen. Es ist ganz anders ..."

Er unterbrach sie schnell: „Was es ist, soll im Augenblick nebensächlich sein. Sie können es mir nachher erzählen, wenn es Sie dazu drängt. Oder Sie erzählen es mir nicht. Das liegt bei Ihnen. Ich werde nicht versuchen, Sie auszufragen. Sie brauchen auch nicht zu essen, wenn Sie nicht mögen. Aber hinterher wird ein anständiger Kaffee gebrüht."

„Ach! Kaffee ..."

„Sehen Sie wohl: der reizt mehr als meine armselige Gesellschaft."

„So habe ich es nicht gemeint. Aber Kaffee ... der müßte gut sein."

Ich wollte Schluß machen. Ich hatte alles satt", sagte das Mädchen später – vielleicht eine Stunde später –, als sich der Duft des frischgebrühten Kaffees mit dem Harzgeruch des kienigen Holzes vermischte, aus dem der Beobachtungsturm errichtet war. „Einfach Schluß machen ..."

„Liebeskummer?"

„Der auch. Und noch vieles andere."

„Mein Gott, Susann! Es ist doch nicht ... Ich meine: daß Sie jetzt in Not sind, in Bedrängnis?" Ihm wurde bei dem Gedanken unerträglich heiß. Er stand auf, trat an den schmalen Schrank neben der Polsterbank und kramte eine zweite Tasse hervor. Gewohnheitsmäßig suchten seine Augen den Horizont ab, ob keine verdächtige Rauchwolke den Mittagsfrieden gefährde. Sie hatte ihm in der Zwischenzeit ihren Vornamen mitgeteilt. Ohne Umstände sprach er sie damit an. Es schien so selbstverständlich nach dem, was sie gestanden hatte.

„Nein, das ist es nicht, Herr Steffenhain. Mir ist nichts passiert. Auf diese Art nicht."

„Ach! Wollen wir doch froh und dankbar sein! Ich meine immer, das ist das Furchtbarste für ein armes Mädel, wenn es alleingelassen wird ... meinetwegen, um es dramatischer auszudrücken: im Stich gelassen wird, und dann kommt dies dazu: das Nicht-aus-noch-ein-Wissen! Trotz allem sozialen Gerede: die Schande!"

„Vielleicht. Ich weiß nicht. Das kann ich nicht beurteilen, weil ich nie darüber nachgedacht habe. Ich hatte doch überhaupt kein Liebesverhältnis, kein richtiges, meine ich … Aber man wäre dann nicht so allein."

„Ist das wirklich so schlimm, ganz allein zu sein? Ich denke, daß ich auch …" Der Telefonapparat neben dem Korbstuhl des Mädchens schnurrte. Steffenhain sagte beruhigend: „Sie brauchen keinen Schreck zu bekommen. Vom Schloß erkundigt man sich, ob ich noch lebe. Geben Sie mir bitte den Hörer rüber. Dann kann ich sitzen bleiben."

Die grün umsponnene Schnur schlängelte sich über den Tisch, zwischen den Kaffeetassen und den beiden zusammengestellten Tellern hindurch, die noch ein wenig nach gebratenem Speck rochen. Spricht man in der Stadt von Ort zu Ort, ja sogar von Land zu Land, dann hat dieses technische Phänomen alles Geheimnisvolle eingebüßt. Hier draußen, in diesem sonderbaren Auslug, hoch über der grünen Einsamkeit, schien es unwirklich und märchenhaft, mit einem weit entfernten Menschen sprechen zu können.

Steffenhain meldete sich. Dann lauschte er. Eine Frauenstimme klang auf, bemächtigte sich des engen Raumes zwischen Himmel und Erde, schob sich als dritte zwischen den Mann und das Mädchen.

Erst nach einer ziemlichen Weile antwortete er. „Guten Tag, Frau von Wehlen! Geziemenden Dank für den Anruf und für die Nachricht, daß Sie mir den Abend opfern wollen. Ich werde …"

Die Frauenstimme unterbrach ihn. Dann fuhr er fort: „Warum ich so förmlich tue? Wenn die Mutter auf großer Inspektionsfahrt ist – bitte empfehlen Sie mich nach der Rückkehr – und Friedel im Flotterbruch sitzt, um seine Basthirsche zu fotografieren. Ja … vielleicht bin ich nicht allein. Wie bitte? Es ist ausnahmsweise die volle Wahrheit. Ich habe entzückende Gesellschaft. Doch. Wirklich. Es ist … es ist ein altgriechischer Hirtenknabe. Die Locken hängen bis auf seine Schultern. Er trägt ein goldschimmerndes Vlies, Sandalen an den Füßen … Ich soll aufhören? Ich wurde doch gefragt …" Und dann wieder mit der anderen Stimme, die mit ihrer Wärme jeden aufsteigenden Unmut verscheuchen konnte. „Nicht böse sein, Jeannette! Ich bin Punkt sieben Uhr am Heidenstein. Dann erzähle ich … soweit … Also: Ich freue mich!"

„Es war für mich entsetzlich", sagte Susann, als das Gespräch beendet war. „Ganz entsetzlich! Man muß doch aus dem Zimmer gehen!" Ihr Gesicht war wieder zerfallen, fast wie vorhin an den Douglasien.

Steffenhain lachte leise und beruhigend. „Gewiß. Jeder erfreulich Gebildete mit guter Kinderstube schleicht dann auf Zehenspitzen fort. Es gibt sogar Musterexemplare, die sich so weit von der Tür entfernen, daß sie kaum noch etwas hören. Aber hier im Oberstübchen? Wollten Sie auf dem Vorbau stehenbleiben? Oder am Leiterabsatz?"

„Aber ... Es war doch eine Dame!"

„Natürlich! Soll ich etwa mit Mannsleuten telefonieren? Die sind meistens langweilig. Höchstens, daß mein Freund Friedel ... ich meine Fritz Instahlen, dem die ganze Geschichte hier gehört, der Wald, mein Turm, das Schloß ... Der Name ist zu großartig. Es ist ein sehr geräumiges Gutshaus, an dem verschiedene Generationen herumgebaut haben. Aber es heißt nun einmal so. Der hat jetzt doch nur seine Hirsche im Kopf."

„Entschuldigen Sie bitte, daß ich heute alles verkehrt mache. Alles. Auch was ich rede. Wie spät ist es eigentlich? Ich glaube ..."

„Susann! Wir waren auf dem besten Wege, uns ein wenig näher zu kommen. Was ist mit einem Male?"

Das Mädchen schüttelte den Kopf. Es gab keine Antwort.

„Ich verstehe alles, Susann: verrückte Gedanken und verrannte Gefühle. Aber unbegreiflich wäre es mir, wenn hier oben, wo nur Sonne, Himmel und Wälder sind, zwei Menschen, die sich auf nicht ganz alltägliche Art kennenlernten, aneinander vorbeireden wollten oder einfach verstummen. Also, warum ist das bißchen Herzlichkeit zwischen uns plötzlich so verschüttet, daß Sie fort wollen?"

„Sie sprachen doch mit einer Dame! Und ich störte so sehr!"

„Susann! Ich will jetzt vorsichtig einiges klären ... vorsichtig: Jeannette von Wehlen ist Flüchtling, genau wie ich. Ein heimatloser, kirchenmausarmer Flüchtling. Wir beide sind hier in Ohlenburg untergekrochen. Ich – um mich noch einmal vorzustellen – als Feuerturmwächter."

„Das kann ich nicht recht glauben. Ich denke, dazu wird ein alter Waldarbeiter oder Forstwart genommen. Und hier die vielen Bücher, die Schreibmaschine ..."

„Es stimmt genau, wie ich es gesagt habe. Nebenbei schreibe ich ein bißchen und lese eine ganze Menge. Ich bin sehr glücklich, daß ich nach etlichen unerfreulichen Kriegsjahren und einigen danach, die kaum besser waren, hier die Sommermonate ungestört kramen darf. Im Winter arbeite ich in einer Buchhandlung."

„Ungestört, wenn kein verrücktes Mädchen ..."

„Sie wissen, daß ich über diese Unterbrechung nicht ärgerlich bin." Steffenhains Ton überzeugte ohne viele Worte. „Und nun zu Jeannette Wehlen. Sie ist im Grunde genauso einsam wie Sie, wie ich. Ihre Stellung im Schloß, als Hausdame, darf keinen übertriebenen Neid herausfordern. Offiziell ist Friedel ... mein Freund Instahlen, zwar der Besitzer. Aber darüber herrscht die Mutter."

„Die Mutter. Ist das ein Spitzname?"

„Alle nennen die alte Frau Instahlen so, das Dorf, die ganze Umgegend. Ein Spitzname? Ich denke, mehr ein Ehrentitel. Haben Sie mal von Friedrich Wilhelm I. gehört, dem Soldatenkönig?"

„In der Schule. Es gibt auch einen Roman. Ich glaube, er war sparsam und streng und nicht immer gerecht; aber eminent tüchtig."

„Es wäre taktlos und undankbar von mir, wenn ich über die Mutter meines Brotherrn, meines Freundes noch dazu, schlecht spräche. Und domestikenhaft. Der Vergleich mit Friedrichs Vater kam mir ohne rechte Überlegung. Sagen wir abschließend: Die alte Dame ist gewollt streng, weil sie es für notwendig hält. Und unter ihrem Zepter – der Ausdruck ist gar nicht so abwegig – betätigt sich Frau von Wehlen als Hausdame. Glauben Sie nun immer noch, Susann, daß Sie ihretwegen Reißaus nehmen müssen?"

„Ich will nicht mehr Reißaus nehmen. Aber Sie müssen mir ehrlich sagen, wann Sie mich los sein wollen. Wegen Ihrer Verabredung."

„Das ist ein vernünftiges Wort! Nun noch einmal zu Ihnen zurück: Sie haben mir vorhin allerhand erzählt. Von Ihren vertanen – angeblich vertanen – zwei Jahren beim Malunterricht. Daß der Professor sagt: ‚Es langt nicht.' Und daß Sie zum Kunstgewerbe nicht rüberfinden. Schön. Ich kann das nicht beurteilen. Ich weiß bloß, daß Sie mit einem Male alles satt hatten. Auch das verstehe ich."

„Sie sind so gut!"

„Gut? Gut nennen Sie das, wenn ein Mann in den Dreißigern an einem jungen Mädchen nicht einfach kaltschnäuzig vorbeiläuft? Das ist doch nicht gut! Das Selbstverständlichste von der Welt ist es!"

„In der Stadt gibt es nur Egoisten."

„Eine sehr fragwürdige Behauptung! Aber zum Thema zurück: Sie können ein wenig zeichnen und malen. Ich werde Sie bitten, für heute zur Station zurückzugehen, wenn wir verabredet haben, daß Sie Ihre eigenmächtig genommenen Ferien dazu benutzen, jeden Tag um 10 Uhr – um 8.41 Uhr kommt der passende Zug – mit ihrem Zauberzeug hier anzutreten, um diesen Blick zu malen: die Wälder und dahinter den Schwierow-See."

„Das kann ich nicht! Das ist viel zu schwer, zu gewaltig, meine ich."

„Aber Sie werden es versuchen. Ich klappere derweilen auf der Schreibmaschine. Sie müssen sich an das scheußliche Geräusch gewöhnen. Das Krakeln der Gänsefeder wäre auch nicht viel stimmungsvoller. Bis Mittag darf nicht gesprochen werden, sondern es wird eisern gearbeitet. Übrigens Mittag … Welches ist Ihr Lieblingsgericht? Natürlich unter der Spirituskocher-Perspektive! Sie müssen einiges aus der Stadt mitbringen, lediglich die Zutaten. Und … Psst! Vorsicht! Keine schnelle Bewegung am Fenster! Sehen Sie da, auf dem Schutzstreifen, die Ricke mit den beiden Kitzen? Hier ist das Glas. Ganz langsam am Mittelantrieb drehen, bis es für Ihre Augen paßt."

Susann blickte lange auf das vertraute Wild. Dann sagte sie leise: „Ich danke Ihnen. Für alles!"

„Aber nicht doch! Ich bin auch nur ein krasser Egoist!"

Ich hasse diese Frau!" sagte Jeannette von Wehlen. Sie saß neben Steffenhain auf einer bequemen, niedrigen, aus elastischen Birkenstämmchen gezimmerten Bank, von der aus der Blick ungehindert eine weite Heidefläche umspannte. Überall standen solche Birkenwildlinge. Nur dort, wo begonnen worden war, das Unland in eine nutzbringende Kiefernsaat zu verwandeln, waren die zwei oder drei Mann hohen weißen, dicht am Erdboden grünlichbraunen Heister entfernt worden. Sie hätten den Jungwuchs unterdrückt. Später würden immer noch mehr als genug neue heranwachsen, um die Einförmigkeit des Nadelholzes zu unterbrechen. Die Bank schmiegte sich an den Rand der benachbarten Dickung. Drei Stachel-Wacholder, in Brusthöhe geköpft, verbargen jeden Beobachter vor achtsamem Wild, das auf die Blöße hinauswechseln wollte.

„Ich habe immer gedacht, Jeanne, dein Haar wäre richtig schwarz", sagte Steffenhain in dem langsamen Flüstern, das der laue Abendwind mit sich forttrug, zerflattern ließ. „Kohlschwarz. Aber wenn sich jetzt die Sonne noch einmal darin … Nein: wenn es die Sonne noch einmal liebkost, bevor sie zur Ruhe geht, dann schimmert es in allen Farben des Regenbogens. Man muß nur genau hinsehen. Stahlblau und purpurrot und grün. Genau wie das Gefieder eines Birkhahns."

„Oder das einer Elster. Aber laß jetzt bitte mein Haar zufrieden. Ich sage noch einmal: Ich hasse diese Frau!"

„Jeanne! Hat es Zweck, sich in ein Gefühl hineinzusteigern, das dir die Arbeit nur erschwert?"

„Immer diese ekelhaften Vernunftsgründe! Mit einem Menschen muß ich mich doch aussprechen!"

„Tu's, wenn du damit deine Verstimmung loswirst."

„Sieh mich bitte nicht überlegen-geduldig an wie ein abgeklärtes Schaf!"

„Wie soll ich dich dann ansehen?"

„Ach du … du kannst mich ja überhaupt nicht richtig ansehen!" Das Gesicht der Frau war leicht verzerrt. Im landläufigen Sinne konnte es nicht schön genannt werden, noch viel weniger glich es einem dieser gefälligen Puppenköpfe, die im Dutzend herumlaufen. Vielleicht kam man seiner Eigenart am nächsten, wenn man es als leidenschaft-durchglüht bezeichnete. Einige große Schauspielerinnen sind mit solchen leidenschaft-durchglühten Zügen berühmt geworden.

„Wie soll ich dich ansehen?" wiederholte Steffenhain.

„Anders! Nicht mit väterlichem Wohlwollen!"

Steffenhain verzog die schmalen Lippen. Sein hageres, streng geschnittenes, jetzt im Hochsommer bräunlich getöntes Gesicht war in überlegenen Spott getaucht. „Väterliches Wohlwollen, ausgerechnet zwischen uns beiden, das ist hervorragend charakterisiert!"

„Du weißt genau, was ich meine, Steff! Statt dieses ... dieses ... also so, wie du mich ansiehst, wie du von mir denkst, was du mir gegenüber fühlst, da wäre mir jede andere Empfindung lieber. Und wenn du mich meinetwegen ... schonungslos ansehen würdest! Ach, ich kann es nicht so ausdrücken!" wandte Jeannette ein.

„Du liest zu viele dieser unzüchtigen amerikanischen oder französischen Romane, die so unverschämt gut geschrieben sind. Eine Wehlen sollte doch überhaupt nicht ahnen, daß jemand ‚schonungslos' angesehen werden kann."

„Natürlich! Natürlich! Sage mal, ist eine Wehlen keine Frau von Fleisch und Blut? Steff! Ich bin bettelarm, ich habe nichts Vernünftiges gelernt, ich bin Ende dreißig ..."

„Soviel ich weiß, bist du siebenunddreißig."

„Meinetwegen. Andere würden sagen: Anfang, allerhöchstens Mitte dreißig. Ich mag das verfluchte Lügen nicht. Wenn man schon den ganzen Tag von früh bis spät lügen muß. Hier in Ohlenburg eingesperrt. Als Hausdame bei der Mutter!"

„Du tust ihr Unrecht. Sie ist die bedeutsamste Frau, die ich je kennengelernt habe."

„Weil du in sie vernarrt bist! Und zu dir ist sie auch anders!"

„Soweit man in eine Dame ihres Alters vernarrt sein kann. Der Ausdruck stimmt aber nicht. Ich sehe ihre Schwächen, ich will so weit gehen: ihre großen Fehler. Und doch muß ich sie in ihrer asketischen, gegen sich und andere unbeugsamen ... nun vielleicht: Hoheit bewundern. Sieh mal, Jeannette, wieviel Schweres hat sie ... Psst! Drüben steht Wild!"

Behutsam, um keine auffällige Bewegung zu machen, hob Steffenhain das Glas. Im lichten Birkenaufwuchs bewegten sich zwei Tierkörper, deren leuchtendes Tagesrot im Abendschatten fahl geworden war. Bald würden ihre Umrisse im Grün-Braun der Heide aufgehen, in ihm zerfließen. Voll spielerischer Eleganz beschrieb die zierlich gebaute Ricke verschlungene Kreise um einen dichten Birkenhorst herum. Ihr folgte, gedrungener im Aufbau, mit kürzer erscheinendem Hals, der Bock.

„Guter junger Sechser", flüsterte Steffenhain. „Er treibt sein Schmalreh. Blattzeit. Brunftzeit."

„Schießen?" fragte Jeannette leise. Ihre Stimme schwankte zwischen Mitleid und Jagdpassion.

„Ausgeschlossen! Junger Zukunftsbock. In drei, vier Jahren vielleicht."

„Gib mir das Glas!"

Vorsichtig reichte er es zur Seite. Aber da änderte sich das gemächliche Tändeln der beiden ahnungslosen, nur mit sich selbst beschäftigten Geschöpfe. Ein schwarzer Schatten fuhr dazwischen. Einen Augenblick sah es aus, als wirbele der junge Bock durch die Luft. In Wahrheit rettete er sich, überrumpelt von dem unvermuteten Auftauchen des Nebenbuhlers, durch eine verstörte Flucht zur Seite. Dann trat er, lächerlich gespreizt, mit hocherhobenem und zur Seite gedrehtem Haupt, rückwärts und schreckte. Es klang zornig, beschämt und ratlos, genau wie bei einem schimpfenden kleinen Jungen, der aus sicherem Abstand seiner schmerzlichen Empörung Luft macht.

Der Sieger gehörte zur seltenen schwarzen Spielart, von der ab und zu ein einzelnes Stück bis zum Ohlenburger Forst wechselte. Er fuhr, ohne sich um den Unterlegenen zu kümmern, auf die Ricke zu. Die flüchtete in gerader Richtung auf die beiden reglosen Zuschauer hin. Instinktsicher versuchte sie, die sperrigen Äste der Dickung zu erreichen, in der sie so lange dem Verfolger ausweichen konnte, wie sie es über sich brachte. So lange die Scheu vor dem Unbekannten stärker war als die Sehnsucht nach dem Unbekannten.

Auf knappe Steinwurfweite kamen die Rehe an der versteckten Bank vorbeigerast. Der schwarze Bock in rücksichtslos drängenden, niedrigen Fluchten, den in wilder Gier halb geöffneten Äser dicht an den Keulen der Verfolgten. Das Weiße in seinen Lichtern leuchtete. In schneller Wiederholung stieß er ein kurzes, zischendes Keuchen aus. Tiefgeduckt warf sich die Ricke unter die schützenden Randzweige. Als der Bock hinterhersprang, prasselte es vernehmlich.

Die beiden auf der Bank saßen noch einen Atemzug lang stumm. Dann sagte Jeannette Wehlen: „Du! Das war ... das war hinreißend!"

„Du übertreibst ein wenig."

„Wie ich die Ricke beneide!"

„Sie schien große Furcht zu haben."

„Gespielt! Alles gespielt! Schon im Fliehen sehnte sie sich nach ihrem Satyr."

„Möglich. Bedenke aber, du neidische Menschfrau, daß die Ricke nur einmal im Jahr Hochzeit feiert, zwei, höchstens drei Tage lang."

„Sie müßte bei so viel Enthaltsamkeit doch eigentlich verbrennen. Ach, Steff! Warum können wir uns nur so selten treffen?"

Er legte den Arm um ihre Schulter. „Jeannette! Sei verständig. Mit unserer Heimlichkeit wäre es doch aus, wenn die Mutter dahinterkäme."

„Mit der Heimlichkeit wäre es aus? Ach, bist du doch harmlos! Alles wäre aus! Alles! Ich würde rausgesetzt! Fristlos!"

„Sie hält es eben für etwas Verbotenes, das zwischen uns beiden."

„Bestimmt! Du! Ich möchte nur wissen, wie es früher in ihr ausgesehen hat. Wenn eine so schöne Frau – denn schön ist sie damals gewesen; daran gibt es nichts zu deuteln – wenn die mit vierundzwanzig Witwe wird und nicht zum zweiten Mal heiratet und so lebt wie die Mutter, das ist doch unnatürlich. Dann muß sie ja maßlos streng werden gegen sich, gegen den Sohn, gegen alle!"

„Und liebt den Sohn doch über alles!"

„Über alles!"

„Dein Mann ist auch gefallen im zweiten Weltkrieg, und du bist ebenso allein geblieben."

„Weil mich armen Flüchtling keiner gewollt hat. Und weil ich wahrscheinlich zu anspruchsvoll bin. Aber ich wehre mich gegen ein so entsagendes Leben, wie es die Mutter geführt hat. Mit Händen und Füßen wehre ich mich dagegen!"

„Du kleine, wilde, ungebärdige Jeannette. Ich sehe dich im Geiste vor mir als Mädelchen, die Hände geballt und mit den Füßen aufstampfend."

„Ich danke dem Herrn für seine wohltuend verjüngende Einbildungskraft! Und nun bitte Generalbeichte, was das heute mittag auf sich hatte, das Gerede von dem griechischen Hirtenknaben."

„Es war ein aimables Fräulein, das ziemlich verloren umherspazierte. Damit es mir nicht weiter das Wild vergrämen sollte, rief ich es zu mir herauf. Wir haben zusammen Spiegeleier gegessen und Kaffee getrunken."

„Sieh einer an …" Die drei Worte wurden erstaunt und nachdenklich ausgesprochen. Ungewiß, ob das Pflänzchen Eifersucht zwischen ihnen keimte, das unter dem Eishauch Stolz aber kaum gedeihen würde. Echt weibliche Neugier war es wohl in der Hauptsache, die Jeannette Wehlen antrieb, mit harmlos scheinenden Sätzen voll versteckten Lauerns zu erkunden, mit wem der Freund den Tag verbracht hatte. Das Frage-und-Antwort-Spiel ging eine Weile in leichtem Geplänkel hin und her, wobei Steffenhain nichts von dem preisgab, was ihm Susann anvertraut hatte.

Als es Jeannette Wehlen zu lange dauerte, fragte sie in blitzschnellem Vorstoß: „So, mon ami, du kennst meine Großzügigkeit. Wir wollen mit dem Geschwätz um dieses ein wenig langweilige Maler-Mädchen aufhören. Mich interessiert viel mehr, was du in den letzten Tagen gearbeitet hast. Sag nur noch schnell, wie weit du mit ihr gekommen bist, du … Jäger."

„Überrumpelungstaktik, Allergnädigste! Recht gut gemacht. Aber dein Geschoß ist am Ziel vorbeigeflogen."

„Inwiefern?"

Steffenhain änderte den spöttischen Ton. Er sagte ernst: „Es gibt diesmal kein Ziel für mich. Ich habe mit dem Mädel nicht das geringste angestellt. Und ich werde es auch nicht zu einem beinah aussichtslos erscheinenden Versuch kommen lassen. Schon weil ich sie für … unwahrscheinlich kindlich halte."

Jeannette schüttelte sich in lautlosem Gelächter. „Steff! Ich gratuliere dir zu deiner Eroberung! Eine mindestens zwanzigjährige Kunststudentin, die nicht garstig oder krankhaft veranlagt ... Oder kommt so etwas in Frage?"

„Das glaube ich verneinen zu dürfen."

„Ich hoffe es. In deinem Interesse. Und dann: unwahrscheinlich kindlich." Sie sprach die Worte langgezogen aus, als schmecke sie jede einzelne Silbe ab. „Weißt du, was ich in dem Alter war? Ich war das genaue Gegenteil!"

„Das sagst du bloß, um mich zu schockieren, mich zu ärgern. Da warst du doch schon in allen Ehren verheiratet. Das läßt sich doch nicht vergleichen."

„Natürlich. Aber hast du eine Ahnung, was ich damals insgeheim dachte, fühlte ...?"

„Bestimmt nichts Häßliches. Dafür bist du viel zu geschmackvoll!"

„Das hast du sehr schön gesagt. Also wollen wir endlich mit dieser törichten Sache aufhören. Ach, Steff, hinterher bin ich immer sterbenstraurig, wenn ich auch nur eine Viertelstunde mit dir gestritten habe. Steff! Du weißt gar nicht, wie einsam ich bin, wie ich dich brauche!"

„Liebe, kleine Jeanne! In diesem Augenblick bist du doch nicht einsam."

„Nein, jetzt nicht. Oder höchstens ein bißchen." Das letzte sagte sie unverständlich leise mit abgewandtem Gesicht.

„Wie meintest du?"

„Ach nichts, Steff. Es war ohne jede Bedeutung. Unsinn ..."

Die Sommernacht ist zärtlich, und die Erde schlummert wie ein müdes Kind, dachte Steffenhain, als er, Stunden später, in die Lindenallee einbog, die zum Schloß führte. Er stützte sich fest auf seinen Eichenstock, um das Schurren des lahmen Beines nicht laut werden zu lassen. Die Frau schritt schmal, kraftvoll, geschmeidig an seiner Seite. Während der letzten Wegstrecke hatten beide geschwiegen. In dankbarer Gelöstheit lächelte sie der weichen Dunkelheit zu und atmete tief den Duft der blühenden Linden ein. Beim Abschied an der Parkmauer sagte sie leise: „Wie sie duften! Da schweigt alle Unrast. Der schwarze Rehbock ist verschwunden."

Der Mann verstand. „Ja. Ich dachte fast dasselbe. Sie strömen ein friedliches Glück aus wie ein reifendes Getreidefeld. Ich denke an Roggen. Aber sie sind auch von einer Zärtlichkeit ..."

„Was meinst du?"

„Wir wollen nichts zerreden. Gute Nacht, meine sehr liebe Jeannette!"

„Gute Nacht, Steff!"

Er küßte sie noch einmal und wandte sich dem Schattenweg unter den alten Bäumen zu. Sie sah ihm nach, so lange, bis sein Schritt nicht mehr zu hören war, dann öffnete sie vorsichtig, um jedes Geräusch zu vermeiden, die schmiedeeiserne Pforte.

Jeden Montagnachmittag war Steffenhain auf der Ohlenburg. Das war ein für allemal abgesprochen. Zuerst badete er ausgiebig. So gesund und erfrischend es auch sein mochte, täglich bei Sonnenaufgang zum Schwierow-See zu gehen, um dort in zäher Verbissenheit um einen Schwimmstil zu kämpfen, der auch einen Einarmigen über Wasser hielt, einmal in der Woche war ein richtiges warmes Bad doch eine Wohltat.

„Wenn Sie fertig sind, Herr Steffenhain, möchten Sie auf die Veranda kommen. Die gnädige Frau wartet mit dem Kaffee."

„Ja, Füchschen. Um welche Zeit wird es recht sein?"

„Ich soll zu vier Uhr anrichten."

„Fein. Da habe ich anderthalb Stunden Zeit. Füchschen …"

„Bitte?"

„Für wieviel Personen sollen Sie denn decken?"

„Nur für die gnädige Frau und für Sie."

Steffenhain zog die Stirn kraus. Mit der Mutter allein … Unruhe … Es lag ihm auf der Zunge zu fragen, wie heute das Stimmungsbarometer stehe. Einzig deswegen wartete das junge Ding doch an der Tür, um sich fragen zu lassen. Er dachte flüchtig, daß andere sie mordshäßlich finden würden, die brandrote Mähne, die tausendundeine Sommersprossen, den ganzen, noch so absonderlich eckigen sechzehnjährigen Körper. Aber die Haut ist untadlig, dachte er, bis auf die lustigen Sommersprossen. Und die grünen Augen sind apart. Das Grün paßt besser als das übliche Blau … Soll ich sie fragen, ob die Mutter heute schon jemand umgebracht hat, was mir also bei dieser beängstigenden Zweisamkeit blühen wird? Nein. Ich kann nicht. Ich kann das liebe, mir bestimmt zugetane Mädel, das ich herzlich gern mag, nicht nach der Herrschaft fragen. Aushorchen ist schäbig …

Also sagte er laut: „Schönen Dank, Füchschen. Ich werde pünktlich zur Stelle sein. Was macht der Schatz?"

„Aber Herr Steffenhain! Ich habe doch keinen!"

Wie wunderhübsch sie errötet, dachte er fröhlich. Man sieht es, daß sie sich schämt und doch geschmeichelt ist. „Füchschen! Das behaupten alle Mädels."

„Ich habe aber wirklich keinen! Pah! Die dummen Bengels! Pah!"

„Das wollte ich nur hören, Irmgard. Ich glaub's Ihnen. Es ist in Ordnung. Und ich freue mich darüber. So, nun Abfahrt! Ich will in die Wanne steigen. Wird nicht so einfach sein, die Kruste abzuschrubben!"

Sie empfangen jetzt regelmäßig Damenbesuch auf dem Turm, Herr Steffenhain. Ihr Privatleben geht mich nichts an. Mir steht kein Recht zu … Aber über das, was auf meinem Grund und Boden geschieht, bin ich gern ausreichend informiert."

„Ich hatte Friedel ... Ich hatte Ihrem Herrn Sohn bereits Meldung erstattet."

„Kein Wort weiter, Steff! Sie sind ein Ekel! Natürlich habe ich mich mal wieder zu direkt ausgedrückt. Und Sie verfluchter Kerl haken sofort ein und geben mir's zurück mit ‚Meldung erstatten' und ‚Herr Sohn'. Bloß, damit Sie mir recht heimtückisch unter die Nase reiben, daß Fritz der Besitzer ist, und ich überhaupt nichts zu sagen habe."

„Gnädige Frau! Das wollte ich ..."

„Ich verbitte mir, daß Sie mich unterbrechen, Steff! Sie verrohen ja in der Einsamkeit auf Ihrem Turm ganz erschrecklich!"

„Ich bitte ehrlich um Entschuldigung!"

„Das wollte ich auch meinen! Also, Steff! Ihr junges Volk, ihr alle: Sie, Fritz, die Wehlen, Rochus, der verdrehte Lausejunge, alle, alle! Ihr denkt bloß: ‚Die Alte ist ein Satan, ein Drachen, der uns bevormundet, uns nichts gönnt, immerfort Krach macht. Wenn der Teufel sie doch holen wollte!'" Die alte Dame sprach in schmerzlich-belustigtem Feuer. Die stahlgrauen Augen leuchteten. Das sehr volle, auf Spannenlänge geschnittene Haar umrahmte schlohweiß – wirklich makellos schneeweiß – das energiegeladene Gesicht, in dem alles lebte: die kräftig modellierte Stirn, die etwas zu große Raubvogelnase, der jede Empfindung widerspiegelnde Mund und das markante Kinn. Vor allem aber die leidenschaftlichen Augen lebten. „Wenn ihr's doch einsehen wolltet, daß ich nur euer Bestes will!"

„Ich sehe es ein, gnädige Frau. Trotzdem schmeckt manche Medizin bitter, die man zu schlucken kriegt. Und wenn der Arzt schneidet, tut es meist weh."

„Noch viel zu wenig! Dazwischenfahren möchte ich oft! Wenn ich eure Unvernunft mitansehe. Bitte schön: Das kauft sich Rochus ein Paar weinrote Langschäfter aus Juchtenleder, ohne mich vorher zu fragen! Gewiß, der Vater ist im Aufsichtsrat der Paulinen-Hütte. Der dumme Junge kann sich alle paar Monate ein Paar neue kaufen. Aber weinrote für die Arbeit? Ich habe zu Lemmertz gesagt: ‚Warum lassen Sie Rochus nicht Mist laden, wenn der Jungviehstall ausgefahren wird? Früher, als ich noch keinen studierten Herrn Inspektor auf meinen paar hundert Morgen Landwirtschaft hatte, da mußten die Lehrlinge immer mitladen!' Er sagt bekniffen: ‚Gnädige Frau! Ich habe ihn aufs Feld geschickt, das Dungbreiten zu beaufsichtigen.' Also, Steff! Im Vertrauen: Ich kann Männer nicht ausstehen, die immer gleich ... die immer in tausend Ängsten schweben, wenn ich ganz friedlich mit ihnen spreche."

„Ich ahnte so etwas. Darum war ich stets bemüht ..."

„Die abgebrüht Frechen sind noch tausendmal schlimmer! Ich warne Sie!"

„Gnädige Frau! Mein Leben liegt in Ihrer gütigen Hand!"

„Hat sich was, von wegen gütig! Aber Sie haben mich schon wieder aus dem Text gebracht. Wovon … Ach so: Also, das schwöre ich Ihnen, wenn mein … wenn Fritzens studierter Herr Inspektor mal in Urlaub fährt, und ich kann ein paar Tage bestimmen … Fritz … na ja, schon gut …" Die alte Dame seufzte. Sie mochte Steffenhain so gern, vertraute ihm so sehr, daß sie sich erlaubte, in seiner Gegenwart beim Gedanken an ihr einziges Kind tief und leidvoll zu seufzen. Mehr gestattete sie sich nicht. Einmal nur, nach einem unerfreulichen Auftritt mit einem angetrunkenen Gärtnerburschen, hatte sie zum Freunde des Sohnes gesagt: „Anstatt ihn am Kragen zu nehmen und vor die Tür zu setzen! Wahrhaftig! Wenn ich Fritz härter machen könnte … was gäbe ich alles darum! Mein Gott! Er ist doch der Herr über 9 000 Morgen und kein … Privatgelehrter!"

An diesem Nachmittag beherrschte sie sich aber sofort. Man las es von ihrem Gesicht ab, wie sie den Gedanken befahl, von der großen Sorge eines unter aller äußeren Strenge zitternden Mutterherzens abzulassen. „Also, Steff! An dem Tage, wo ich morgens die Arbeit einteile, und der Herr Rochus kommt mit seinen Dunkelroten anspaziert, da lasse ich den Jungviehstall ausfahren! Und er mittenrein! Da, wo es hübsch saftig ist!"

Steffenhain lachte herzlich: „Wäre das nicht zu grausam?"

„Überhaupt nicht! Gesund wär's! Dann wüßte der Bengel fürs ganze Leben, daß ein Landwirt schwarze Rindslederne trägt. Fürs ganze Leben!"

„Unzweifelhaft."

„So, mein Lieber, das war eins von den kleinen Problemen. Jetzt kommt das nächste, das Sie mir aufgeben. Schenken Sie sich nochmals Kaffee ein. Nein, ich danke. Ich habe genug. Mamsell macht ihn sowieso immer zu stark, da nutzt kein Reden. Sie dürfen sich auch eine Verlegenheitszigarette anstecken. Da drüben auf dem Tischchen … Also, Herr! Was ist das für ein Mädel, das jeden Tag von Ahlefelde zu Ihnen rausradelt und erst mit dem 5-Uhr-Zug zurückfährt? Zu Ihnen und zu meinem Feuerturm. Grinsen Sie nur unverschämt! Ich wiederhole: zu meinem Feuerturm!"

Sobald sich die Mutter nach dem Mädchen Susann erkundigt hatte, atmete Steffenhain heimlich auf. Es ging nicht um Jeannette Wehlen. Mithin grinste er wirklich nicht, wie ihm vorgeworfen wurde, sondern sah mit tiefem Behagen zwischen den Blumenkästen der Terrasse hindurch auf den gepflegten Park: Sauber gemähter, zartgrün sprießender Rasen, drei üppige, von Goldregen durchsetzte Fliederbüsche, die den Durchblick zu den Koppeln nicht behinderten, rechts und links hohe, sorgfältig nach der Schattierung ihres Laubes ausgewählte Bäume: Buche, Eiche, Esche, Silberpappel, dazwischen einige Fichten. Über allem ein strahlender Sommerhimmel mit bauschigweißen Schönwetterwolken und einem Heer winzig kleiner Schwalben. Wie das zusammenstimmte, der weitrahmige, über hundertjährige Park, der Kaffeetisch auf der Terrasse mit dem Meißner Porzellan und die herrische alte Dame.

„Ihnen hat's wohl die Sprache verschlagen?"

„Einzig über den ausgezeichneten Ohlenburger Nachrichtendienst!"

„Keine Ausflüchte! Ich frage zum letzten Mal: Was ist das für ein Mädel?"

„Um Vergebung, gnädige Frau! Es ist eine junge Dame. Fräulein Susann Alberti aus ..."

„Augenblick, Steff! Alberti ... Alberti ... Warten Sie mal ... Natürlich! So heißt doch der Chefarzt vom Stadtkrankenhaus. Ist sie mit dem verwandt?"

„Ja, Fräulein Susann ist die Tochter."

„Still, Steff! Sagen Sie weiter nichts. Lassen Sie mich mal nachdenken ... Als die Bredersen damals operiert wurde – Blinddarm, Kleinigkeit heutzutage – besuchte ich sie pflichtschuldigst. Da klatschte sie mir alles mögliche vor. Mit Verlaub: die Bredersen, nicht ernstlich krank, sondern bloß ein bißchen unpäßlich, eben Blinddarm, und dann zwischen einem halben Dutzend Schwestern: ‚Frau Gräfin hier' und ‚Frau Gräfin da' ... na, Sie mit Ihrer Schriftstellerphantasie können sich das vielleicht vorstellen. Da wird von morgens um 6 bis kurz vor Mitternacht nur geklatscht. Nur, das sage ich Ihnen!"

„Ich kann es mir vorstellen."

„Schön. Sie erzählte mir unter anderem, daß der Chef ein hochinteressanter Mann wäre, nicht ganz ungefährlich in gewisser Beziehung. Man munkele ... Schon seit Jahren geschieden ... Man sage, im Vertrauen ... Was mir dann noch alles mitgeteilt werden sollte, konnte ich mit knapper Not abdrehen. Fremder Leute schmutzige Wäsche interessiert mich nicht besonders. Das ist also der Vater. Und diese Susann ... Warum nennt sie sich Susann? Und nicht auf gut deutsch Susanne?"

„Danach habe ich noch nicht gefragt."

„Ist auch gleich. Was ist das für ein Mädchen? Was will sie draußen? Was wollen Sie von ihr?"

„Gnädige Frau ..."

„Halt, Steff! Noch eins! Obwohl es grundverkehrt ist, wenn man euch jungem Gemüse zeigt, daß man euch ein bißchen leiden kann. Sofort schlagt ihr über die Stränge."

„Ich bemerke untertänigst, daß ich kürzlich vierunddreißig wurde."

„Und? Und? Junges Gemüse, habe ich gesagt! Es kommt doch nicht auf die Jahreszahl im Ausweis an. Auf die vertüderten Gedanken kommt es an. Und danach sind Sie einer von den Allerjüngsten."

„Ich gebe mich geschlagen, fasse Ihre Einschätzung aber nicht als Tadel auf."

„Weiter bleibt Ihnen auch nichts übrig. Ich wollte sagen, Steff: Wenn es etwas ehrlich Ernsthaftes ist mit dieser Susann – lächerlich: Susann! –, will ich

mich ausnahmsweise nicht einmischen. Ich möchte es wenigstens versuchen. Schweren Herzens will ich Ihnen einmal ausnahmsweise vertrauen."
Steffenhain ergriff die Hand der alten Dame, die blaugeädert, scharf modelliert, die gute alte Rasse verratend, mit lebhaften Bewegungen jeden Satz unterstrich. Er beugte sich darüber. Der Gedanke an seine Heimlichkeit mit Jeannette Wehlen bedrückte ihn.
„Gnädige Frau", sagte er leise, „Sie sind zu gut zu mir."
„Natürlich. Das weiß ich selbst. Aber nun machen Sie bloß keine Faxen. Appeltorf ist schon ganz in Anbetung versunken. Er würde in die Knie sinken, wenn er sich nicht am Hackenstiel festhielte." Die Mutter sprang auf und trat dicht an die Verandatreppe. Mit laut schallender Stimme rief sie dem Gärtner zu: „Tag, Appeltorf! Was macht Ihr Wetterglas? Behalten wir noch ein paar schöne Tage?"
Dann setzte sie sich zufrieden zu Steffenhain. Der berichtete jetzt von Susann, soweit er sich zu einer Auskunft verpflichtet fühlte, ohne das ihm von ihr geschenkte schöne Vertrauen zu verletzen. Mehrfach wurde er unterbrochen:
„Sie lebt beim Vater?"
„Ja. Aber ihr Herz hängt wohl mehr an der Mutter, die irgendwo an der Riviera zum zweiten Mal geheiratet haben soll."
„Solche Eltern! Lassen sich scheiden, und das Kind weiß nicht, wo es hingehört! Man möchte dazwischenfahren!"
„Ich kann mir kein Urteil erlauben. Die näheren Einzelheiten …"
„Die spielen keine Rolle! Die Tatsachen entscheiden. Und nun malt sie bei Ihnen den Blick auf den Schwierow-See? Kann Sie etwas?"
„Etwas bestimmt. Vielleicht nicht genug, um sich als Künstlerin durchzusetzen. Ich bin nicht Fachmann. Schließlich ist sie sehr jung. Mir erscheint es im Augenblick auch wichtiger, daß sie, ein wenig mit sich selbst uneins, sich ein paar Tage an dem verschiedenen Grün des Waldes satt sehen kann, an dem dunklen Blau des Sees und dem hellen des Himmels. Das sind Farben, bei denen jeder gesund …"
„Blödsinn! Pardon, Steff, aber es fuhr mir so raus. Am Waldgrün sich satt und gesund sehen! Herr! Das schreiben Sie meinetwegen in einem von Ihren Romanen."
„Gnädige Frau wissen, daß es bei mir leider zu einem Roman nicht reicht."
„Na, dann in einer Novelle oder was Sie sonst verfassen. Wissen Sie, was dem armen Mädel fehlt? Dem fehlt kein Grün und kein Blau, dem fehlt seit zehn Jahren die Mutter! Weiter nichts!"
„Das ist durchaus möglich."
„Heute haben wir Montag, Ihr Badetag. Dienstag … Mittwoch wird das Räumen des Flottergrabens vergeben. Da will ich dabeisein. Wenn ich auch

nichts mehr zu melden habe. Bloß daß ich die unsicheren Kantonisten kenne, die Pfuscher. Also: Donnerstag. Sagen Sie Susann Alberti, daß ich mich freuen würde, sie am Donnerstag kennenzulernen. Um drei Uhr. Sie kann 7.32 Uhr zurückfahren. Sie sind ebenfalls eingeladen."

„Sehr gütig, gnädige Frau."

„Machen Sie nicht solch unglückliches Gesicht, Steff! Ich werde mir Mühe geben, Ihrem Protegé nicht den Kopf abzureißen. Ich werde auch kein indiskretes Verhör mit ihr anstellen."

„Das habe ich nicht befürchtet."

„Sie sollen mir nicht unaufhörlich schamlos ins Gesicht schwindeln! Genau das haben Sie befürchtet!"

„Als einem Ihrer geringsten Angestellten geziemt es mir nicht, so zu widersprechen, wie ich gern …"

„Sie sind der größte Schafskopf, den ich kenne! Sie und Angestellter! Wenn Sie das wären, dann wollte ich aus Ihnen noch einen vernünftigen Menschen machen. Auf Biegen und Brechen! Leider sind Sie aber bloß Fritzens Freund. Das hat auf mich ein bißchen abgefärbt. Na ja … Punktum. Also: Donnerstag um drei. Ich erwarte morgen telefonisch Zusage. Blumen sind nicht nötig. Kosten in der Stadt bares Geld. Bei uns unbares. Sagen Sie ihr das ausdrücklich. Aber bitte nicht vergessen. Ach so, telefonieren … Augenblick! Ich will nur mal …"

Die Mutter stand in der ihr eigenen lebhaften Art auf und ging zur Diele, wo der Gutsapparat hing. Die Verbindungstür zur Terrasse blieb offen. Steffenhain lächelte still vor sich hin. Er wußte genau, was jetzt kommen würde. Natürlich! Lang – kurz – kurz: das Rufzeichen für den Feuerwachtturm. Ein ungeduldiges: „Naa!" Ein grollendes Räuspern. Lang – kurz – kurz, schon sehr energiegeballt. „Zum Kuckuck, der Kerl …" Lang – kurz – kurz. Es klang so bedrohlich, daß im nächsten Augenblick der Sturm losbrechen mußte.

„Endlich! Sagen Sie mal, Rochus, Sie haben aber einen gesegneten Nachmittagsschlaf! Beneidenswert! Seit einer Viertelstunde klingele ich! Auf Feuerwache schläft man nicht! Wie oft soll ich das noch sagen?"

Pause.

„Was? Wie bitte? Schrecksekunde? Rochus! Werden Sie mir nicht zu frech! Die Alte kann mir den Buckel runterrutschen, denken Sie jetzt, aus sicherer Entfernung. Aber heute abend, nach dem Ableuchten, seien Sie bitte so freundlich, mich nochmals zu besuchen. Da sprechen wir dann weiter über Schrecksekunden … Was ich sagen wollte: Ist bei Ihnen alles in Ordnung?"

Steffenhain konnte Wort für Wort verstehen. Die Mutter hatte die Angewohnheit, am Telefon sehr laut zu sprechen. Weniger in der – irrigen – Vorstellung, der andere könne dann besser verstehen, als zwangsläufig ihrem übersprudelnden Temperament folgend.

„Wieviel Mädchen hacken heute auf der Kultur? Das können Sie noch nicht sehen? Sie sind noch hinter der Ecke vom Hohen Holz? Jawohl, kann stimmen. Sobald sie vorkommen, zählen Sie bitte und rufen mich dann an. Sollte ich nicht gleich hören, so lange warten, bis Sie mich haben. Ist schon Wild draußen gewesen? Seit drei Stunden sitzen Sie draußen und haben noch kein Wild gesehen? Rochus! Rochus! Lassen Sie sich eine Brille verschreiben! Also, ich warte auf Ihren Anruf! Wünsche wohl zu ruh'n!"

Die alte Dame hängte den Hörer ein, ohne eine Antwort abzuwarten, ging zur Klingel, schellte und kam auf die Veranda zurück. „Haben Sie gehört, Steff? Er meldet sich erst nach einer Viertelstunde und behauptet, es wäre nur die Schrecksekunde gewesen!" Sie lachte herzlich und ganz friedfertig. „Haben Sie so was schon mal erlebt?"

„Wenn Rochus geahnt hat, wer ihn verlangt, halte ich es nicht für unmöglich."

„Unverschämter Mensch!"

Das Füchschen kam mit dem leeren Tablett in der Hand aus der Diele. „Soll ich abräumen?"

„Nein, Irmgard. Wo ist Frau von Wehlen?"

„In der Plättstube, beim Monogrammsticken."

„Sag ihr, sie möchte doch mit ihrer Arbeit herkommen. Halt, Irmgard! Nicht immer so schusselig! … Sie möchte herkommen. Und wo mag der junge Herr sein? Na, guck dich mal um. Wenn er nicht im Grünen Zimmer ist, dann vielleicht im Büro oder auf dem Hof. Sieh mal nach und frage den jungen Herrn, ob er Zeit hätte. Ich säße auf der Veranda. Nimm die Kanne mit. Mamsell kann nochmals nachbrühen: halb voll."

Die nächste Stunde verlief harmonisch, wie immer, wenn die Mutter keinen besonderen Ärger gehabt hatte. Natürlich war es ihr unmöglich, die ganze Zeit still auf einem Fleck zu sitzen. Aber das waren alle gewöhnt. Zuerst eilte sie, eifervoll den leichten Krückstock schwingend, in den Park, um mit dem Gärtner über das Pflücken und die Verwertung der Schattenmorellen zu verhandeln. Dann läutete es in der Diele. Rochus meldete 11 Kulturmädchen bei der Hackarbeit, drei Rehe, ohne nähere Angabe über Alter und Geschlecht, und einen „ganz verschlafenen Hasen". Zum Schluß mußte Mamsell gesagt werden, daß Herr Steffenhain zum Abendbrot blieb. Erwünschter Anlaß, festzustellen, mit welcher hauswirtschaftlichen Tätigkeit man sich in den Küchenräumen beschäftigte.

Zwischendurch setzte sich Frau Instahlen aber immer wieder für ein Weilchen zu den anderen. Sie freute sich, trotz aller Vorbehalte und Einschränkungen, an ihnen mit rauher, rücksichtsloser, bevormundender, manchmal sogar verletzender Liebe. Immerhin: mit Liebe.

Jeannette von Wehlen stickte zierlich verschlungene Namenszüge in ein Dutzend neuer Mundtücher. Sie verabscheute diese Arbeit, bei der ein feiner Stich peinlich genau an den vorigen gereiht werden mußte. Viel lieber hätte sie in der Küche, im Garten, ja selbst im Geflügelhof herumgewirtschaftet. Aber bei jedem dieser Versuche stieß sie über kurz oder lang mit der Mutter zusammen. Einmal, gleich zu Anfang, hatte Jeannette ganz verzweifelt gesagt: „Wozu bin ich eigentlich hier, gnädige Frau? Ich komme mir vollkommen überflüssig vor." Die alte Dame antwortete etwas Verblüffendes: „Da irren Sie sich gewaltig, meine liebe Wehlen. Mamsell ist noch viel zu jung und unerfahren, um selbständig disponieren zu können. Und ich bin bloß für die grobe Arbeit gut, im Haus, im Wald, in der Landwirtschaft. Höchstens noch für den Rechenkram. Da muß ich mich ja notgedrungen drum kümmern. Alle Menschen sind Verschwender, böswillig – fahrlässig – liebenswürdig; fast alle. Also zwischen Mamsell und mir ist ein riesengroßes Betätigungsfeld. Zwei Hausdamen hätten da Platz." So stickte Jeannette Wehlen Monogramme, obschon sie diese Arbeit verabscheute.

Fritz Instahlen hatte den niedrigen Rauchtisch aus der Diele geholt und ihn zwischen sich und Steffenhain gestellt. Mit der liebevollen Sorgfalt des echten Sammlers zeigte er dem Freunde seine neuesten Schätze. „Weißt du, wieviel Hirsche ich jetzt habe, Steff? Verschiedene natürlich! Acht brauchbar fotografiert! Außerdem sind vier oder fünf da, die noch nicht geruhten."

„Tolle Sache das! Wenn man bedenkt, wie leicht man einen Hirsch schießen kann, und wie schwierig es ist, ihn zu knipsen. In freier Wildbahn zumindest. Allein der Kampf mit den Lichtverhältnissen."

„Sicher. Aber dann mußt du meine verbissene Freude an der Sache nachfühlen können. Der Jäger, der ursprüngliche, möchte ich sagen, schießt ihn tot und ist über das Geweih selig, mehr oder weniger, je nachdem. Und ich, ich habe diese Seligkeit immerfort, ohne Ende. Den Klein-Zack kenne ich jetzt im dritten Jahr. Du erinnerst dich an die alten Bilder, Steff. Trotzdem, sieh ihn dir nochmals richtig an." Instahlens ebenmäßiges Gesicht leuchtete. Er sah der Mutter ähnlich, nur daß alles, was bei ihr Energie, ja Härte, war, bei ihm gemildert schien.

„Wir hatten zu Hause eine prachtvolle Literaturgeschichte der deutschen Romantik", sagte Jeannette Wehlen. „Ich erinnere mich an einen Stich des jungen Novalis. Er sah Ihnen ähnlich, Herr Instahlen."

Der klappte für einen Augenblick das Album zu, in dem er gesucht hatte, die Seite mit dem dazwischengeschobenen Zeigefinger festhaltend. „Ich bin nicht genau im Bilde, Frau von Wehlen ... ob Sie sich über mich lustig machen. Manche Dichter sahen anders aus, als man sie sich ihren Versen nach vorstellt. Schiller zum Beispiel …"

„Was Sie schon wieder Schlechtes von mir denken! Keineswegs! Vielleicht sind es auch nur die Augen, die zum Vergleich reizen. Augen voll feuriger Schwärmerei, eben voller Romantik."

„Mit beiden Füßen auf der Erde stehen, ist allemal besser", sagte die Mutter.

„Novalis nannte sich Freiherr Friedrich von Hardenberg", warf Steffenhain dazwischen, um möglichst einer Verstimmung vorzubeugen. „Der Vorname zumindest würde passen."

„Freiherr oder Nicht-Freiherr: Romantik ist immer gefährlich."

Fritz Instahlen wechselte das Thema. Er war der geborene Diplomat und im täglichen Umgang mit seiner Mutter unvergleichlich geschult.

„Hier, Steff, habe ich den Klein-Zack vor drei Jahren. Mäßiger Achter mit kümmerlichen Hummerscheren auf beiden Seiten. Die klugen Heger mit der Büchse hätten ihn als hoffnungslosen Fall zum Tode verurteilt. Und jetzt ist er ein passabler Zwölfer."

„Wenn es nach dir ginge, Fritz, würden alle Hirsche am Leben bleiben", sagte die Mutter. „Lemmertz liegt mir alle Tage in den Ohren, daß von den Holländer-Erstlingen nichts übrig bleibt."

„Daß sich ein passionierter Landwirt über jede ausgeschlagene Staude ärgert, ist verständlich. Auch daß er in bestem Glauben übertreibt."

„Warst du dieser Tage mal bei der Saskia? Geh mal hin! Von der hatte man nun geglaubt, sie wäre weit genug vom Walde ab. Und auf dem Vorgewende fangen sie auch schon an."

„Nun ja, auf dem Vorgewende … Außerdem sollen ja auch nicht alle leben bleiben. Unser guter Forstmeister wird seinen schießen. Dafür kann ich garantieren. Und Onkel Bernd auch, wenn er nicht so rabiat beim Draufzupürschen ist wie vergangenes Jahr. Die geliebten Nachbarn murksen mehr ab, als sie verantworten können. Und vor allem wird Steff seinen Deputat-Hirsch schießen. Und wenn's nach mir geht, einen wirklich guten."

Alle lachten oder sagten etwas Zustimmendes, indem sie sich an die kuriose Abmachung der beiden Freunde erinnerten. In den letzten, schwersten Kriegsmonaten hatten sie sich kennengelernt, unter Verhältnissen, in denen ein Tag mehr bedeuten kann als hundert im Frieden. Erst Jahre später kam Steffenhain, einem Zufall folgend, zum ersten Mal auf die Ohlenburg. Damals verunglückte Pohlemanns Vater. Böse Zungen lästerten: „Weil er natürlich im Tran war, wie immer." Andere, die ihn genauer kannten, widersprachen lebhaft: „Im Gegenteil! Er war jämmerlich nüchtern. Nur so konnte es passieren. Wenn Pohlemanns Vater einen sitzen hatte, dann fiel er doch nicht von seinem Feuerturm runter. Ausgeschlossen!" Verwunderlich übrigens, daß sich die Mutter zu dieser Lesart bekannte. Wie dem auch sei, der

Alte lag steif, stumm, aber mit ganz zufriedenem Gesichtsausdruck unter dem hohen Bauwerk im Heidekraut: Genickbruch. Der Vorfall erregte einiges unliebsames Aufsehen. Ein geeigneter Nachfolger meldete sich nicht sogleich. Da kam Steffenhain auf den rettenden Einfall: Mit beredten Worten bat er darum, den Sommer über auf dem Turm hausen zu dürfen. Wenn er jemals etwas Brauchbares bei seiner Schreiberei zuwege bringen würde, dann dort zwischen Himmel und Wäldern. Die Mutter ließ sich von seiner Begeisterung nicht anstecken: Die Wälder seien immer noch bedeutend näher. So nah, daß in ihnen, leider Gottes, allerhand Unheil entstehen könne. Der gar nicht groß genug einzuschätzenden Brandgefahr wegen brauche man einen verläßlichen Wächter. Und das sei Pohlemanns Vater trotz allem gewesen. Im übrigen müsse beizeiten auf die geringe Auskömmigkeit des vakanten Postens hingewiesen werden: Freie Station und 120 Mark im Monat, bei gesetzlichen Abzügen …

Um dieses Gehalt gab es dann ein lustiges, aber zähes Ringen. Steffenhain weigerte sich hartnäckig, auch nur einen Pfennig anzunehmen. Seine Kriegsrente sei zwar nicht überschwenglich, genüge aber, wenn er in den Sommermonaten umsonst leben könne und wintertags einiges dazuverdiene. Ihm liege doch nur an dem Arbeitsplatz mit seiner einmaligen Ungestörtheit. Die alte Dame entgegnete, auf der schmalen Grenze zwischen Spott und Ernst, daß ein Angestellter ohne feste Bezüge nur zur Aufsässigkeit neige, und dererlei dürfe in Ohlenburg nicht erst einreißen. Ihrem Sohn war das Gespräch in seinem derben Geradezu, je länger es dauerte, um so peinlicher. Schließlich kam von ihm ein annehmbarer Vorschlag: Wenn Steff nun unter keiner Bedingung Geld nehmen wolle – und er, Instahlen, könne es in gewisser Weise verstehen, ihm sei der Gedanke auch irgendwie unerfreulich, trotz des mütterlichen Kopfschüttelns –, dann solle der Freund einen guten alten Hirsch schießen … Sofort zeigten sich die beiden anderen mit Freuden einverstanden, der sehr passionierte Jäger und die sehr sparsame Mutter. Bei dieser Absprache blieb es. Uneingeschränkt waren mit ihr alle Beteiligten, schon im dritten Sommer, zufrieden.

Während die Fotos der verschiedenen Hirsche mit ihren oft phantastischunwahrscheinlichen Kolbengeweihen betrachtet und gegeneinander sorgfältig abwägend verglichen wurden, sagte Steffenhain unterbrechend: „Siehst du, Friedel! Das habe ich dir noch gar nicht erzählt: Wir haben wieder mal einen schwarzen Bock im Revier. Neulich hat er mich an der Drei-Wacholder-Bank beinah umgerannt."

Jeannette Wehlen ließ die Nadel sinken. „Einen richtig schwarzen Bock? Daß es so etwas Ausgefallenes gibt. Ich kenne nur die roten Rehe, die im Winter grau aussehen." Sie sah Steffenhain an, ohne eine Miene zu verziehen. Nur in den Winkeln der dunklen Augen zuckten tausend Spottgeister.

Immer dieses uralte Spiel mit dem Feuer, dachte der. Ein kleines, züngelndes Flämmchen. Eifervoll wird es angeblasen, trockene Klötzchen dazugelegt. Ach, wie faszinierend es auflodert, um sich greift! Und dabei wird unbedenklich Kopf und Kragen riskiert! Laut sagte er: „Da müssen Sie eben ein paar Abende mit rauskommen. Ich würde Ihnen den Schwarzen gern zeigen."

„Wenn ich darf ..." Es blieb ungewiß, an wen sich der Satz richtete. Er blieb unbeantwortet.

In die erwartungsvolle Gesprächspause hinein sagte die Mutter: „Frau von Wehlen! Gehen Sie doch bitte in die Küche. Mamsell soll den Salat für Herrn Steffenhain nicht mit Sahne ... Am besten wird's sein, Sie selbst machen ihm seine Extraportion zurecht. Viel Zitronensaft, wenig Öl. Er muß schon ordentlich werden. Zum Turm kann man keinen rausschicken. Er fällt unterwegs zusammen. Also, keine Sahne und ja keinen Zucker. Das mag er nicht. Seien Sie so gut, bitte."

Nach dem Abendbrot, das in der Diele angerichtet worden war, saß man noch auf der Terrasse. Die Mutter hatte einen überjährigen, rubinklaren Johannisbeerwein heraufgeholt. Aus den verschiedenartigsten Früchten – Himbeeren, Stachelbeeren, Erdbeeren, ja aus Hagebutten und Rhabarber – kelterte sie meist ausgezeichnet mundende, nicht immer ganz ungefährliche Getränke.

Abenddunkel lag der Park. Fledermäuse, drei oder vier, es ließ sich nicht genau feststellen, hatten die Schwalben bei der Insektenjagd abgelöst. In der alten, durch einen Blitz gezeichneten Ulme bettelten die halbflüggen Käuzchen in jämmerlichem Falsett. Die beiden Alten strichen lautlos zwischen ihrem Horstplatz und den Gutsscheunen hin und her, die jetzt, kurz vor der Ernte leerstehend, den nützlichen Vögeln als ergiebige Fanggründe dienten. Der frischgemähte Rasen duftete herb nach Erdfeuchte und Mittsommernacht.

Auf dem Kies knirschten Schritte. „Rochus kommt", sagte Fritz Instahlen. Die Mutter beantwortete die unausgesprochene Frage: „Ja. Ich hatte ihm gesagt, daß er sich noch melden soll."

Groß, breitschultrig, gut durchtrainiert, kam der Lehrling die Steinstufen der Terrasse herauf. In der Schulzeit war er ein unschlagbarer Handballspieler gewesen. Bei den wissenschaftlichen Fächern hatte es gehapert. Immerhin wurde mit viel Nachhilfeunterricht und einem teuren Internat für die letzten beiden Klassen ein leidlicher Abschluß erzielt. Darüber hinaus bestand die Aussicht, daß er ein tüchtiger Landwirt werden konnte. Die Paulinen-Zeche besaß ausgedehnte Güter, deren Administratoren sich beneidenswert gut standen.

Rochus machte in gehörigem Abstand Halt und stellte sich, gewollt übertreibend, in Positur. „Melde gehorsamst: 11 Kulturmädchen sieben Minuten vor fünf Feierabend gemacht; 3 Hirsche dreiviertel sechs vom Lesterdiek in Richtung Schwierow gezogen; Landwirtschaftslehrling Rochus um acht Uhr drei Feuerturm verlassen, zurückgeradelt, Abendbrot gegessen, Ställe abgeleuchtet, alles in Ordnung!" Vermutlich hatte er sich den ganzen Nachmittag über auf diese Rede präpariert.

Trotz des nachfolgenden lustigen Gelächters war es selbstverständlich, daß die Antwort der Mutter vorbehalten blieb. Sie ließ sich reichlich Zeit. Der junge Mensch stand inzwischen stocksteif, ohne sich zu rühren.

Endlich sagte sie: „So. Jetzt ist bei mir die Schrecksekunde vorüber. Daß Sie mal einen zusammenhängenden Satz ohne Stottern rausbekommen haben. Na ja, weil's Blödsinn war. Nun können Sie sich ein Glas von der Anrichte holen. Aber bitte nicht drei andere entzweischlagen. Und dann setzen Sie sich noch ein Weilchen zu uns. Aber den Wein mit Verstand trinken. Mehr als ein Glas gibt es nicht."

„Es wird dir leid tun, Mutter", sagte Fritz Instahlen.

„Es wird mir nicht leid tun!" Und nach einer reichlichen Weile, es klang widerstrebend: „Na, meinetwegen zwei …"

Es sollte so klingen.

Steffenhain hatte seinen Stuhl so weit zurückgeschoben, daß er vom Lichtschein der Stehlampe nicht mehr erreicht wurde. Er beteiligte sich nur noch gelegentlich an der Unterhaltung, dem Necken und dem Austragen harmloser Wortgefechte. Man wird tatsächlich zum Einsiedler, dachte er über sich selbst verwundert, wenn man jeden Sommer auf dem Turm hockt. Zuschauen, Beobachten und Erraten freut mehr.

Pünktlich um zehn Uhr wünschte man sich gute Nacht. Die beiden Instahlens, Mutter und Sohn, blieben im Hauptgebäude. Rochus, der im Inspektorhaus wohnte, schlenderte, vergnügt pfeifend, zum Hof. Steffenhain begleitete Jeannette das kurze Stück bis zum Seitenflügel, in dem ihr Zimmer lag. Sie durchquerten den Vorgarten. Beide hatten die Minute des Alleinseins herbeigesehnt.

„Jeanne! Wenn du wüßtest, wie gern ich dir so gegenübersitze wie heute abend! Aber ich schwebe immer in tausend Ängsten. Ich sage dir wieder und wieder: Es nimmt noch mal ein Ende mit Schrecken!"

„Was habe ich denn heute angestellt?"

„Du machst den armen Jungen völlig verrückt!"

„Welchen armen Jungen?" Sie wußte genau, wer gemeint war, und verschanzte sich doch hinter der Zwischenfrage.

„Tu nicht so scheinheilig. Den Rochus natürlich. Der brennt doch lichterloh!"

„Und wenn's so wäre …"

„Wie leichtfertig das klingt."

„Ich kann dich nicht begreifen, Steff! Ist es für solch einen Jungen nicht das Allerbeste, wenn er sich im Pagendienst übt? Und ich ..."

„Was ist mit dir?"

„Wär's so schrecklich, wenn er mir auch ein wenig gefiele? Du! Der hat noch nie etwas mit einem Mädchen gehabt, wenigstens nichts Ernsthaftes."

„Woher willst du das wissen?"

Sie lachte ihr tiefes, leises, aufreizendes Lachen: „Das fühlt man als Frau."

„Jeanne! Von allen Menschen, die mir nahestehen, sorge ich mich um dich am meisten. Verstehst du: Ich sorge mich wirklich!"

Im gefälligen Schatten eines breitästigen Gebüsches legte sie beide Hände um seinen Hals und küßte ihn. Mitten in das Begehren und Gewähren dieses Kusses hinein flüsterte sie: „Es ist doch alles gleichgültig ..."

„Sag das nicht, Jeanne. Es klingt so verzagt. Mir tut's richtig körperlich weh, wenn du so etwas sagst."

„Verzagt meine ich es nicht, nur voll Sehnsucht. Ach, Steff! Wenn ich jetzt mit dir mitkommen könnte. Verstehst du: für die ganze Nacht, bis es hell wird. Warum haben es nur alle anderen so viel leichter als ich."

In ihm sang etwas und frohlockte und lockte. Trotzdem sagte er: „Glaube mir, daß ich mich auch sehne! Es geht doch aber nicht. Wir müssen vernünftig sein. Die Mutter sieht schon aus dem Schlafstubenfenster, ob bei dir das Licht brennt."

„Die Mutter! Die Mutter! Sie ist schuld, wenn ich überall Unfug anstelle. Ihr alle seid schuld!"

„Jeanne! Du weißt, daß ich jetzt gehen muß. Es ist hart von dir, mich mit solch einem Wort wegzuschicken, das mir tagelang das Herz schwer macht."

„Verzeih, Steff! Ich weiß, wie schlecht ich bin. Verzeih mir! Denk ein bißchen an mich. Ich habe mich schon wieder gefangen. Vergiß mich nicht ganz über dieser ... dieser ... unwahrscheinlich kindlichen Susann!"

„Jeannette!"

„Ich weiß, Steff! Gute Nacht! Ich denke jeden Abend vor dem Einschlafen so sehr an dich. Du müßtest es eigentlich spüren."

„Gute Nacht, Jeanne! Ich denke auch an Dich!"

„Ich glaube dir ... Aber auch richtig? Voller Sehnsucht?"

Vor drei Wochen, als ich das erste Mal auf dem Turm war, sahen die Felder hinter dem Schwierow grün aus; dunkelgrün, moosgrün, bräunlichgrün. Jetzt sind überall gelbe Fleckchen dazwischen."

„Ernte, Fräulein Susann. Reife Getreidestücke und die ersten Stoppeln."

„Warum sagen Sie plötzlich wieder ,Fräulein' zu mir, Herr Steffenhain? Wie fremd das klingt, richtig abweisend."

„Ich denke, es gehört sich so."

„Aber damals, als Sie mich grade eine Stunde kannten, da waren Sie nicht so förmlich."

„Einst ist nicht mehr heut."

„Ist das ein Zitat?"

„Ja. Börries von Münchhausen."

„Warten Sie ... Pagenlieder? Kann das stimmen?"

„Ungefähr. Die ‚Ballade vom Brennetelbusch' steht aber, glaube ich, in einem anderen Buch."

„Einst ist nicht mehr heut ... Eigentlich eine alltägliche Feststellung. Und doch ... Herr Steffenhain! Ich wollte Ihnen schon immer etwas sagen ... etwas eingestehen."

Susann Alberti stockte. Sie saß in dem gleichen bequemen Stuhl wie damals, dessen Rückenlehne aus Gurten geflochten war. Beide Arme stemmte sie auf den niedrigen Klapptisch. Auf die zur Faust geschlossenen Hände stützte sich der Mädchenkopf, dessen natürliche Farben noch keiner Nachhilfe bedurften. Nur die Lippen waren leicht getönt.

Wie blond sie ist, dachte der Mann in versonnener Bewunderung. Er mußte es aussprechen. „Susann ... Schade, daß ich kein Maler bin. Wenn die Gewittersonne so nach Ihrem Haar greift, wie jetzt eben, und dahinter steht die ängstlich blaue Wolkenbank ... Das gäbe ein kontrastreiches Bild."

Das Mädchen errötete. Es wirkte dadurch noch anmutiger. „Sie schwärmen, Herr Steffenhain. Gewittersonne und ängstlich blaue Wolken."

„Sie wissen doch, daß ich mich manchmal verdreht ausdrücke. Eine dumme Angewohnheit. Aber Sie wollten mir etwas erzählen, Susann."

Um durch das Nordfenster hinaussehen zu können, drehte sie ihren Stuhl ein wenig zur Seite. „Wald ..." sagte sie. „Nur Wald und Wald und Wald ... Wie das beruhigt."

„Ja. Man könnte andächtig werden. Daß es noch Wälder gibt, von denen man sich einbilden kann, sie seien unendlich ... und ganz einsam!"

„Herr Steffenhain! Ich glaube heute ... Eigentlich fühle ich es ganz sicher, daß ich damals bloß Komödie gespielt habe ..."

„Ja?"

„Vor mir selbst. Ich hätte es nicht getan, diesen Wahnsinn. Aber ich glaubte – damals – todunglücklich zu sein. Und daß ich deswegen etwas Schreckliches anstellen müsse."

„Wie gut, daß Sie drüber weg sind. Sonst könnten Sie es doch nicht fühlen und vor allem nicht offen aussprechen."

„Wirklich! Ich verstehe mich heute schon nicht mehr, meine Verzweiflung. Und warum? Weil man zufällig erfährt, daß einer, für den man geschwärmt hat, Herr Steffenhain! Geschwärmt wie ein fünfzehnjähriger Backfisch! Daß der mit einem anderen Mädchen aus meiner Malklasse über das Wochenende … Diese Neuigkeit, die mich völlig unvorbereitet traf, hat mich damals umgeschmissen! Entschuldigen Sie dies triviale Wort, aber es paßt so recht. So umgeschmissen, daß ich bei Papa die Schlaftabletten wegnahm und mich derart anstellte. Nun können Sie mich verachten oder schelten oder auch höhnisch auslachen!"

„Das werde ich alles nicht tun, Susann. Es war sicherlich nur der äußere Anlaß. Sie meinten eben für eine kurze Zeit, sehr einsam zu sein, verlassen und einsam. Sollte ich das nicht verstehen können? Es ist das Gegenteil von der gütigen Einsamkeit des Waldes."

„Aber Sie haben doch keinen Kummer!"

„Freilich nicht. Ich mause ja auch keine Tabletten. Trotzdem kann ich Sie begreifen. Ich bin Flüchtling. Ich meine: ein recht einsamer Flüchtling. Keiner von denen, der mit all seinen Leuten fort mußte und jeden Tag mit ihnen von der Heimat sprechen kann. Eben ein einsamer …" Steffenhain schloß die Augen. Er rieb sich, ohne sich über die Bewegung Rechenschaft zu geben, die Stirn. „Jeannette", grübelte er. „Tue ich dir Unrecht, wenn ich von meiner Verlassenheit spreche? Du kommst, wenn ich dich rufe. Immer bist du für mich da. Und trotzdem entbehre ich etwas. Jeanne! Sei mir nicht böse. Ich wollte dich nicht kränken."

In seine schweifenden Gedanken hinein sagte Susann: „Und es paßt überhaupt nicht zu mir, das ‚Die-Flinte-ins-Korn-Werfen'. Immer habe ich die Zähne zusammengebissen, war immer verständig, bis dann plötzlich …"

Steffenhain stieß einen kurzen Laut aus, der wie unterdrücktes Lachen klang. Dann sagte er mit veränderter Stimme: „Wenn ein mittelmäßig begabter Geschichtenschreiber das jetzt schildern müßte, hier, diese Situation, würde es vielleicht so klingen: ‚Die beiden schwiegen, versunken ihren Gedanken nachhängend. Der heiße Mittagswind schwieg, all die vielen Bäume schwiegen, kein Vogellaut unterbrach die atemlose Stille. Die Sonne verkroch sich in aufsteigendem finsterem Gewölk. Noch aber lag ihre Wärme in dem engen Turmgemach, dessen Wände betäubend nach kienigem Holz dufteten.'"

„Warum sagten Sie: ein mittelmäßig begabter Schriftsteller? Sie haben doch alles richtig und anschaulich geschildert."

„Ich habe versucht, das Bild richtig und anschaulich zu fotografieren. Ich habe nicht versucht, es wie ein Künstler zu malen."

„Und was fehlt Ihrer Meinung nach?"

„Ein Satz, der aussagt, daß am Himmel, im Wald, im Turmzimmer Stille herrscht. Stille, die das absolute Gegenteil von Ruhe bedeuten kann."

„Und bei den beiden Menschen?"

„Ach … überlassen wir doch die beiden getrost ihrem Schicksal. Erzählen Sie mir etwas anderes, Susann. Ich habe gehört, Sie sind zur begeisterten Fotografin geworden. Mir fiel es eben ein, als ich das Wort gebrauchte." Jetzt errötet sie wieder, dachte Steffenhain. Und ich finde keinen treffenderen Ausdruck, es zu schildern, als anmutig.

„Ja! Und wirklich mit Begeisterung. Sie wissen, daß es mit meiner Malerei nicht ausreicht. Ich meine als Lebensberuf ..." Sie war jung, ganz verstrickt in die eigenen, auf sie einstürmenden Zweifelsfragen, dankbar, Anteilnahme zu finden, begierig, sich mitzuteilen, dort, wo sie voll vertrauen durfte.

„Lebensberuf ... Ich finde es immer rührend, wenn junge Mädchen, die im Äußeren und Inneren – sagen wir – erfreulich ausgestattet sind, deren Papa beispielsweise als Chefarzt ein bedeutendes Krankenhaus leitet, wenn also solche mit guten Gaben leidlich gesegneten Mädchen von einem ‚Lebensberuf' träumen."

„Heute muß jede einen Beruf lernen. Jede! Wenn Sie das nicht einsehen, sind Sie betrüblich rückständig."

„Das ist mir schon oft vorgeworfen worden. Und ich hör's meistens nicht einmal ungern. Aber nun bitte zum Thema!"

„Sehen Sie, da hat mir Herr Instahlen alle seine Hirsch-Fotos gezeigt. Wir haben sie stundenlang angesehen, zweimal, an verschiedenen Tagen. Dabei stellten wir fest: Er sieht seine Hirsche als passionierter Züchter. So versuchten wir es zu formulieren. Ihm ist es ziemlich gleichgültig, ob das Bild auch eine künstlerische Note hat. Was ihm überflüssig erscheint, schneidet er kurzerhand weg. Wenn es nur so scharf geworden ist, daß man das Geweih richtig ... richtig ... Wie sagt man statt erkennen?"

„Ansprechen."

„Natürlich ... daß man es klar ansprechen kann. Erinnern Sie sich an die des alten Hirsches mit dem mächtig breiten Geweih, der ..."

„... dem weit ausgelegten Geweih ..."

„Bitte, verbessern Sie mich immer, wenn ich mich dumm ausdrücke."

„Das ist nicht dumm. Es ist ..." Er überlegte einen Augenblick. Dann fand er das rechte Wort. „Es ist nur unkundig."

„Das kommt auf dasselbe heraus. Ich möchte aber die Jägersprache wirklich lernen. Sie ist viel eindringlicher als die gewohnte Sprachweise."

„Der Fuchsschwanz heißt Lunte oder gar noch anspruchsvoller Standarte. Beim Keiler nennt man das lustige letzte Ende das Stimmungsbarometer, Pürzel oder Federlein. Friedel ist stolz darauf, daß er jetzt dreizehn Hirsche bestätigt hat, ohne sie tolpatschig zu vergrämen. Ist dieses Vergrämen für das Verjagen, wenn man sich's recht überlegt, nicht wirklich ... entschuldigen Sie das abgegriffene Wort: poetisch?"

„Genau das meinte ich. Aber lassen Sie mich schnell vom Feuerwacht zu Ende erzählen."

„Den Namen wissen Sie auch schon?! Mein Kompliment, Susann!"

„Das ist doch kein Kunststück. Herr Instahlen würde sich sehr freuen, wenn sie ihn bekämen. Er meint, es sei einer der ältesten und besten."

„Friedel ist ein wunderbarer Freund. So ohne jeden Neid."

„Ja? Nicht wahr? Ich habe auch noch keinen häßlichen Zug an ihm entdeckt. Pfui! Mich jetzt auszulachen! Stimmt es etwa nicht, was ich gesagt habe?"

„Es stimmt aufs Haar! Ein häßlicher Zug würde zu ihm nicht passen." Steffenhain überlegte: Er ist so leicht unentschlossen, zu halben Lösungen geneigt, wenn sich dadurch eine scharfe Auseinandersetzung vermeiden läßt, eben das, was man als weich bezeichnet. Draußen war er ganz anders. Weniger ängstlich als Kameraden, die vorher, in Ruhestellung, den Mund weit aufrissen. Bestimmt: Friedel ist nicht feige gewesen. Und hier, der Mutter gegenüber … „Steffenhain machte eine leichte Handbewegung, wie einen abschließenden Gedankenstrich. „Bitte erklären Sie mir endlich, was mit dem Bild meines Hirsches los ist. Meines in Anführungsstrichen: sofern ich ihn bekomme und nicht etwa Graf Bredersen. Zu dem wechselt er manchmal rüber. Dicht hinter der Grenze hat der reifen Hafer."

„Auf dem Bild steht der Hirsch ganz in der rechten Ecke. Die Bildmitte ist irgend etwas Flaches, Unbedeutendes."

„Die Hinterzerchel-Kultur."

„Möglich. Welch sonderbares Wort!"

„Auf der Ohlenburger Betriebskarte stehen säuberlich Jagennummern eingetragen. Das muß so sein, für den Holzverkauf und überhaupt, der Ordnung halber. Friedel und ich, wir lieben die alten Flurbezeichnungen mehr: Lesterdiek, Pfingstanger, Winschenkenluch …. Hinterzerchel deutet vielleicht auf einen Zacharias hin, dem dieses Stück früher gehört haben mag. Oder ein Förster, der so hieß, hat dort irgendwann gepflanzt."

„Das kann gut sein. Und ganz links auf dem Foto ist ein Weihnachtsbaum, aber niedrig und kugelrund."

„Ich weiß: ein immer wieder vom Wild verbissenes, uraltes Bäumchen, ein Fichten-Heinzel."

„Sehen Sie, hätte man nun mit dem Knipsen gewartet, bis der Hirsch dicht an diesem Tannenbäumchen stand, und hätte man's hübsch in die Mitte gerückt, dann wäre es eine … eben eine Künstler-Aufnahme geworden."

„Wenn beim Zuwarten nichts dazwischenkam! Was meint Friedel denn zu Ihren reformatorischen Ansichten?"

„Oh, er scheint sehr begeistert. Er sagt, es wäre ein Jammer, daß ihn niemand früher drauf aufmerksam gemacht habe. Denn jetzt, wo die Schußzeit angefangen hat und sie die Geweihe … blank machen …"

„… fegen …"

„Ja. Jetzt, wo sie fegen, sind die besten Fotografierwochen vorbei. Drum nützen wir ja auch jeden Nachmittag mit gutem Licht aus."

„Und deswegen sind Sie mir untreu geworden, Susann."

„Wie abscheulich das klingt! Einem Menschen, den man wirklich mag, dem wird man doch nicht untreu! Bloß weil etwas anderes im Augenblick den Vorrang hat."

„Ich bin Ihnen dankbar für das: den man wirklich mag."

„Das wissen Sie doch selbst. Also kann ich's ruhig aussprechen."

„Trotzdem danke ich ihnen."

Susann nickte ihm in fröhlicher Gelassenheit zu, wie man einem guten verläßlichen Freund zunickt. Dann sprach sie lebhaft weiter: „Das ist aber noch nicht alles, was ich aus den Alben herausstudiert habe. Für mich selber fand ich auch etwas. Sehen Sie, Herr Steffenhain, im Kunstgewerbe werden häufig jagdliche Tiere dargestellt, Hirsche, Rehe, alles mögliche. Und beim genauen Betrachten der Bilder – Herr Instahlen hat ja außer Rotwild auch andere Tiere aufgenommen – mußte ich feststellen, wie falsch sie oft wiedergegeben sind. Bei den stilisierten ..."

„Bleiben Sie mir mit stilisierten Lebewesen vom Leibe, Susann! Pfuschwerk! Unvermögen des Zeichners, des Bildhauers, lebensecht gestalten zu können!"

„Himmel! Sind Sie aber mit einem Male ungerecht und kurzsichtig! Unsere größten Meisterwerke schwelgen geradezu in dieser Kunstform, angefangen bei den Höhlenzeichnungen über die Griechen ... Bitte denken Sie an die Kapitelle der korinthischen Säulen: Akanthus ..."

„Kunstgeschichte: Eins!"

„In der Diskussion den Gegner zu verspotten, finde ich einfach unfair!"

„Ich war todernst! Aber, Susann, ich errege mich ja nicht über die Steinzeit und das klassische Zeitalter. Damals gab es Künstler, die sich etwas erlauben durften."

„Die gibt es heute genauso!"

„Nicht, wenn sie an der formvollendeten Gestalt unseres Wildes herummurksen!"

„Auch da gibt es sie! Aber das räume ich Ihnen ein ... und darauf will ich ja grade hinaus: Besonders im Kunstgewerbe wird beim Stilisieren des Wildkörpers nicht immer das Nebensächliche fallengelassen, um das Charakteristische herauszuheben. Das habe ich jetzt beim Studieren der Fotos gemerkt. Und da liegt ein weites Arbeitsfeld."

„Und das wollen Sie in Zukunft beackern?"

„Ich möchte beinah. Sehen Sie, Herr Steffenhain, ich hab's ja so unverdient gut, daß ich nicht ängstlich auf ein oder zwei im praktischen Erfolg fehlgeschlagene Semester zu sehen brauche."

„Den ersten Susann-Aschbecher mit vorbildlich stilisiertem schreiendem Hirsch bekomme ich dann geschenkt."

„Sie sind ein Scheusal!"

„Unzweifelhaft!" Steffenhain stand nach einem letzten prüfenden Blick zum Westhimmel auf. „So, meine Dame! Jetzt verziehen wir uns. Eben hat es mächtig hinter dem Schwierow geblitzt. In zehn Minuten ist das Wetter hier. Es hat zwar noch nie in den Turm eingeschlagen. Aber Vorsicht ist der bessere Teil der Tugend."

Im Wildschuppen lag schwer und süß der Duft des eingelagerten frischen Heues. Wenige Minuten nachdem die beiden hier einen sicheren Unterschlupf gefunden hatten, fielen die ersten Tropfen auf das flache Pappdach, zuerst einzeln klatschend, dann in geschäftiger Eile trommelnd, schließlich in eintönig wilder Melodie rauschend. Vor die weit geöffnete, niedrige Tür spannte die Regenflut einen dichten grauen Vorhang, der für Minuten jede Aussicht hinderte. Das Innere der Hütte lag in mildem, den Augen wohltuendem Zwielicht. Das Heu duftete sehr stark. Auch der nasse Wald begann zu duften.

„Wenn jetzt Jeannette bei mir wäre!" dachte Steffenhain verlangend. „Sie würde das alles noch intensiver auskosten als ich: das Regenlied, die Verlokkung des Heuduftes, das Geborgensein vor dem Gewitter, die Einsamkeit. Ach, Jeanne ..."

„Woran denken Sie jetzt, Herr Steffenhain? Sie machen ein so sonderbares Gesicht", sagte Susann. Sie lehnte neben ihm am Heustapel, der ungefähr die Hälfte des Raumes einnahm.

„Woran ich dachte? ... Ich könnte Ihnen etwas vorschwindeln. Das mag ich nicht. Aber sagen kann ich es auch nicht recht."

„Bis jetzt hatte ich mir immer eingebildet, daß Sie alles, was Sie sagen wollen, irgendwie geschickt formulieren oder doch wenigstens umschreibend andeuten können."

„Ach, Susann ... Meinetwegen ... Aber Sie dürfen nicht ungehalten oder gar traurig werden."

„Das verspreche ich."

„Ich sehnte mich bei diesem Regen, auf den alles, Moos, Sträucher, Bäume, Tiere ... also alles: die ganze Erde, ungeduldig gewartet hat, da sehnte ich mich nach einem Menschen, einer Frau, einem Mädchen ..."

„... Bitte nicht."

„Ich weiß. Ich hätte es auch nicht gewagt."

„Jetzt sind Sie mir böse! Ich habe Ihnen weh getan!"

„Ich bin Ihnen nicht böse, Susann."

„Ein wenig doch. Böse ist vielleicht ein falscher Ausdruck. Verstimmt ... Oder, warten Sie, bei Ihren Hirschen würden Sie sagen: vergrämt!"

Sie lachten beide, aufrichtig, von Herzen kommend, den Schatten bannend, der sich trotz allen Abstreitens zwischen sie geschoben hatte. Das Mädchen fuhr dann fort, sogleich wieder ernst werdend: „Ich bin schrecklich schwerfällig und rückständig. Sie wissen, daß meine Eltern geschieden sind, meine geliebte, schöne Mama, mein schöner Vater. Darum bin ich wohl so ..."

„Susann!" sagte Steffenhain leise, „bitte keinen Schreck bekommen. Ich lege jetzt ganz vorsichtig den Arm um Ihre Schulter. Weiter will ich nichts. Sie brauchen also wirklich nicht zu erschrecken. Und dann möchte ich Sie bitten ... ich sage nun schon immerfort ‚Susann' und habe das ‚Fräulein' weggelassen. Nennen Sie mich doch Steff, wie die anderen auch; wie Friedel zum Beispiel."

„Das will ich gern tun", sagte das Mädchen warm. Ohne Scheu lehnte sie an seiner Schulter und ließ es geschehen, daß seine Hand behutsam ihren Arm streichelte.

„Ich meine, Susann, wir empfinden so alles deutlicher, wenn wir uns richtig körperlich fühlen: die schützende, tröstende Nähe des anderen vor der Übermacht des Wetters."

Sie wagte es, blitzschnell zu ihm aufzublicken, obwohl sein Gesicht ängstlich nahe dem ihren war. Der Schalk zuckte um den feingeschwungenen Mädchenmund. „Welch schöne Worte die Herrn Schriftsteller doch für alles zu finden wissen! Schöne, aber gefährliche Worte!"

„Sie bringen mich wahrhaftig in Verlegenheit, Susann! Also ganz etwas anderes: Wie klappt es eigentlich mit der Mutter? Zuerst, als Sie so überraschend zur Visite befohlen wurden, hatte ich ziemliche Bange, ob alles gut ablaufen würde. Sie ist unberechenbar. Nicht jeder kann mit ihr auskommen."

„Ich glaube, es geht leidlich. Sie ist ein einzigartiger Mensch ... Aber nicht sehr glücklich." Der Nachsatz wurde nur zögernd ausgesprochen.

Steffenhain erwiderte lebhaft: „Sie wissen, wie ich die Mutter verehre. Darum interessiert es mich wirklich, was Sie da sagten. Weswegen erscheint Sie Ihnen ... unglücklich?"

„Das habe ich nicht gemeint. Unglücklich oder nicht glücklich sind überhaupt ganz falsche Bezeichnungen. Ich kann mich nicht so präzise ausdrücken wie ihr klugen Männer."

„Erklären Sie es mir doch an einem Beispiel."

„Ich war durch Sie darauf vorbereitet, daß Frau Instahlen sehr temperamentvoll sein kann."

„Das ist eine schonende Umschreibung."

„Das soll's auch sein. Wenn ich hinter ihrem Rücken schlecht von ihr spräche, könnte ich ihr nicht mehr frei in die Augen sehen."

„Kleines Mädchen! Sie werden noch viele Verstellungskünste lernen müssen, später, in der großen Welt. Trotzdem war es natürlich goldrichtig, was Sie meinten. Ich würde auch nicht heimlich über die Mutter herziehen. Und habe ja auch den allergeringsten Grund dazu."

„Vorgestern erlebte ich's zum ersten Mal. Mich packt jetzt noch beinah das Grauen. Es war furchtbar."

„Was war denn los?"

„Das Hausmädchen kam mit dem Teegeschirr herein, die Irmgard."

„Das Füchschen."

„Ja. Sie hat feuerrotes Haar. In der Diele muß sich der Teppich ein bißchen verschoben haben, oder eine Ecke war umgeschlagen. Hinterher wußte keiner, wie es gekommen war. Sie schreit auf, macht noch zwei, drei stolpernde Schritte und liegt der Länge nach da, mitten zwischen den Scherben."

„Was war alles entzwei?"

„Drei Tassen und ein Teller. Und von einer Tasse noch der Henkel abgeschlagen. Die Kanne war gottlob heil geblieben."

„Und was sagte die Mutter zu der Bescherung?"

„Sagte … ach, Herr Steffenhain …"

„Steff heißt es."

„Entschuldigung, Steff! Gesagt hat sie nichts. Sie hat getobt."

„Schlimm."

„Und am schlimmsten war, daß sie immerzu geschrien hat, Frau von Wehlen müsse es am Ersten von Irmgards Lohn abziehen."

Steffenhain brummte etwas Unverständliches. Er verspürte ein scheußliches Gefühl irgendwo im Magen. Susann erzählte weiter: „Wissen Sie, ich habe vor Frau von Wehlen eine gewisse Scheu. Wir können, glaube ich, nicht so recht miteinander … Bestimmt liegt es an meiner Schwerfälligkeit."

„Jeannette ist bedeutend älter als Sie."

„Das allein kann's nicht sein. Herr Instahlen ist auch älter, genau zehn Jahre; wir haben es neulich zufällig festgestellt. Aber ihm gegenüber fühle ich mich nicht so unsicher."

„Zwischen verschiedenen … Ich meine: Harmonie zwischen Frauen ist eben schwieriger. Gefühlsmäßig spielt immer eine uneingestandene Rivalität mit. Trotzdem werden Sie auch mit Jeannette Wehlen gut auskommen, wenn Sie sich erst näher kennen."

„Selbstverständlich. Vorgestern aber, da hat Sie mir unendlich leid getan. Wie Frau Instahlen in einem fort wiederholte: ‚Das wird diesem schusseligen Ding vom Lohn abgezogen, Frau von Wehlen! Verstehen Sie?!' Da hat sie mit ganz ruhiger Stimme immer bloß geantwortet: ‚Ja, gnädige Frau … Ja, gnädige Frau.' Ich hätte diese Selbstbeherrschung nicht aufbringen können."

„Sie stammt aus einer alten Offiziersfamilie. Da ist es ererbte Tradition, den Mund zu halten und mit keiner Miene zu zucken, wenn Vorgesetzte explodieren."

„Explodieren ist der richtige Ausdruck. Frau von Wehlen las die Scherben vom Teppich auf. Das Unglücksmädchen, die Irmgard, stand stocksteif da, als ob sie gelähmt sei, richtig gelähmt … Und ich machte etwas entsetzlich Peinliches …"

„Was haben Sie denn gemacht, Susann?"

„Ich … ich … saß am leeren Tisch, der doch nun nicht gedeckt werden konnte … Und plötzlich habe ich die Arme drübergeworfen und den Kopf drauf … und habe geheult, gottesjämmerlich."

„Kleines Mädchen!" Steffenhain zog seine Nachbarin ein wenig dichter zu sich heran. Er streichelte leicht ihre Schulter, als müsse sie jetzt noch beruhigt werden. „Und? Wie ging es weiter?"

„Auf einmal merkte ich, daß es schon eine Weile still war in der Diele. Bloß, daß ich heulte. Und dann sagte die Mutter, unvermittelt, mit ganz veränderter Stimme, ruhig und wieder … bei Sinnen, wenn ich es so ausdrücken darf: ‚Wehlen!' sagte sie. ‚Irmgard ist ein Schussel! Ein Tolpatsch! Ein Trampel! Aber … abgezogen wird nichts. Verstanden, Wehlen?'"

Steffenhain atmete auf. „Wie schön! Wie wunderschön! Und?"

„Dann tat ich das Allerverrückteste. Sie dürfen mich aber nicht auslachen. Ich konnte nicht anders! Ich bin aufgesprungen und zur Mutter hingelaufen und bin ihr um den Hals gefallen."

„Donnerschlag!" Er faßte das Mädchen an beiden Schultern und drehte es so, daß es ihm gegenüberstand. Es hatte den Kopf aber tief gesenkt und die Augen niedergeschlagen. „Donnerschlag! Ich kenne die Mutter seit drei Jahren. Daß ihr jemand um den Hals gefallen ist, das habe ich noch nicht erlebt. Wie ging es zu Ende?"

„Sie gab mir richtig einen Kuß. Aber dann sagte sie: ‚Dumme Trine! Dumme Heultrine! Ist ja alles halb so gefährlich!' und hat mich beinah weggeschubst. Sofort fing sie an zu kommandieren: ‚Den Teppich hochnehmen! Ein trok-kenes Tuch unterlegen! Anderes Geschirr bringen! Mamsell soll neuen Tee brühen! Los! Sputet euch! Um vier will Fräulein Alberti mit dem jungen Herrn rausfahren. Lebhaft! Lebhaft! Aber nicht wieder längelang! Nein so was: längelang …' Da sind wir alle drei gerannt. Bloß daß jetzt die Irmgard geheult hat."

Steffenhain sagte nachdenklich: „Susann, ich bewundere Sie."

„Mich?"

„Natürlich: Sie!"

Inzwischen war der schwerste Guß vorübergerauscht. Die Tropfen wurden kleiner, hörten schließlich ganz auf. Mit einemmal hellte es sich draußen auf. „Wir bekommen heute noch eine Stunde gutes Licht", frohlockte Susann. Ihr Gesicht strahlte in freudiger Erwartung.

„Und ich bin für die ganze Woche dienstfrei. Der Regen hat angezogen! Da kann nichts brennen. Jetzt sause ich zum Turm rauf und spreche mit Friedel, daß ich trotzdem die nächsten Nächte draußen schlafe, so lange, bis ich meinen Hirsch habe. Vom Schloß hätte ich morgens eine Stunde Umgehungsmarsch. Hier bin ich mitten im Revier. Soll ich Sie anmelden?"

„Ja, bitte! Sagen Sie doch, daß ich gleich losradele. In 20 Minuten bin ich oben."

Als die beiden ins Freie traten, fiel ein erster warmer Sonnenstrahl auf das Mädchen.

„Bleiben Sie einen Augenblick stehen", bat Steffenhain. „Ihr Haar! Man kann nicht sagen: ‚Es schimmert wie eine Goldkrone.' Denn Kronen sind meistens schwer und lasten. Auch: ‚Es umrahmt Ihr Antlitz wie ein Heiligenschein' wäre falsch. Dafür sehen Sie zu diesseitig-glückhaft aus. ‚Gesponnenes Gold' ist abgegriffen wie ein alter Gartenhandschuh …"

„Steff! Sie sind verdreht! Darf ich mich nun endlich rühren?"

„Gleich. Eine Sekunde noch!"

Er legte noch einmal den Arm um sie, wie vorher im Schuppen, und beugte sich zu ihr hinunter. Sie war einen halben Kopf kleiner als er. Er neigte sich so weit, bis er das sanfte Streicheln ihres Haares an seiner Stirn fühlte und den feinen Duft einatmen konnte. Dann ließ er sie vorsichtig los, wie man ein Kunstwerk, das einem anderen gehört, mit andächtigem Bewundern und mit leiser Wehmut zurückgibt.

„Steff! Sie sind wirklich verdreht!" wiederholte Susann in großer Verwirrung.

„Ja, Susann. Ihr Sonnenelfenhaar ist schuld. Aber von jetzt an bin ich vernünftig, für immer. Ich wünsche Ihnen und Friedel von ganzem Herzen Waidmannsheil!"

„Ich wünsche Ihnen auch Waidmannsheil! Auf Ihren Hirsch!"

„Waidmannsdank, Susann!"

Der Wald rauchte. Überall, wo die untergehende Sonne den Boden traf, verdampfte die Feuchtigkeit, die noch nicht in tiefere Erdschichten eingetreten war. Da nur ein schwacher Abendwind durch die Baumkronen strich, stand der Wasserdampf unbeweglich. Alle Vögel sangen, als sei der Frühling noch einmal angebrochen. Hoch über dem Altholz schwebte ein Tauber im Balzflug. Die Sonne ließ den weißen Halsring aufleuchten. Bei jedem neuen Bogen klatschten seine Flügel. Dann fiel er in einer dunkelgrünnadligen Kiefernkrone ein, um sogleich mit seinem verliebten, buhlerischen Gurren zu beginnen.

Schon zum dritten Mal prüfte Steffenhain den Wind. „Er taugt nichts", dachte er besorgt. Das graue Wölkchen des Zigarettenrauches war launenhaft wie eine verwöhnte Frau. Einmal schwebte es nach rechts auf die freie Kultur hinaus. Das wäre angegangen. Dann zerfloß es brav, wie es sollte, rückwärts auf dem breiten Sandweg. Aber beim letzten, entscheidenden Versuch wirbelte es stichgerade in die Dickung hinein.

„Er taugt wirklich nichts", dachte der Jäger. „Ärgerlich, aber nichts dagegen zu wollen. Die Hirsche werden früh kommen. Wenn eigentlich noch gutes Büchsenlicht sein müßte. Es gibt aber Nebel. Jawohl: um acht, spätestens um halb neun ist alles Waschküche. Und an die Schonung darf ich mich nicht ransetzen. Sie könnten zu leicht Wind bekommen. Wären dann vergrämt. Wahrscheinlich für die ganze Feistzeit vergrämt.

Vergrämt ... Sie lernt unsere Waidmannssprache und ist zur begeisterten Fotografin geworden ... Und fällt der Mutter um den Hals ... Alles ohne Falsch, ohne eklige Berechnung ... Neid? ‚Bitte nicht', hat sie gesagt. Neid? Ein neidischer Flüchtling? Pfui Deibel! Beneidet er mich um meinen Hirsch etwa? Er ist kein Jäger?! Trotzdem: Pfui Deibel! Also herzliches, zuwartendes Beiseitestehen. Sehr herzliches ..."

Der Zigarettenrauch quirlte erneut in die Dickung hinein. Steffenhain fuhr auf und ging mit langen, lautlosen Schritten zurück. Im benachbarten fünfzigjährigen Kiefernbestand schlug er einen großen Bogen. Er wurde jetzt sehr langsam und pürschte vorsichtig. An einem so günstigen Abend konnte überall Wild herumstehen. Fortprasselnde Stücke, ja nur ein schreckendes Reh würde alles verderben. Aber ohne Zwischenfall erreichte er den Rand dieser Abteilung. In sanft vorspringendem Bogen stieß das Stangenholz an die ausgedehnte Kultur. In den Staatsforsten der Ebene ist jedes Jagen möglichst rechtwinklig eingeteilt, begrenzt von schnurgeraden Gestellen, die kilometerlang die Einförmigkeit der Baum-Millionen zerschneiden. Im Ohlenburger Wald hatte man die Straßen, Wege und Schneisen ebenso angelegt. Auch nach der Modernisierung durchzogen noch viele alte Holzeinschlagwege und Trampelpfade die Ohlenburger Wälder. Steffenhain kannte sich in diesem Revierteil sehr gut aus. Er pirschte weiter vorsichtig auf den verwunschenen Pfaden und vermied sorgfältig, auf trockene Aststückchen zu treten. Immer wieder verhoffte er, um ja kein Wild zu vergrämen.

Doch trotz der zunehmend von ihm Besitz ergreifenden Jagdleidenschaft ließ er die Grundlagen der Jagd und der Pirsch niemals außer acht. Heute war er so nah dran, seinen Hirsch zu erspähen. Diese Gelegenheit wollte er nicht leichtfertig aufs Spiel setzen. Mit aller erdenklichen Vorsicht näherte er sich dem Gehölzrand unter Ausnutzung aller Deckungsmöglichkeiten von der anderen Seite. Er stand nun gut im Wind. Vor ihm lag die Dickung im wabernden Nebelschleier. Das Niederwild, das wir hier haben, kann ich im Dunst nicht sehen. Den Fuchs auch nicht. Und unsere Rehe stehen fast alle in den Schloßwiesen. Da ist es jetzt ruhig, und das Grummet gibt ihnen beste Äsung. Das Rotwild aber …

In der Dickung krachte es. Ein dünner, morscher Ast brach mit dumpfem Laut. Dann wurden grüne Zweige zerbrochen. Es knackte hell und weithin schallend. Dazwischen fielen schwere Schläge gegen einen festen Stamm, der standhielt.

„Sie fegen", sagte Steffenhain leise vor sich hin. In seinem Hals wollte ein Keuchen laut werden. Die Hände ballte er in den bequemen Taschen des alten, weitgeschnittenen Lodenmantels, den er angezogen hatte, als es nach Sonnenuntergang kühler wurde. „Sie fegen … Einer wenigstens."

Minuten angespanntesten Harrens und Lauschens. Eine Fledermaus glitt am Holzrand entlang, in einem fort hin und her, viele Male. Der Westhimmel loderte in Gelb und Gold. Ihm gegenüber hing der neue Mond dicht über dem dunklen Saum der Schonung, blaß und zerbrechlich wie eine flache Marmorschale. Die Kultur war kein See mehr mit weiten, niedrigen Inseln darin, sie glich einem ruhig atmenden Meer, dessen Begrenzung nicht zu erkennen war. Ein Reiher strich vom Schwierow-See her. Er flog langsam, rudernd, mit schwerem Kropf. „Roh!" rief er. „Roh!" Sein Schrei klang rauh und sehr einsam unter dem jetzt wolkenlosen Himmel.

Am Dickungsrand war eine Bewegung. Die Augen des Jägers starrten auf diese Stelle, bis sie tränten. Langsam hob er das Glas. Ein großer heller Fleck stand verschwommen vor dem nachtdunklen Schatten der jungen Kiefern. Ein sichernder Hirsch.

Steffenhain atmete langsam und tief. Trotzdem konnte er, ganz innen, ein Zittern nicht unterdrücken, das den Atem beengte. Sein Herz begann schwer, voll wilden Verlangens, zu schlagen. Dies alles, obgleich er genau wußte, daß er heute abend nicht zu Schuß kommen würde.

Plötzlich war der große Fleck an der Dickung verschwunden. Ein Stück davor bewegte er sich langsam im Nebelmeer. Er hatte sein grau-helles Aussehen verloren und glich einem dunklen Kahn, der auf dem Nebelgewässer schwamm. Dieses Trugspiel wurde noch eindringlicher, weil nur die Rückenlinie aus dem weißen Gewoge herausragte. Das achtsam erhobene Haupt erinnerte an den geschweiften Bug einer Gondel, den geschnitzten Drachenkopf eines alten Wikingerschiffes. Ein zweiter und ein dritter großer, dunkler Fleck tauchten auf. In weitem Abstand zog einer hinter dem anderen, ohne auch nur ein Geringes vom Wechsel abzuweichen, wie Barken, die in Kiellinie fuhren.

Um das schwere Glas ruhig halten zu können, stemmte Steffenhain den Ellenbogen auf das angezogene Knie. Seine Lippen bewegten sich in unhörbarem Selbstgespräch: „Zehner oder Zwölferchen. Hals wie ein noch nicht zugerittener Araber. Jung, gut veranlagt …

Hach! Ich hab's gestern noch zu Friedel gesagt! Ludwig XIV.! Unverkennbar. Mächtige Krone, auf beiden Seiten. Imponierend. Gut jagdbar. Soll noch ein Jahr älter werden. Friedel, der Graf und Direktor Hohlflank haben es sich geschworen. Aber die Ahlefelder Bauern? Sie dürfen keinen Starken schießen. Na ja … Hoffen wir das Beste. Aus Versehen natürlich … Ein guter Hirsch. Wär' ein Jammer um ihn …

Der dritte. Also doch! Gott sei Dank! Stark und alt. Solch ein Hals! Wie bei einem ausgemästeten Bullen. Wie niedrig er das Haupt trägt. Äuge doch einmal zu mir rüber! Bitte! Tu's doch! Einmal nur! Bitte tu's doch! So! So ist es recht! Natürlich: ein Meter Auslage. Vielleicht noch etwas mehr. Mein Hirsch. Der Feuerwacht. Mein alter und starker Hirsch …

Erst als das letzte der Geweihe, schwankend über massigem Träger, wiegend über weißem Nebelmeer, verschwunden war, ließ Steffenhain das Glas sinken. Zehn Minuten noch saß er reglos mit halb geschlossenen Augen, ganz versunken in angespanntes, sich um das Geheimnis der begehrten Beute mühendes Grübeln: Jetzt waren sie auf der Heidekrautblöße. Dann zogen sie zum Lesterdiek. Von da ins Altholz und gegen Mitternacht, wenn der Nebel wie eine Mauer stand, ragend wie eine haushohe Mauer, dann nahmen sie, jenseits der Grenze, den gräflichen Hafer an, für eine oder zwei Stunden. Und zum Schluß bummelten sie satt, schwerfällig, faul, auf ihren Tageseinstand in der Ohlenburger Dickung zu.

Um halb drei muß ich draußen sein, überlegte Steffenhain, und sehen, was der Wind macht. Ob sie über die Kultur zurückkommen oder einen Bogen schlagen. Mit Nackenwind ziehen sie nicht ein. Ich werde nichts übereilen. Ich habe Zeit. Die Hauptsache ist, daß ich weiß, wo er steckt. Mein Hirsch.

Sobald die Kerze in dem altmodischen Eisenständer brannte, den die Mutter für den Feuerwachtturm herausgesucht hatte, rief Steffenhain das Schloß an. Er war begierig, von seinem Erlebnis zu berichten. „Guten Abend, Steff!" sagte Frau von Wehlen. Ihre Stimme klang im Apparat seltsam fremd. „Warte einen Augenblick. Ich will nur die Flurtür zumachen. Ich bin allein …" In den Drähten summte es geheimnisvoll. „So. Wie geht es dir? Was hast du erlebt?"

„Danke, Jeannette. Ich bin ganz Hoffnung. Ich habe den Feuerwacht gesehen. Morgen früh …" Steffenhain unterbrach sich, um vorsichtig weiterzusprechen. „Alles ist natürlich höchst fraglich, wie immer auf der Jagd. Ich gehe ganz früh auf den Rückwechsel."

„Abergläubisch seid ihr Jäger wohl gar nicht?"

„Das wäre noch schöner! Aber sag mal, Jeanne, wie kommt es, daß du allein bist?"

„Die gnädige Frau hat sich vor einer halben Stunde hingelegt. Sie steckte den ganzen Nachmittag im Weinkeller. Der gute Johannisbeer mußte auf Flaschen abgefüllt werden. Nachher war sie vollkommen erledigt."

„Ach herrje ..."

„Schon gut."

„Und Friedel ist noch nicht zurück? Und Fräulein Susann? Bleibt sie über Nacht?"

„Sie sind zu Fuß gegangen und sagten, daß es spät werden könnte ... Glückliche Jugend ..."

„Soll das Eifersucht sein?"

„Wahrscheinlich, Steff. Auf wen wohl? Und doch: Ja! Ich bin eifersüchtig! Aber anders, als du es meinst."

„Das ist mir etwas zu hoch ... Übrigens, ich denke, er ist noch stärker, als wir nach dem Bild annahmen. Da ist er doch allein drauf, ohne Vergleichsmöglichkeit. Heute abend sah ich ihn mit Ludwig XIV. zusammen. Du! Der Feuerwacht ist mehr! Er zieht auch als letzter im Trupp: ein ganz Vorsichtiger!"

„Ja, dein Hirsch ..."

„Du sprichst so komisch, Jeanne. Was ist denn?"

„Nichts, Steff. Höchstens eine ganz dumme Frage: Was bedeutet einem passionierten Jäger eigentlich mehr: sein geliebter Hirsch oder seine ... Frau?"

„Das ist keine dumme Frage, sondern eine schwierige. Darüber ließe sich eine Dissertation zum Doktor venationis schreiben."

„Ich wußte im voraus, daß du mir keine klare Antwort geben kannst."

„Du verlangst auch ein bißchen viel! Schwierige psychologisch-philosophische Fragen, deren Voraussetzungen auf die Empfindungen des Neandertalers zurückgehen, sollen unvorbereitet am Telefon gelöst werden."

„Wie gut ihr doch drum herumreden könnt!"

„Im Gegenteil. Wenn ich wieder Zeit habe, werde ich einen Essay darüber schreiben und zu wohlwollender Kritik unterbreiten. Beginnend mit der schwerwiegenden Problemstellung: der erste Hirsch, die erste Frau."

„Wieviel Hirsche hast du schon geschossen, Steff?"

„Richtige Hirsche – ich will mal das lauflahme Sechserchen nicht mitzählen und den Spießer aus Versehen. Ach, Jeannette, war ich bei dem damals doch verzweifelt! – also wirklich begehrenswerte: vier."

„Und?"

„Was meinst du mit ‚und'?"

„Schluß! Die beiden kommen. Sie sind schon auf der Veranda. Du bleibst doch am Apparat?"

„Ja. Ich würde Friedel gern sprechen."

„Gute Nacht, Steff. Denke auch eine Minute lang an mich, oben auf deinem Turm."

„Gute Nacht, Jeanne. Mehr als eine Minute."

„Wohl kaum ... Und Waidmannsheil auf Ihren Hirsch, Herr Steffenhain!"

Fast eine Viertelstunde lang erzählten die Freunde von dem, was jeder beobachtet hatte. Jagdliches Erleben wühlt dann am tiefsten auf, wenn es allein genossen wird. Hernach ein verständnisvoller, neidlos mitfühlender Freund, begierig auf Gedankenaustausch, ist seltener Gipfel dieses Glücksempfindens.

Dann senkte sich die beredte Stille der Spätsommernacht auf das Turmzimmerchen. Nur das Wasser über der bläulichen Spiritusflamme begann zu singen. Steffenhain aß mit dem gesunden Heißhunger der vorgerückten Stunde. Danach bereitete er alles für den Morgen vor.

Als er sich auf der harten, aber bequemen und breiten Bank ausstreckte, warm unter der vertrauten Wolldecke, blickte er noch eine Weile durch das geöffnete Fenster auf den mit wenigen blassen Sternen geschmückten Himmel.

„Gute Nacht, Jeanne! Ich denke an dich. Du schenkst mir, bist du bei mir, Begierde, Genuß, Zärtlichkeit, manchmal sogar Verstehen ... Mit großem Dank denke ich an dich ... Wir klagen so oft über das Einsamsein des Flüchtlings. Heute nacht schmerzt es mich nicht. Der Wald ist bei mir. Die Sterne. Die sanfte Nachtluft. Mein Hirsch. Liebe Jeanne, sei nicht traurig! Mein Hirsch ..."

Sie werden zu früh kommen, bevor der verdammte Nebel fort ist", dachte Steffenhain. Er war sehr niedergeschlagen. Ohne es sich einzugestehen, hatte er zu fest auf einen Erfolg an diesem Morgen nach dem Platzregen gehofft. Er saß ein Stück unterhalb des Wechsels am Schonungsrand. Ein kaum spürbarer, aber stetiger Wind erlaubte es, sich so weit vorzuwagen. Auf der großen Kultur stand der Nebel bis zu den Wipfeln des benachbarten Stangenholzes. Und schon hellte sich der wie am Vorabend wolkenlose Himmel auf.

Weit entfernt, in den Ohlenburger Wiesen, schreckte ein Reh. Nicht in Angst, sondern verdrossen. Ein Fuchs mochte zu dicht bei ihm vorbeigeschnürt sein. Oder es war ein älterer Bock, der sagte: „Hier bin ich. Ich wünsche nicht gestört zu werden."

Auf dem Lesterdiek hustete ein Stück Rotwild.

„Die Hirsche!" durchzuckte es Steffenhain. Unwillkürlich kauerte er sich noch mehr auf dem Grabenrand zusammen. Er saß auf dem ausgebreiteten leeren Rucksack. Ein dichter Ginsterbusch deckte ihn nach vorn. Wollte er auf die Kultur blicken, mußte er sich ein wenig zur Seite beugen. Es war aber zwecklos, hinauszuspähen. Der Nebel war so dicht, daß auf Steinwurfweite schon alles in ihm ertrank.

Und sie waren schon auf dem Lesterdiek!

In wenigen Minuten würden sie im Schutz der Dickung untertauchen. Steffenhain seufzte versagt. Vergeblich tröstete er sich mit dem Gedanken an die nächsten Tage. Von wie vielen bangen Zufälligkeiten hing doch alles ab. Riesengroß allein die Sorge, daß nach dem Regen die Rehfüßchen wachsen würden. Ein unbedachter Sammler konnte die Hirsche aus ihrem Einstand vertreten.

Mitten auf der Kultur platschte es.

„Sie suhlen!" durchfuhr es den Jäger. „Das Loch reicht lediglich für einen. Es ist ja nur eine bessere Badewanne. Wenn einer nach dem anderen hineinsteigt, dann gewinne ich ein paar Minuten. Wind! Wind! Wind! Wach auf!"

Es war merklich heller geworden. Ein Schof Enten strich nicht allzu hoch vorbei. Sie mochten von einem Gerstenfeld kommen und hielten auf den Schwierow-See zu. Für einen Augenblick tauchten sie am pastellzarten Südhimmel auf.

Im Morastloch platschte es so laut, daß es Steffenhain wie einen Schlag aufs Herz empfand. Er fing an zu zittern. Sein Herz zitterte. Sein ganzer Körper zitterte. Vergeblich versuchte er, dagegen anzukämpfen.

Der Morgenwind begann, immer noch schlafumfangen, sich erwachend zu regen. Der Nebel geriet in wogende Bewegung. Schon waren die nächsten Büsche zu erkennen und die Kronen des Stangenholzes. Die Stämme selbst aber blieben verborgen. Dann wieder kam eine neue, weiß-zähe Wolke angewallt, die den Jäger einhüllte. Er fühlte und schmeckte die Feuchtigkeit, die sich kalt auf sein Gesicht legte, ihn blind und hilflos machte.

Der Wind frischte auf. Eine Sichtlücke entstand längs der Dickung, etwa so weit, wie man im unsicheren Morgenlicht schießen durfte. In diese Lücke hinein zog der erste Hirsch.

Steffenhain hob das Glas. Es war der junge Kopfhirsch. Vertraut bummelte er auf die Schonung zu. Wenn seine Läufe an Gras oder Heidekraut streiften, hörte man es knistern. Sogar das sonderbare Knacken der Gelenke war zu vernehmen.

Ein wenig später kam der Vierzehnender, untadelig im Geweihaufbau, auf dem Höhepunkt seines Lebens stehend, kraftvoll und stolz.

Und dann kroch ein neues Nebel-Ungeheuer heran, niedrig, tückisch, unaufhaltsam. Steffenhain stöhnte unterdrückt. „Nicht fluchen!" befahl er sich selbst. Du darfst nicht fluchen. Es soll eben nicht sein."

In der ungefähr dreihundert Schritt entfernten Suhle klatschte es noch einmal. In dieser Richtung war die Sicht jetzt unbehindert. Nur das Wasserloch verbarg sich hinter einem perlengrauen Schleier, aus dem die Zweige einer Weide wie zum Himmel gereckte Arme herausschauten.

Aus dem Perlenvorhang zog der letzte Hirsch, schwarz von Nässe und Schlamm, wie das Geschöpf einer untergegangenen Epoche, in der es noch keinen gepflegten Kulturwald gab, keine hegerischen Überlegungen, keine Abschußpläne.

Steffenhain stand leise auf, jede Bewegung seines Körpers mit zusammengebissenen Zähnen beherrschend. Zwei lautlose Schritte machte er bis zu der Jungbirke, an der er anstreichen konnte. Ohne linken Arm war ein freihändiger Schuß unverantwortlich. Besonders, wenn er dem Wild weit entgegenschießen mußte, um es nicht in den Dunst hineinzulassen, der immer noch am Schonungsrand hing.

Der Hirsch hatte es jetzt eilig. In der Suhle war es trügerisch schummrig gewesen. Die deckungslose Blöße dehnte sich jedoch in beängstigend hellem Morgenlicht. Die beiden anderen des Trupps steckten schon im sicheren Grün der Schonung.

Der Hirsch zog noch eiliger. Das weit ausgelegte Geweih schaukelte im Takt der Schritte.

Steffenhain sah es im Rund des Zielfernrohrs. Das dunkle Absehen, gierig darauf, dem Geschoß seinen Weg zu weisen, packte den Hirsch, es glitt mit ihm vorwärts, es ließ ihn nicht mehr los. Der Hirsch fühlte es nicht. Er ahnte es nicht einmal, daß ihn der dunkle Zielstachel gepackt hatte. Unentrinnbar.

Steffenhain stieß ein dumpfes, mürrisch-brummendes Knören aus. Der Hirsch verhoffte. Er hob das schwere Haupt ein wenig verwundert und ein wenig beunruhigt.

Der schwarze Zielstachel wurde eins mit dem schwarzen Vorschlag, er verschmolz mit ihm zur tödlichen Vereinigung.

Der Schuß klang auf der weiten, immer noch nebelfeuchten Blöße leise, fast verschwommen. Kein donnernder Knall, kein Feuerstrahl. Nur ein leiser und fast verschwommener Schuß ...

Der Hirsch machte eine bestürzte Bewegung. Mehr war es nicht. Dann trollte er auf die Dickung zu. Er schien nicht zu erfassen, was geschehen war, weil er, statt in rasender Eile zu flüchten, trollte. Er hatte wohl nur das eine unbestimmte, instinktgeborene Gefühl: Gefahr ... Dickung ... Schutz ...

Er trollte mit weit vorgestrecktem Haupt. Die Läufe verschwanden im Bodendunst. Der ganze schwere, kraftvoll vorwärts eilende Körper verschwand darin. Das weitausgelegte Geweih schwankte ... stand still ... vollführte eine sonderbar drehende Bewegung, noch einmal seine ganze Pracht zeigend ... war im Unsichtbaren verschwunden.

Ein wildes Toben, Schlagen, Keuchen. Ein langgezogener, ächzender Laut: „Ööh – öööhhh." Das grauenhaft-herrliche Sterben verstummte. Stille. Im Altholz begann der Ringeltauber unbekümmert mit seinem verliebten buhlerischen Gurren.

Steffenhain hatte die Büchse in eine niedrige Astgabel gelehnt. Er hielt sich an dem Birkenstämmchen fest. Er zitterte stärker als vor dem Schuß. Das ganze Stämmchen erzitterte. „Tot", murmelte er verstört. „Tot … tot …"
Eine gute Weile später trat er an seinen Hirsch heran. Er legte die Hand auf die mächtige Gabel des Zehnenders und drückte sie zur Seite. Lange – vielleicht zwei oder drei Minuten – blickte er ihm in die Lichter, die geöffnet waren und einen kleinen Ausschnitt des Himmels widerspiegelten.
„Einsam", sagte er scheu in den erwachenden Morgen hinein. „Einsam … und … erhaben."
Dann glitt die Jägerhand am Geweih abwärts, um jede seiner formvollendeten Linien mit den Fingerspitzen tastend zu erfühlen, davon liebkosend Besitz zu ergreifen: der langen Mittelsprosse in ihrem zweckvoll-schönen Schwung, dem kurzgedrungenen Eisende, der Augsprosse, deren drohende Kraft aus breitwulstender Rose entsprang. Einsam und erhaben …

Kurz vor sechs kletterte Steffenhain die Turmleitern hinauf, um auf der Ohlenburg anzurufen. Er wußte, daß jetzt zur Erntezeit dort um diese Zeit niemand mehr schlief.
Die Mutter meldete sich mit ihrem kurzangebundenen: „Ja, was ist …" Dann sagte sie erkennend: „Ach, Sie sind's, Steff! Darf man gratulieren? Haben Sie ihn? Oh, das freut mich aber. Das freut mich sehr! Fritz! Fritz! Komm schnell her! Steff hat seinen Hirsch geschossen. Laß mich noch einen Augenblick. Du kannst gleich sprechen. Steff! Wie ist er denn? Nein doch, ich meine nicht das Geweih. Ich meine, wie er sonst ist, im Wildbret. Die Braten? Nichts zerschossen? Feist und schwer? Knapp drei Zentner? Gut! Sehr gut! Also, Steff: sofort aufbrechen! Was meinen Sie? Schon erledigt? Entschuldigung, ich wollte Ihnen nicht zu nahe treten! Passen Sie auf: Ich habe mir heute nacht überlegt, wir werden ihn sofort nach Neuersleben schicken ins Kühlhaus. Dann haben wir einen Erntefestbraten, der für alle reicht. Also, Steff, ich freue mich sehr. Und hier ist Fritz!"

Am ersten September-Samstag wurde das Ohlenburger Erntefest gefeiert. Alles Getreide war eingefahren. Die Hackfrucht spielte keine so entscheidende Rolle, daß man auf ihr Roden hätte warten müssen. In diesen Wochen lag eine kurze Spanne des Aufatmens, in der dem Wintergetreide das Saatbett gepflügt wurde, so recht geeignet, die Feier vorzubereiten.
Gegen zwei Uhr versammelten sich die Gutsleute und die meisten der Waldarbeiter, alle jene, die aushilfsweise bei der Ernte mitgeholfen hatten, im „Ohlenburger Schloß-Krug". Die übrigen Holzschläger und die Kulturmädchen kamen erst abends zum Tanz. Der Gasthof lag winklig und verbaut auf einem bescheidenen Hofraum an der Querseite des Parkes. Früher hatte er

zum Schloß gehört. In der schweren Caprivi-Zeit war er mit einigen zwanzig Morgen Land abverkauft worden.

Im Saal, unter der Bühne, standen die Mutter und Fritz Instahlen, um die Arbeiter, die heute ihre Gäste waren, zu empfangen. Tilda Schlohmann, die junge Frau des Treckerführers, trug die Erntekrone und sagte das Gedicht auf, dessen Text aus der Neuerslebenschen Ratsbuchhandlung stammte. Tilda machte ihre Sache ausgezeichnet, wenn sie auch dem Ende zu vor Aufregung immer schneller wurde. Der Lehrling Rochus konnte es sich nicht verkneifen, ganz vorsichtig zu flüstern: „Jetzt hat sie den 4. Gang drin!" Er verstummte aber unter einem mahnenden Blick von Inspektor Lemmertz.

Fritz Instahlen hielt die ihm überreichte, aus reifen Ähren und vielfarbigen Bändern geflochtene Krone einen Augenblick unschlüssig in der Hand. Dann gab er sie seiner Mutter weiter. Sie wollte die Ehrung ablehnen, ließ sich aber durch den bittenden Blick des Sohnes umstimmen. „Meinetwegen, Fritz", sagte sie laut. „Aber nur, im Auftrag!" Alles lachte. Man ging der alten Dame tunlichst aus dem Weg, teils aus Respekt, teils aus Furcht. Und trotzdem gab es andere, die insgeheim oder offen mit Zuneigung an ihr hingen.

Die Dankesworte des jungen Gutsherrn waren kurz. Es schien ihm schrecklich, sechzig oder siebzig Gesichter mit neugierig aufgerissenen Augen und Mündern auf sich gerichtet zu sehen.

Anschließend spielte die Ahlefelder Musikkapelle „Lobe den Herrn". Das altvertraute Lied, von allen mitgesungen, bewegte die Herzen auch derer, die nicht mehr zur Kirche gingen.

Und dann endlich sollte das Festessen beginnen. Die Mutter stand in der Mitte der weißgedeckten, hufeisenförmigen Tafel. Ohne Merkzettel wies sie nach einer geheimnisvollen Rangordnung, die sie genau im Kopf hatte, jedem seinen Platz an. Steffenhain saß zwischen Hausmeister Riedemann und der Frau des Oberschweizers. Während die schon vorher aufgetragene Brühsuppe gelöffelt wurde, fiel im Saal kaum ein Wort. Nur die Jugend tuschelte und lachte halblaut.

Feierlich, auf vier großen Platten, wurde der Braten hereingebracht. Vor Anstrengung und Stolz hochrot im Gesicht trug Mamsell, vorneweg gehend, eine Keule des Feuerwacht-Hirsches. Frau von Wehlen folgte mit der anderen. Irmgard, das Füchschen, hatte an einem Blatt zu schleppen. Die vierte Schüssel war Susann Alberti anvertraut worden. Schon seit Tagen wohnte sie auf dem Schloß, als Kochlehrling, wie die Mutter sagte, um zu sehen, wie man nur aus Erzeugnissen der eigenen Wirtschaft hundert Menschen richtig bewirten könne. Hundert war übrigens eine runde, leicht übertriebene Zahl. Beim Erntefest servieren zu dürfen, galt als Ehre, bedeutete es doch, daß man zur Herrschaft gehörte.

Verloren blickte Steffenhain um sich. Ich bin ja in ein Kostümfest hineingeraten, fuhr es ihm durch den Kopf. Alle, die hier sitzen, kenne ich doch. Aber wie fremd sind die Frauen in einem farbenprächtigen Staat, den man nicht an ihnen gewöhnt ist. Und die Männer erst! Wie ungemütlich sie sich im Sonntagsrock fühlen, den sie am liebsten ausziehen und über die Stuhllehne hängen würden. Vor allem aber ist Jeannette verändert, nicht allein wegen der großen weißen Schürze. Das ist doch nicht ihr vertrautes Gesicht. Die Falte zwischen den Brauen habe ich noch nie bemerkt. Sie erzählt von gesammelter Aufmerksamkeit. Und das ist auch nicht die alte Susann, weder das verzagte kleine Mädchen am ersten Tage in der Turmstube noch die andere, die hoffend-fröhliche am Wildheuschuppen im Sonnenglanz …

Er fuhr zusammen. „Jawohl, Herr Riedemann. Das war ein guter Hirsch."

„Na, denn Prost, Herr Steffenhain!"

„Zum Wohl, Herr Riedemann!"

„Das muß man der Mutter lassen: Beim Weinmachen kann keiner mit ihr mit. Ich trink ja sonst meist nur Bier. Aber den hier, den kann man trinken."

„Und ob! Der Stachelbeer ist gut. Im Vertrauen, Herr Riedemann: Nachher, beim Tanzen, gibt es eine Erdbeerbowle, die hat es in sich. Nicht zu süß. Ich durfte vorhin abschmecken helfen. Eine Erdbeerbowle …"

„Und man gut, daß die Mutter den Steintopf grad sich gegenüber stehen hat. Da kann sie ein bißchen aufpassen. Vor fünf Jahren war mal ein Lehrling da, der sollte auch einschenken. Aber er hat das wirklich zu reichlich getan. Besonders bei sich selbst. Es war zum Schluß nicht fein. Na, so was passiert der Mutter auch nur einmal."

„Der Rochus ist verläßlich."

„Von den jungen Leuten ist keiner verläßlich. Keiner, sage ich!"

„Vielleicht ist das auch zu viel verlangt."

„Ach, Herr Steffenhain, könnten Sie mir nochmals das Schmorkraut rübergeben. Davon muß ich eine zweite Portion nehmen. Wollen Sie denn nicht?"

„Im Augenblick nicht. Vielen Dank." – „Mein Hirsch … Tiefdunkelbraunelfenbeinfarbenes Geweih … Nebelmorgen am Lesterdiek … Erntefestbraten … Fremdartig verwandelt … alle Vertrauten …"

„Wie meinen Sie, Frau Baltruschat? Ihre Karin? Ja, die hat sich im letzten Jahr mächtig rausgemacht. Ich habe richtig gestaunt. Wenn ich denke, voriges Jahr zur Einsegnung noch so dünn und spillrig. Und jetzt eine erwachsene junge Dame!"

Die Oberschweizerfrau strahlte. „Ja, das Marjellche ist jewachsen." Die Kuhmeistersleute waren Vertriebene aus der Gegend von Elbing und sprachen unverfälschtes Ostpreußisch.

Reichlich zwei Stunden saß man zu Tisch. Mit der Zeit war die anfängliche Scheu verflogen. Die Unterhaltung taute auf, bis alles laut und unbekümmert durcheinanderschwatzte. Schließlich hob Frau Instahlen die Tafel auf. Nachdem der Saal ausgeräumt war, begann die Musik aufzuspielen, abwechselnd einen Walzer, Rheinländer oder Polka für die Älteren und etwas Modernes für die jungen Leute. Jede Art von Abstufung, zwischen verbissenem Ernst und wildem Übermut, lag auf den Gesichtern der Paare, die sich durcheinander drehten, wanden, schoben und stießen.

Die Mutter saß mit einigen älteren Gutsfrauen in der von der Musik am weitesten entfernten Ecke. Aus unmittelbarer Nähe wären ihre Darbietungen schwer zu ertragen gewesen. Die alte Dame winkte den Lehrling zu sich. „Rochus! Sehen Sie doch mal in der Küche nach, was sie da noch machen. Sagen Sie, sie sollen sofort mit Abwaschen aufhören und tanzen kommen. Was noch nicht fertig ist, kann bis morgen stehenbleiben."

Der Saal war mit den Wirtschaftsräumen durch einen winkligen Gang verbunden. Er lag in ungewissem Dämmern. Durch die sparsam-kleinen Fenster sah man in den Gutspark hinaus, dessen Bäume das letzte Abendlicht mit ihren ineinander verflochtenen Kronen abfingen. Der Kalkverputz der Wände war seit langem nicht erneuert worden. Dadurch war es beinah finster.

Hier traf Rochus mit der Hausdame zusammen.

„Frau von Wehlen!" stammelte er. „Ach, Frau von Wehlen!"

„Was ist denn, Rochus?" Sie blieb dicht vor ihm stehen. „Wie groß er war. Groß und jung."

„Sie sehen wunderbar aus in dem dunklen Kleid und mit der weißen Schürze. Ein Jammer, daß Sie nicht richtig zur Küche gehören."

„Warum ist das ein Jammer?"

„Dann müßte man nicht so ... Dann wäre kein so schrecklicher Abstand."

„Zwischen wem?" Jeannette fragte einzig aus spielerisch-galanter Überlegenheit heraus.

„Ach, Sie wissen doch genau, was ich meine."

„Vielleicht weiß ich es nicht ... Außerdem gehöre ich heute doch richtig zur Küche."

„Sie dürfen so etwas nicht sagen! Nicht so sagen!" Er streckte die Hand aus. Flehen, Taumel, Hingerissensein.

„Rochus! Machen Sie keinen Unsinn! Wenn jemand kommt! Sie müssen verständig sein! Rochus! Bitte nicht!"

Augenblicklich gehorchte er. Ohne zu wissen, was er sagte, überstürzten sich verworrene Sätze und leidenschaftliche Beteuerungen. Auch Jeannette Wehlen achtete nicht auf seine Worte. Sie sah in sein schmerzenttäuschtes Gesicht. Ihr Atem ging schnell. „Sie müssen vernünftig sein!" stieß sie hervor. „Wir alle. Ach, Rochus, wir alle! Trotzdem ... heute ... ein einziges Mal und nie wieder!" Sie legte den Arm um seinen Nacken und zog ihn zu sich herunter. Sie fühlte seine noch ganz schüchternen, ganz unbeholfenen Lippen auf ihrem Mund. Einen kurzen, bittersüßen Augenblick lang.

Dann packte sie den widerborstigen Blondschopf und riß seinen Kopf zurück, daß ihm das Wasser in die Augen schoß. „Rochus! Ihr Wort drauf, daß es nie wieder sein darf!"

Er konnte nicht sprechen. Er haschte nach ihrer Hand und beugte sich darüber. Zum ersten Mal im Leben küßte er die Hand einer Frau.

„Du großer ..." murmelte sie. „Du großer Junge ..." Mit der Linken strich sie ihm schnell über Haar und Wange. „Du großer Junge ... Nie wieder ..."

G egen neun Uhr verließ Frau Instahlen den Saal. Ihr Sohn und Susann Alberti folgten unauffällig, um kein Aufsehen zu verursachen, als die Musik einen Marsch schmetterte. Die Dielung dröhnte unter den stampfenden Schritten der Tanzenden. Viele sangen die bekannte Melodie mit.

Steffenhain führte Jeannette Wehlen. Er beachtete das zerschossene Bein nicht. Sein Lahmen fiel auch kaum auf. Im Saal war jetzt ein unbeschreiblicher Trubel. „Die Mutter hat Schluß gemacht", sagte er laut, fast schreiend, um sich verständlich zu machen.

„Wir wollen auch gehen, Steff, beim nächsten Tanz. Einzeln. Ich warte auf dich an der Kastanie."

Der Park lag im trügerischen Hell-Dunkel des Mondes. In seinem bläulichen Licht täuschten alle Dinge ein Scheinleben vor, das doch nur aus unwirklicher Verzerrtheit bestand. Der windschiefe Schuppen, in dem das Gartenwerkzeug aufbewahrt wurde, glich einem verschwiegenen Rokokopavillon, aus dem in jedem Augenblick ein liebendes Paar heraushuschen konnte, die Dame mit sorglich gerafftem, weitbauschendem Reifrock, der Kavalier in Samtwams, schwarzen Kniehosen und Eskarpins, den leichten Degen an der Seite. Daneben der von dunkelroten – jetzt dunkelschwarzen – Kletterrosen verschwenderisch überwucherte Laubengang mochte zur Feenkönigin führen, wenn nicht gar in das Reich der Frau Venus selber. Die Schatten jedoch hüllten alles in eine für das menschliche Auge undurchdringliche Finsternis. Und über dem allen ein geheimnisvolles Flüstern und Raunen. Baumkronenstreichelnder Nachtwind ... heimliche Geisterstimmen ... Wer wollte das mit kühl wägendem Verstand entscheiden?

Im bergenden Schatten der Kastanie bat Jeannette Wehlen: „Komm doch mit, Steff. Sie sind alle im ,Krug'. Niemand merkt etwas. Komm doch mit!"

„Ich kann's nicht! Ich tu's nicht! Laß der Mutter noch etwas einfallen, und plötzlich klopft sie an deine Tür."

„Diese ewigen Bedenken! Diese erbärmliche Feigheit!"

„Ich bin doch nur deinetwegen vorsichtig."

„Heute abend ist mir alles gleich."

„Und hinterher die Selbstvorwürfe, Jeannette?"

„Steff! Wir beide sind doch sehr verschieden …"

„Die Sehnsucht ist die gleiche."

„Sprich das Wort nicht aus!" Sie machte sich aus seinem Arm frei. Ein schmaler Silberstrahl des vollen Mondes fiel auf ihr Gesicht. Es leuchtete bleich. Nur die Augen waren schwarze Seen, der Mund ein dunkler Strich. Sie sprach weiter, leidenschaftlich die Worte hervorstoßend: „Sehnsucht, Steff! Sehnsucht! Du weißt gar nicht, wie es in mir aussieht. Denke meinetwegen, daß ich zu viel getrunken habe. Ich bin aber nicht betrunken."

„… trunken …"

„Wie du doch immer ein schönes Dichterwort weißt! … Was hilft mir das! … Steff! Ich habe schon etwas angestellt, heute, als ich kaum ein Glas Wein … eine ziemlich wahnsinnige Sache."

„Was hast du angestellt?"

„Ich habe … Ich habe mich küssen lassen."

„Aber, Jeanne!"

„Ich habe dabei an dich gedacht. Zumindest hinterher dachte ich an dich."

„Nicht so laut, Jeannette! Du weißt nicht, ob noch jemand im Park ist. Wer war es? Friedel? Nein, das ist unmöglich. Rochus?"

„Das ist nebensächlich. Steff! Begreife mich doch: Ich bin … ach, ich weiß nicht … so zerfallen mit mir."

„Tu mir die Liebe und sprich ein wenig leiser."

„Hinterher habe ich immerfort nur das eine gedacht, daß wir heute nacht zusammensein werden!" Triumphierend wiederholte sie den letzten Satz: „Wir werden zusammensein!" Sie warf ihm beide Arme um den Hals und küßte ihn, daß alles in ihm zu taumeln begann. Mit geschlossenen Augen atmete er den Geruch des Parkes ein: Reife, Feuchtigkeit, Mondeszauber und Geisterraunen. Über allem, als stumme Mahnung, den Hauch von erstem, herbstkündendem Moderlaub. Und daneben atmete er den Duft der Frau ein.

„Komm, Jeanne!" sagte er erstickt. „Komm schnell!"

Engumschlungen lösten sie sich aus dem Schatten des dichtbelaubten Baumes, der über und über voll Stachelfrüchten hing, und traten auf den Kiesweg. Aus den geöffneten Fenstern des Tanzsaales schmeichelte sich ein langsamer Walzer in die Dunkelheit: Parlez-moi d'amour … Kaum daß die geringe Kunstfertigkeit der Musikanten störte. Die Schritte der beiden im Park fügten sich dem Takt des Liedes. Jeannette summte halblaut die Melodie.

Jäh blieb Steffenhain stehen. „Halt!" flüsterte er. „Da geht jemand!" Die hellen Fenster ließen eine hochgewachsene Gestalt erkennen. Gleich darauf strich sie an dem breiten, weißen Viereck der Tür entlang, schwarz, sehr eilig, beinah laufend. Der niedrige Drahtzaun zwischen Schenkengrundstück und Gutsgarten behinderte die Sicht kaum. So konnte man deutlich die schwarze Gestalt erkennen.

„Es war ein Mann", sagte Steffenhain. „Er kam von der Zaunlücke her, war also im Park. Weshalb er nicht hineingegangen ist?"

„Ob er uns gehört hat?"

„Ich weiß es nicht. Hast du ihn gekannt, Jeannette?"

„Gekannt ... Es ist mir gleichgültig ..."

„Was meinst du damit?"

„Ich denke an etwas anderes. Jetzt mag ich dich nicht in mein Zimmer mitnehmen wie ein kleines, dummes Mädel seinen Tanzschatz. Ich will nicht mit einem Ohr horchen müssen, ob die Flurtür geht. Oder ob jemand die Treppe heraufkommt. Steff! Weißt du, was wir machen? Wir gehen zu deinem Turm! Wenn wir den Jägersteig nehmen, schaffen wir es in einer Dreiviertelstunde!"

„Mein Turm ..." In Steffenhain schrie und jauchzt es. Plötzlich wurde ihm bewußt, daß er den ganzen Tag über, an diesem bunten, lauten, sonderbaren Tag, an den Turm gedacht hatte, an seine Geborgenheit, seine Stille.

„Jeanne! Mein Turm! Es ist Wahnsinn! Aber komm! Schnell!"

Wie spät mag es sein, Steff?" fragte Jeannette Wehlen. Sie lag dicht an ihn geschmiegt, ohne darauf zu achten, daß die Wolldecke ein wenig auf der bloßen Haut kratzte.

„Kurz vor zwölf. Gleich ist es Mitternacht ... Geisterstunde."

„Steff! Du darfst mich niemals an heute nacht erinnern."

„Warum darf ich es nicht?"

„Ich glaube, am Tage würde ich mich schämen. Weil ich so war ... so ganz außer mir."

„Du hast mich sehr glücklich gemacht, Jeanne."

„Dann werde ich mich nicht schämen. Ach, Steff! Ich bin auch glücklich ... Du! Ich wünsche mir jetzt etwas; etwas, wonach ich mich immer schon heimlich gesehnt habe. Du sagst, jetzt sei es Mitternacht. Wenn wir um drei Uhr zum Schloß zurückgehen ..."

„Dann werden alle ein paar Stunden schlafen, und der Mond ist im Untergehen."

„Siehst du, wie es stimmt. Und das wünsche ich mir: einmal, ein einziges Mal, in deinem Arm richtig fest und tief schlafen zu dürfen. Steff, ich bin todmüde. Du darfst mir nicht böse sein. Wir sind heute sehr früh aufgestanden. Stell den Wecker auf drei Uhr ... Oder besser auf halb drei. Damit ich richtig munter werde und ohne Hast von allem Abschied nehmen kann. Von deinem lieben Turm, der heute so gut zu uns war ..."

„Sag nicht: Abschied nehmen. Das klingt so verzagt."

„Ich bin nicht verzagt. Ich bin nur todmüde …"

Steffenhain nahm seinen Jagdmantel und breitete ihn über die Decke. „Liegst du einigermaßen, Jeanne? Ist es nicht zu hart?"

„In deinem Arm? Ach, seid ihr doch töricht … ihr alle …"

Noch eine Weile lauschte Steffenhain in die Nacht hinaus. Ein emsiger Wind war erwacht, der in den Baumwipfeln rauschte. Ganz sacht wiegte sich der Turm. Der fest verankerte und verstrebte Bau besaß die Geschmeidigkeit einstiger Segelschiffsmasten. Lag man dicht an einer seiner Wände, ausgestreckt, spürte man es, daß der Turm lebte.

Steffenhain hielt die gelöst atmende Frau umschlungen. Der Wind rauschte, der Turm wiegte, die Geliebte atmete. Rauschen, Wiegen, Atmen. Rauschen, Wiegen, Atmen …

Steffenhain träumte: „Krieg! Das Dorf brennt! Gleich wird die Granate mich zerreißen. Ich höre schon ihr Zischen und Heulen. Mein Arm ist gelähmt. Ich bin am ganzen Körper gelähmt. Alles brennt! Das Dorf brennt! Ich verbrenne!"

Er fuhr, sich ermannend, auf. Draußen vor den Turmfenstern war es hell. Er blickte verstört auf die immer noch schlafumfangene Frau neben sich. Es ist hell, dachte er verzweifelt. Schon hellichter Tag! Was soll werden? Der Wecker …

Die Uhr zeigte wenige Minuten nach zwei Uhr. Und doch war das Turmzimmer erleuchtet. Auf dem Erdboden aber zischte, heulte und prasselte es.

„Feuer!" schrie Steffenhain. „Jeannette! Feuer! Es brennt!" Aufspringend stieß er ein Fenster auf und blickte hinaus. An allen vier Ecken des Turmes loderten Scheiterhaufen. Ihre Flammen leckten und züngelten gierig an den mächtigen Turmpfeilern empor.

„Jeanne! Anziehen! Schnell! Die untere Leiter brennt schon! Schnell!"

Es war nicht mehr möglich, bis zum Mittelabsatz vorzudringen. Die Hitze war unerträglich. Mit dem Fuß konnte Steffenhain gerade noch die Klappe zuwerfen, an der die lichterloh brennende erste Leiter mündete. Vielleicht würden die waagerechten, von Feuchtigkeit vollgesogenen Dielenbretter der Plattform dem Feuer widerstehen.

„Zurück! Nach oben, Jeanne! Ehe die Leitung durchgeschmolzen ist! Sonst sind wir … Sonst geht es uns verdammt …"

„Du willst telefonieren, Steff?"

„Ich muß! Wer weiß, wie lange es noch weiterbrennt."

„Tu's nicht, Steff!"

„Ich muß!"

„Ach, Steff …"

Die Mutter meldete sich. Sie sprach sehr laut. „Der Turm brennt? Mein Gott! Und Sie sind draußen und können nicht runter? Fritz schicke ich sofort zum Krug. Ich rufe die Ahlefelder Feuerwehr an!"

„Gnädige Frau! Hören Sie mich bitte einen Augenblick ruhig an. Ich weiß nicht, wie lange der Draht noch hält." Steffenhain sprach beschwörend, fast langsam, jedes Wort betonend, als gäbe er in der Schlacht einen Befehl von entscheidender Wichtigkeit durch: „Niemanden alarmieren! Fritz soll sofort den großen Wagen nehmen. Mit drei oder vier verläßlichen Menschen kommen: Susann, Mamsell, Rochus. Mehr nicht. Eimer mitbringen. Im Flottergraben ist genug Wasser. Ein Dutzend Eimer an jeden Pfosten gekippt, das genügt."

„Ich schicke Demmertz hinterdrein und alle Männer, die nicht … Sie kommen mit dem Trecker hinterher!"

„Gnädige Frau! Niemanden hinterherschicken! Es geht nicht!"

„Was heißt: Es geht nicht? Der Wald! Mein Wald!"

„Der Wald brennt nicht. Da ist es viel zu feucht. Ich wiederhole: Fritz, Rochus, Susann, Mamsell, mit dem großen Wagen und Eimern!"

„Warum? Sind Sie verrückt geworden, Steff? Ich schicke alle!"

„Gnädige Frau … Ich bin nicht allein."

„Ach so … Ach so … In fünf Minuten … Nein, das schaffen wir nicht! In einer Viertelstunde sind wir da!"

„Gnädige Frau! Aber Sie doch nicht! Der schwere Tag! Alle die Tage vorher schon die vielen Vorbereitungen! Gnädige Frau, Sie nicht! Hören Sie noch?" In dem unscheinbaren braunen Apparat schwirrte es hohl und höhnisch. Steffenhain kannte dieses Summen. Die Leitung war unterbrochen. Bei Sturm kam es öfter vor, daß ein losgerissener Zweig auf die Drähte fiel. Dann klang es genauso.

„Schluß", sagte er. Er wischte sich den Schweiß von der Stirn. „Nicht einen Augenblick früher … Jetzt trifft die Mutter die weiteren Entscheidungen!" Er trat zu Jeannette Wehlen, die während des Gespräches einige Male hinausgesehen hatte. Die Flammen loderten nicht mehr so hell wie vor wenigen Minuten. Aber alle vier Pfeiler brannten, ungefähr doppelt mannshoch. Von oben war es schwer abzuschätzen, welches Unheil die Flammen bereits angerichtet hatten. Die Plattform in der Mitte dampfte und versperrte die Sicht.

„Sind wir eigentlich in Gefahr, Steff?" fragte Jeannette Wehlen. Sie bemühte sich um Fassung, aber ihre Stimme bebte.

„Gefahr? Daß wir … daß die Turmstube Feuer fängt? Ausgeschlossen. Ich halte es für ausgeschlossen. Selbst wenn wir keine Hilfe bekämen, würde uns nichts geschehen. Aber …"

„Was willst du sagen? Sag es schon! Ich mache dir keine Szene."

„Natürlich weiß ich nicht, wie lange ein vierzig Zentimeter starker Kiefernstamm brennt. Wie lange drei brennen. Auf jeder Ecke sind drei zusammengeschraubt. Bis ..."

„Du meinst, bis sie durchgebrannt sind und abbrechen?"

„Das kann Stunden dauern, einen halben Tag, einen ganzen! Ich weiß es nicht", Jeannette schauderte zusammen, sosehr sie sich auch dagegen wehrte. Im Kriege hatte sie einmal mit angesehen, wie nach einem Fliegerangriff eine lange Straßenreihe brannte und ein Haus nach dem anderen, fünfstöckige Mietshäuser, zusammenbrachen. Brennend einstürzten, um in einer Feuerwolke, die bis zum Himmel zu schlagen schien, zu versinken. An dieses Bild grausig sinnloser Vernichtung mußte sie jetzt denken.

„Wie ist das bloß möglich?" fragte sie leise. „Wie ist das Feuer entstanden?"

„Ein Verbrechen. Zuerst brannte wohl Reisig um jeden Pfosten herum. Es könnte aus der Durchforstung gleich nebenan stammen."

„Das ist doch aber naß."

„Hast du nichts gerochen?"

„Gerochen? Ich habe nicht achtgegeben. Ich war zuerst sehr erschrocken."

„Es kam mir so vor, als ob es nach Benzin oder Petroleum riecht. Und der Qualm war schwärzlich. Der Lump hat Reisig hergeschafft und es mit Benzin übergossen. Dann brennen die Äste weiter, sobald die Feuchtigkeit verdunstet ist."

„Du sagst: der Lump. Wer kann so etwas anstellen?"

„Unfaßlich! Ich kann's nicht begreifen. Daß ich einen Feind haben soll, der mich lebendigen Leibes braten will."

„Er kann doch auch mich gemeint haben?"

„Dich, Jeannette? Das ist noch irrsinniger."

Beide schwiegen einen Augenblick. Der gleiche Gedanke sprang sie an, drohend wie ein Fiebertraum: Die hellen Krugfenster ... der langsame Walzer voll Sehnsucht und Hingabe. Parlez-moi d'amour ... eine schwarze Gestalt, die an dem Türviereck vorbeieilte, um in der Nacht unterzutauchen ...

Jeannette Wehlen schüttelte in Abwehr den Kopf. „Wahnsinn!" sagte sie.

„Wir dürfen nicht wahnsinnig werden! Steff, sag mir eins: Wenn du allein gewesen wärest, dann hättest du die Mutter gebeten, alle zu schicken. Alle. Die Leute und die Feuerwehr. Du selbst hättest es so bestimmt!"

„Ich weiß nicht, Jeanne ..."

„Du weißt es genau ..." Sie schwieg. Dann sagte sie in verhaltener Leidenschaft: „Ich will dir etwas sagen. Jetzt gleich. Wenn es doch schlimm werden sollte und die Flammen höherschlagen, daß es unerträglich heiß wird oder der Turm sich neigt, dann werde ich vielleicht jammern oder weinen oder schreien. Ich habe richtige Gefahr noch nicht erlebt. Darum muß ich es dir jetzt sofort sagen: Ich bereue nichts! Ich bereue auch jetzt noch nichts!"

„Jeanne! Auch daß die Mutter es weiß?"

„Ich bereue nichts! Die Stunde hier oben, als ich außer mir war, und die Stunde nachher in deinem Arm – wenn ich auch geschlafen habe. Aber das Wissen, das Gefühl, in deinem Arm schlafen zu dürfen! – beides ist mir mehr wert! Mehr als alles, was kommen wird!" Sie wiederholte den ersten Satz noch einmal: „Ich bereue nichts!" Es klang wie ein jauchzender Schrei hinein in das tückische Schleichen, Lecken, Züngeln und Knistern der Flammen.

„Du bist wunderbar, Jeanne! Ein wunderbarer Kamerad!"

„Kamerad …"

„Selbstverständlich! Wenn man in einer scheußlichen Lage einen Menschen neben sich weiß, der fabelhaft Haltung bewahrt, dann ist alles doch nicht so schwierig. Wie oft habe ich mich im Krieg danach gesehnt. Und wie selten habe ich's gefunden."

„Ach, Steff, du siehst die scheußliche Lage, wie du es nennst …"

Er verstand sie nicht. „Es wird nicht scheußlich werden. Komm ans andere Fenster. Wir sehen mal nach, ob man auf dem Schloß etwas sehen kann und ob sie schon abfahren."

„Auf der Ohlenburg ist alles finster", sagte Jeannette Wehlen müde. Ihre Stimme klang grau und hoffnungslos.

Steffenhain widersprach: „Bestimmt sind Fenster erleuchtet. Wir sehen es nur nicht, weil uns der Feuerschein blendet. Und das Dorf mit dem Krug liegt hinter dem Park. Das ist gut. Niemand wird etwas merken."

„Es ist nicht so wichtig … Hast du etwas Wasser zu trinken?"

„Nein, Jeanne. Ich bin doch seit Tagen nicht draußen gewesen. Hast du Durst?"

„Ich habe keinen Durst. Es war lediglich eine törichte Frage."

Es sollte ermutigend klingen und ablenken, als Steffenhain sagte: „Auf dieser Seite scheinen die Balken nicht besonders zu brennen. Drüben waren die Flammen viel höher."

Jeannette zuckte die Schultern: „Ich verstehe nichts davon … Genügt es nicht, daß eine Seite durchbrennt? Ich meine, damit wir umkippen." Ihr Mund war verzerrt, als sie das schonungslose Wort aussprach. Es klang, als ob sie sich seiner Schonungslosigkeit freue.

„Da ist außerdem noch die Verstrebung. Solange sie hält, kann überhaupt nichts passieren", sagte Steffenhain. Sein Einwand wirkte aber wenig überzeugend.

Jeannette entgegnete: „Die Verstrebung brennt ebenfalls. Aber es ist wirklich nicht so wichtig …"

D ie Mutter führte das Kommando.

„Fritz! Sei doch nicht so langweilig beim Anziehen! Behalt den Pyjama an! Wenn du zur Garage läufst: Rochus wecken. Wird wohl noch nicht dasein.

Dann Lemmertz. Alle Eimer aus der Milchkammer mitnehmen! Ob ich nicht doch lieber in Ahlefelde anrufe?"

„Bitte nicht, Mutter! Steff hat unserer Kompanie niemals einen falschen Befehl gegeben. Er weiß auch jetzt, was nötig ist."

„Hier ist keine Kompanie! Hier hat er nichts zu befehlen!"

„Trotzdem ..."

„Hier geht es um meinen Turm und meinen Wald! Und nicht um das ..."

„Ich bitte dich noch einmal sehr herzlich!"

„Nanu! Mit einem Mal so energisch?"

„Ich bat dich, Mutter!"

„Es klang anders ..." Meinetwegen! Ich kann nichts dafür, wenn die beiden gebraten werden. Ihre gerechte Strafe ... Lauf! Ich bringe die Mädels in Gang! Fahr an der Terrasse vor! Vergiß die Melkeimer nicht!"

Auch als sie allein war, sprach die Mutter laut weiter: „Steif. Steif wird man. Verdammter Ischias ... Natürlich die Wehlen. Nie über den Weg getraut. Sie ist schuld! Steffenhain nicht! Immer sind die Frauen schuld. Prügeln müßte man sie. Es soll ihnen aber nichts passieren. Es darf auch keiner weiter was merken. Nur Prügel ... Verdammter Schuh! Nur einer da ... Zum Krug müßte man laufen. Schreien: ‚Schluß mit der Musik! Schluß! Der Turm brennt! Schlohmann! Den Trecker und den großen Gummiräderwagen! 15 Männer drauf, mit Spaten! Werlitz und Gutsche! Anspannen! Die beiden kleinen gummibereiften Wagen! Trab fahren! Nicht Galopp! Wenn ein Pferd fällt, dauert es nur länger. Aber scharfen Trab! Die Frauen auf die Wagen! Eimer mitnehmen! Nicht erst lange umziehen! Alle beschädigten Sonntagssachen werden bezahlt! Ich bezahle alles! Wird teurer als ein neuer Turm. Egal. Zwei Menschenleben. Ich bezahle alles!' Geht nicht. Der Herr Oberleutnant Steffenhain hat befohlen. Geht nicht. Parieren. Hahahaha! Und Fritz hat befohlen. Fritz. Ach: Fritz hat befohlen!"

Die Mutter lief zunächst zum Gastzimmer und weckte Susann Alberti, dann weiter zum Seitenflügel. Mamsell war nicht da. Erntefest, verlobt ... Irmgard ist da. Wenigstens eine. „Aufstehen! Schnell! Schlechte Sachen anziehen! Das alte Braune! Schnell! Übers Nachthemd! Der Turm brennt! Der junge Herr kommt schon mit dem Wagen! Schneller! Schneller! Susann? Bist du da, Susann? ‚Du' geht schneller. ‚Sie' zu sagen dauert zu lange! Lauf mit Irma in die Küche: Alle Eimer mitbringen! Lauft! Ich gehe schon zur Terrasse! Wen hast du, Fritz? Rochus? Gut. Hinten rein, Sie Esel! Susann, einsteigen! Nein! Ich nicht! Quatsch! Irma auf den Rücksitz! Hier die Eimer! Zusammenrükken! Stellt euch nicht so blöde an! Zusammenrücken! Fahr los, Fritz! Ich bin schon drin. Fahr, was du kannst! Aber nicht an einen Baum! Herr im Himmel! Schalte! So! Noch mal schalten! Ach, daß man nicht selbst fahren kann! Die beiden auf dem Turm warten doch auf uns!"

Rochus stammelte: „Die beiden … auf dem Turm …“

„Hat mein Sohn nichts gesagt? Der Turm brennt lichterloh. Und Herr Steffenhain ist oben. Abgeschnitten. Und noch jemand …“

„Das ist nicht wahr! Das darf einfach nicht wahr sein!“

„Sind Sie verrückt geworden, Rochus? Warum schreien Sie denn so?“

„Ich habe ihn angesteckt! Ich habe ihn angesteckt! O Gott! Ich habe ihn angesteckt!“

„Sie kommen, Jeanne! Der Wagen biegt um die Waldecke. Da! Sieh nur, wie Friedel fährt! Wie er fährt! In einer Viertelstunde haben wir das Schlimmste geschafft.“

„Das Schlimmste kommt erst noch.“

„Du darfst das nicht sagen, Jeanne. Jetzt kann ich es ja aussprechen: Ich hatte Furcht, große Furcht, daß der Wind plötzlich stärker würde. Wenn der das Feuer richtig angefacht hätte …“

„Steff! Ich habe auch jetzt noch große Furcht.“

„Vor der Mutter?“

„Vor allen, aber vor der Mutter am meisten. Weil ich immer schlecht von ihr gesprochen habe zu dir. Und schlecht gedacht. Dafür ist das jetzt die Strafe. Nicht für das andere. Das ist mein Recht.“

„Denke nur, wenn wir hier erbärmlich umgekommen wären.“

„Die Demütigung bleibt. Aber ich will mich zusammennehmen und nicht mit Jammern anfangen, wenn's zu spät ist. Sie sind schon an der Brücke.“

Fritz Instahlen ließ den Wagen am Flottergraben so stehen, daß die Scheinwerfer sein Ufer beleuchteten. Alle sprangen hinaus und schöpften.

„Mutter! Du doch nicht!“

„Halte den Mund!“ Die alte Dame keuchte mit zwei gefüllten Wassereimern den Hang hinauf. Bis zur Brandstätte waren es hundert Schritte. „Kippt alle zusammen auf die schlimmste Ecke!“ rief sie den Jungen nach, die schneller vorwärtskamen.

Die Flammen duckten sich unter dem Wasserguß. Zischend stieg eine große weiße Dampfwolke auf. Die Menschen stürmten zum Bach zurück, abwärts in langen Sprüngen. Das Füchschen blieb an einer Baumwurzel hängen und fiel zwischen die klappernd fortkullernden Eimer.

„Genau wie mit dem Teeservice. Sie wird's nie lernen, kann aber nichts dafür“, murmelte die Mutter halblaut. Sie lief ein Stückchen mit weitausgreifenden Schritten. Wenn der Atem versagte, verharrte sie kurz. Dann lief sie wie unter einem Zwang weiter. Es sah jämmerlich aus. Als sie das nächste Mal unter dem Turm war, schrie Steffenhain von oben herab:

„Gnädige Frau! Ich bitte Sie inständig! Hören Sie mit dem Wasserschleppen auf! Ich flehe Sie an!“

Die Mutter krächzte: „Mund halten da oben! Der Herr Oberleutnant haben vorhin disponiert. Jetzt möge er gefälligst den Mund halten!"
Ein jäher Hustenanfall hinderte sie am Weitersprechen.
„Das ist furchtbar, hilflos zusehen zu müssen", sagte Steffenhain zu Jeannette Wehlen. „Ich halte das nicht aus!" Sie erwiderte nichts, legte aber tröstend die Hand auf seinen Arm.
Noch drei- oder viermal zwang sich die Mutter mit den schweren Eimern den Hügel hinauf. Dann war sie am Ende ihrer Kraft. Ein wenig abseits setzte sie sich auf einen Baumstumpf. Der Schmerz in Rücken und Hüfte zwang sie, sich stöhnend behutsam niederzukauern, statt sich erschöpft fallen zu lassen. „Schlapp. Alt. Verbraucht", sagte sie laut vor sich hin. „Sie werden es hoffentlich nicht gleich merken. Schaffen es allein. Auch keine Gefahr mehr. Schaffen es ohne mich. Dank! Fritz hat endlich einmal befohlen. Dank!"
Eine halbe Stunde später war die letzte Flamme ohnmächtig zischend erloschen. Doch glühten immer noch einzelne, besonders kienhaltige Pfostenteile auf. Rochus trug unentwegt Wasser, um ein Aufflackern zu verhindern. Frau von Wehlen und Steffenhain standen auf der Plattform, die nur an einer Stelle unbedeutend angesengt war. Fritz Instahlen schleppte mit Susann eine geschälte Fichtenstange aus der Durchforstung herbei. Sie reichte bis zur Luke. Die beiden Gefangenen rutschten, einer nach dem anderen, auf den Erdboden.
Die Mutter hatte es auf ihrem Beobachtungsposten nicht länger ausgehalten. Sie leitete diese letzte Rettungsaktion in neuerstandener Tatkraft. Unaufhörlich zuckte es in beißendem Spott um ihren Mund. Doch beherrschte sie sich so weit, ihre Gedanken nicht auszusprechen: Fast wie im Zirkus. Aufwärts ging es vermutlich fröhlicher. Dann standen sie alle zusammen, keines Wortes mächtig, abgehetzt, kaum noch im Stande, sich aufrecht zu halten.
Frau Instahlen faßte sich zuerst: „Rochus! Hierbleiben! Sie waren sinnlos betrunken, als Sie diesen Blödsinn angestellt haben!"
„Nein, gnädige Frau. Ich war nicht betrunken."
„Sie müssen es doch gewesen sein! Warum sonst?"
Schweigen.
„Oder sind Sie plötzlich verrückt gewesen?"
Schweigen.
Jeannette Wehlen sagte: „Gnädige Frau! Darf ich einen Augenblick ..."
Ohne die Antwort abzuwarten, zog sie den willenlosen jungen Menschen zur Seite. Sie flüsterte: „Rochus! Sie haben es getan?"
Er nickte stumm.
„Wußten Sie, daß Herr Steffenhain und ich ...?"
„Nein! Ich schwöre ...!"

„Ja! Ich glaube es Ihnen! Aber warum dann? Rochus ... waren Sie im Park, gestern abend?"

Er nickte wieder.

„Sie haben gehört ... daß Steff und ich ... Darum?"

Unter Tränen stammelte Rochus: „Ich wollte ihm etwas Schreckliches antun. Duelle gibt es doch heute nicht mehr. Man macht sich damit ja lächerlich. Und nur so, das wäre unfair gewesen, wo ich doch viel stärker bin. Ich hätte ihn ja bequem totschlagen können. Aber er hat doch nur einen Arm. Trotzdem wollte ich ihm etwas Schreckliches antun. Da dachte ich: der Turm! Das wird ihn treffen! So treffen, wie ... Und er wird dann auch abreisen." Rochus weinte vor Erschöpfung, Reue und Kummer. Am meisten aber wohl, weil er grenzenlos erschöpft war.

Jeannette Wehlen trat zu den übrigen. „Gnädige Frau", sagte sie leise. „Ich habe schuld. Nur ich ..."

Die Mutter stieß einen schwer deutbaren Laut aus, halb höhnisches Lachen, halb widerwillige Anerkennung. „Das weiß ich alleine!" sagte sie grimmig. Dann rief sie den Lehrling heran. „Rochus! Sie sind der größte Schafskopf, der mir in meinem Leben vorgekommen ist. Der allergrößte! Ihrer Dummheit wegen wird dieser Blödsinn ohne Polizei abgemacht und ohne Gericht. Sie sind fristlos entlassen!"

„Mutter! Das Lehrverhältnis!" warf Fritz vermittelnd ein.

„Laß mich doch einmal wenigstens aussprechen, Fritz! Heule nicht schon wieder, Susann! Weiter hast du wohl nichts gelernt?! Na ja, geschleppt hast du auch ... Fristlos entlassen, habe ich gesagt! Ich möchte nachts ruhig schlafen und nicht dauernd raussehen müssen, ob das Schloß schon brennt ... Außerdem rufe ich morgen Mittag den Heufelder an, meinen Bruder Bernd ... Sie kennen ihn ja vom vorigen Sommer, als er zu Besuch war. Ich werde ihn bitten, daß er Sie in Verwahrung nimmt, Freundchen! Sie kommen nach Heufelde als Lehrling! Da weht ein etwas rauherer Wind! Ich sage nur so viel, Freundchen: Zeigen Sie meinem Bruder die Juchtenstiefel nicht, die weinroten! Tun Sie es nicht! Mir zuliebe!"

Einen Augenblick schwieg die Mutter. Sie mußte husten. Dann schloß sie: „Sie bleiben hier zur Wache, bis Ablösung kommt. Zwei Eimer bleiben hier. Aus der Küche. Die Melkeimer werden gebraucht. Kommt, nehmt die Eimer. Wir fahren nach Hause ... Ach so, Rochus, was ich sagen wollte: Der Spaß kann 1000 Mark kosten, vorsichtig geschätzt. Ihr Herr Vater wird sich freuen ... Und noch eins: Sie waren sinnlos betrunken, verstanden!"

„Jawohl, gnädige Frau. Ich möchte mich bedanken ... Ich danke Ihnen so sehr ..."

„Danken Sie Ihrem Schöpfer, daß nicht mehr passiert ist! ... Haben Sie ein Messer bei sich? Ein Taschenmesser? Geben Sie mal her! Klappen Sie es

doch auf, Menschenskind! Ich weiß doch mit Ihrem Messer nicht Bescheid!"
Die Mutter ging von einem Balken zum anderen und stieß die Spitze der
Klinge in das verkohlte Holz, so kräftig sie vermochte. Dabei sprach sie zu
sich selbst: „Zwei Zentimeter ... zweieinhalb ... anderthalb ... vier, Teufel!
Der ist schlecht! ... anderthalb ... Verbrannt! Lächerlich! Die und verbrannt!
Verhungert wären sie da oben, aber nicht verbrannt! Drei Tage hätte er noch
ausgehalten, mein Turm ..."
Auf der Rückfahrt fuhr Fritz Instahlen sehr langsam. Im Inneren des Wagens
war es mucksmäuschenstill. Die Mutter, die neben dem Sohn saß, räusperte
sich einmal und noch einmal. Dann sagte sie, ohne den Kopf zu wenden, so,
als spräche sie zu dem hellen Streifen, den die Lampen auf den grasbewach-
senen Weg zauberten. „Irmgard!"
„Ja, gnädige Frau!" Das Füchschen fuhr hoch. Es hatte halb gedämmert.
„Irmgard ..." Die Mutter hustete langanhaltend. „Der scheußliche Rauch! ...
Ich möchte dich ... Also, nun paß mal auf: Am besten, du hältst möglichst
den Schnabel von der ganzen Geschichte. Natürlich: Es hat gebrannt, und
du warst beim Löschen mit dabei. Mit den Eimern hingefallen bist du auch.
Das kannst du ruhig allen erzählen ... Aber davon, daß Frau von Wehlen und
Herr Steffenhain oben waren, davon brauchst du nichts zu quasseln ..."
„Nein, gnädige Frau!"
„Unterbrich mich nicht. Ich war noch nicht fertig. Selbstverständlich wußte
ich davon. Sie hatten mich beide ausdrücklich um Erlaubnis gefragt. Herr
Steffenhain wollte feststellen, ob die Hirsche schon schreien. Und Frau von
Wehlen ist mitgegangen, weil ... weil so schöner Mondschein war. Aber das
geht die Leute nichts an. Es gibt immer gleich dummes Gerede. Also, Irm-
gard, deswegen sollst du nicht klatschen. Du gehörst doch zur Herrschaft!"
„Ich versprech's!"
„Nicht bloß versprechen, Irmgard. Auch halten!"
„Bestimmt. Ganz bestimmt."
Die Mutter seufzte erleichtert und doch immer noch unter einer drückenden
Sorgenlast. Lähmend fühlte sie eine schwere Mattigkeit in sich emporsteigen.
Sie schloß die Augen. Ihre Lippen bewegten sich. „Zwei ... Rochus und Irm-
gard ..." murmelte sie. „Das waren erst zwei ..."

Wascht euch schnell ein bißchen und zieht die verräucherten Sachen aus.
Und andere Schuhe anziehen, sonst bekommen wir den Teppich nie
wieder sauber", kommandierte die Mutter, als der Wagen vor dem Schloß
hielt. „Am besten, die Schuhe schon auf der Terrasse auszuziehen. Meine
behalte ich an ... verrückt ... Irma, du kannst sie mir abbürsten. Dann leg
dich schnell hin. Du darfst ausschlafen. Ihr anderen kommt noch in die Diele.
Es ist am besten so: alles gleich hintereinander. Wie spät haben wir's?"

„Kurz vor vier, Mutter."

„Das hilft nichts. Hinterher können wir immer noch ein paar Stunden schlafen. Vorher ging's nicht."

In der Diele sagte der junge Instahlen: „Willst du dich nicht auf dem Sofa ausruhen, Mutter?"

„Nein. Setz du dich nur drauf. Mit Susann. Dann bin ich euch beide wenigstens los. Und ihr könnt mich nicht dauernd unterbrechen mit Ermahnungen oder mit Heulen."

„Aber Mutter! Als ob du dir das gefallen ließest."

„Das wäre auch noch schöner! Trotzdem, ich weiß nicht … irgend etwas stimmt mit dir nicht, Fritz! Ein Ton jetzt immer, ein Ton … Hier ist Saftwasser. Trinkt! Und, Fritz, du könntest uns eigentlich einen Kognak einschenken. Ich nehme aber nur einen halben."

„Bitte für mich auch nur einen halben", sagte Susann.

„Ziere dich nicht. Du verträgst einen ganzen. Hast die Eimer auch nicht bloß halbvoll gemacht … Ich sage immer noch ‚du'. Als ob ich schon einen kleinen Dachschaden hätte."

„Ich höre es sehr gern!"

„Das kann ich mir denken! Also, schenk schon ein, Fritz! Frau von Wehlen, Herr Steffenhain! Nun setzen Sie sich endlich hin! Dieses Rumgestehe …"

„Wo wollen gnädige Frau …?"

„Ich setze mich noch gar nicht. Ich habe gesessen. Als ihr Wasser geschleppt habt." Die Mutter ging in der geräumigen Diele auf und ab. Ohne Mantel war ihr Anblick grotesk. Sie trug eine vor Jahren für die Gartenarbeit angefertigte, ungetüme Kittelschürze, die niemals benutzt worden war. Am Hals lugte eine Spitzenkante hervor. Früher besaß jedes solide Nachthemd eine solche Verzierung. Die Füße steckten in leichten Reitstiefeln. Sonst wurden sie nur bei ausgesprochen schlechtem Wetter hervorgeholt. „Wo ich die bei der Hetze herbekommen habe", dachte die Mutter, mißbilligend den Kopf schüttelnd. „Hinterher ärgere ich mich doch immer, weil sie drücken. Sie drücken jetzt schon …" In einem fort strich sich die alte Dame mit beiden Händen zugleich die weißen Haarsträhnen aus der Stirn. Es war ein untrügliches Zeichen angespanntesten Grübelns, dem eine Entscheidung zu folgen pflegte, die keinen Widerspruch duldete, oder ein hemmungsloser Zornesausbruch.

Das geschäftige Ticken der Standuhr wurde von heiserem Schnurren und Scharren unterbrochen, gleichsam einem Räuspern des altmodischen Werkes. Ein einzelner Stundenschlag ertönte. Seine tiefe Klangfülle bemächtigte sich der lastenden Stille, glitt die Treppe hinauf zum Oberstock, schwang ein Weilchen nach, lebte nur noch im Nachhorchen der Menschen, erstarb.

„Halb fünf", sagte die Mutter geistesabwesend. Und dann mit gewohnt heller Kommandostimme: „Herr Steffenhain! Kommen Sie bitte zu mir!" Sie setzte sich in einen bequemen Plüschsessel, weit entfernt von den anderen. Ihr Gesicht verzog sich. Sie stöhnte ein wenig, ohne sich aber eine laute Verwünschung des Hüftleidens zu gestatten. Stumm wies sie auf einen der niedrigen Hocker. Nachdem Steffenhain Platz genommen hatte, sah sie ihn mit ihren großen, grauen, leuchtenden Augen an. „Nun?" Ein Wort nur: Frage, Zweifel, Warnung, Mahnen.

Steffenhain blickte auf seine im Schoß geballte Hand. Er sprach langsam, aber ohne Pausen ratsuchenden Überlegens, als habe er sich die Antwort, die von ihm gefordert wurde, bereits zurechtgelegt.

„Ich möchte Sie zuerst um Verzeihung bitten, gnädige Frau. Soweit das überhaupt möglich ist. Daß ich Ihnen diese Aufregung angetan habe."

„Schon gut. Weiter."

„Ich wollte am 1. Oktober bei Södelmeier anfangen, genau wie im Vorjahr. Natürlich werde ich jetzt sofort abreisen. Heute abend oder morgen ..."

Stille. Die Mutter erwiderte nichts. Nur die Uhr tickte eifrig und unbeteiligt. Steffenhain atmete schwer. „Södelmeier ist keine bedeutende Buchhandlung. Ich helfe bis in den Januar hinein; als Aushilfe im Weihnachtsgeschäft und nachher bei der Inventur. Es macht mir auch Freude ... Ich müßte mich um eine richtige Daueranstellung bemühen. Wenn es dort nicht möglich ist, würde mir der Leiter vielleicht einen anderen Posten verschaffen können. Wir stehen uns gut ..."

Stille. Nur die Uhr mit ihrer erbarmungslosen Gleichgültigkeit.

„Ich würde dann Frau von Wehlen fragen ... Ob sie zu mir kommen will."

„Als was?" Die Mutter richtete sich mit einem Ruck aus ihrer zusammengesunkenen Stellung auf. Mit beiden Händen hielt sie die geschweiften Armstützen umklammert. „Als was, bitte, Herr Steffenhain?"

„Als meine Frau! Wenn sie es will ... wenn sie einwilligt."

„Steff! Das habe ich erwartet! Nein! Stimmt nicht! Ich hab's nur gehofft! Für Sie ... für mich ... meinetwegen auch für die Wehlen ..." Die Stimme der Mutter erfüllte die Diele mit Frohlocken. Dann sank sie wieder zu halblautem Flüstern herab. Der ausdrucksvolle Mund der alten Dame, der es nicht abwarten konnte, die Worte, die Gedanken widerzuspiegeln, verzog sich in heimlichem Spott.

„Ach, Steff ... ich fürchte ..." Sie brach ab und fragte: „Darf ich es ihr sagen?"

„Ich bitte darum, gnädige Frau." Wie vor hundert Jahren, dachte Steffenhain. Aber es stimmt so vollkommen mit ihr überein, daß es nicht lächerlich wirkt. Er wollte aufstehen. Die Mutter ließ ihn nicht: „Bleiben Sie sitzen. Sie sind noch nicht entlassen!" Dann rief sie die Hausdame.

Jeannette Wehlen zitterte in nervöser Anspannung. Auch ihre tiefe, immer ein wenig rauhe Stimme zitterte. „Ich möchte um vier oder fünf Tage bitten, höchstens eine Woche, bis ich fortgehe. Es ist noch so vieles zu erledigen, abzurechnen … Schließlich bin ich fast drei Jahre …"

„Ich habe noch kein Wort davon gesagt, daß ich Sie auf die Straße setze!" unterbrach die Mutter grollend.

„Das muß doch sein, gnädige Frau. Auch wenn Sie im Auto so … großmütig mich in Schutz nahmen."

„Unsinn. Ich will bloß keinen zwecklosen Klatsch … Was wollen Sie denn anfangen?"

„Stellungen im Haushalt werden angeboten. Darum werde ich mich bewerben."

„Jawohl! Als Wirtschafterin, als Mamsell! Mit Leutebeköstigung, Federvieh, Gemüsegarten! Hilfskraft wird gestellt. Ist vielleicht fünfzehn, die Hilfskraft."

„Was man sich einbrockt …"

„Sehr vernünftiger Standpunkt. Trotzdem ist das nichts für Sie. Eine kleine Fremdenpension müßten Sie leiten. Nur gutes Publikum. Repräsentation, Abwechslung …"

„Derartige Posten gibt es wahrscheinlich nicht übermäßig viel."

„Ehe Sie sich mit solchen Zukunftsplänen näher befassen …" Die Mutter unterbrach sich und suchte nach den rechten Worten. „Frau von Wehlen! Herr Steffenhain hat um … Er läßt Sie durch mich fragen, ob Sie ihn heiraten wollen."

„Ach, Steff!" Jeannette hob die Hand, als wollte sie zu ihm hinübergreifen, tat es dann aber doch nicht. Tränen liefen über ihre Wangen, ohne daß sie darauf achtete. „Ach, Steff!" wiederholte sie. „Ach du guter Steff …"

Die Mutter sah in brennender Anteilnahme auf die beiden Menschen, die ihr gegenüber auf den niedrigen Hockern saßen. Aber das Schweigen dauerte ihr zu lange. „Frau von Wehlen! Ich würde gern Ihre Antwort erfahren. Oder müssen Sie sich etwas so Wichtiges erst in Ruhe überlegen? Man könnte es verstehen. Bedenkzeit …"

Jeannette weinte heftiger, ohne das Gesicht zu verziehen. Die Gemütsbewegung der letzten Stunden verschaffte sich Entspannung, die sich nicht meistern ließ. „Steff! Ich bin so glücklich! So sehr glücklich! Ich danke dir sehr! Daß du dieses Opfer …"

„Opfer! Jeanne, wie das klingt!"

„Ich danke dir, Steff, daß du mich so hoch einschätzt. Trotz allem … Aber … ich will nicht ganz erbärmlich schlecht sein: Es ist unmöglich. Unwiderruflich!"

Die Mutter flüsterte: „Steff! Ich hätte Sie vorbereiten sollen … Schonend vorbereiten … Wehlen! Wollen Sie Ihre Ablehnung begründen? Wenn es mich natürlich auch nichts angeht."

„Es wäre erbärmlich schlecht von mir, es auszunützen."

„Kind!" sagte die Mutter. Sie legte Jeannette die Hand auf die Schulter. Es war etwas Ungeheures, eine Geste, die noch niemals vorgekommen war. Beide waren sich stets einer unsichtbaren Trennwand bewußt gewesen. Die war in diesem Augenblick versunken.

„Kind, Wehlen!" sagte die Mutter. „Das wäre erledigt ... Nun das Nächste: Freilich sollen Sie nicht ewig hier bleiben. Es ist zu einsam für Sie. Aber das müssen Sie mir versprechen, über den Winter lassen Sie mich nicht im Stich. Mir zuliebe!"

Jeannette Wehlen beugte sich über die Hand der alten Dame.

„Ich habe Ihnen so viel abzubitten. Weil ich oft so falsch von Ihnen gedacht habe. Und auch ... gesprochen."

„Das tun alle! Das bin ich gewöhnt! Ein bißchen mehr oder weniger ... Susann! Fritz! Kommt her!"

„Die vier standen dicht vor der Mutter, die, aus ihrem altmodischen Sessel heraus, einem nach dem anderen in die Augen blickte.

„Es war ein bißchen viel heute nacht", sagte sie. „Erntefest. Das Feuer. Die große Sorge, wie alles werden sollte. Aber wißt ihr, Steff ist ein ... Na, ich kann's nicht so sagen. Auf jeden Fall freue ich mich auf das nächste Frühjahr, wenn er zu uns zurückkommt. Und die Wehlen ... auch die hat mich nicht enttäuscht. Sind eben nicht alle gleich ... Nein! Auch sie hat mich nicht enttäuscht!"

Fritz Instahlen sagte in die nachfolgende Stille hinein: „Mutter! Ich weiß nicht, ob der Augenblick richtig ist ... richtig gewählt, meine ich ... Mutter! Susann und ich ..."

„Ihr beide ... Das geht aber sehr schnell ... Komm her, Susann!"

Die Mutter konnte nicht weitersprechen. Ihr altes, strenges, von Kampf, Schmerzen und Beherrschung gezeichnetes, sehr müdes Gesicht zuckte unter der Wucht der anstürmenden Gedanken. Dann hatte sie sich gefaßt und sagte über den blonden Scheitel des Mädchens hinweg: „Sehr gut ... Gehofft ... Sehr, sehr gut ... Aber trotzdem mit beiden Füßen auf der Erde bleiben ... Bis zum Frühjahr muß der Seitenflügel ausgebessert werden. Die Tapeten sind unmöglich. Altenteil ..."

Susann widersprach heftig. Auch Fritz Instahlen wehrte sich gegen den überstürzten Entschluß. Die Mutter ließ sich jedoch nicht umstimmen. „Wenn der Sohn heiratet, ist er nicht mehr der junge Herr. Dann ist er der Herr. Und seine Frau wohnt im Hauptgebäude. Glaubt ihr denn, ich will mich, als einzige heute, lächerlich machen? Ich baue mir den Seitenflügel aus und ziehe mich von allem zurück. Von der Wirtschaft und von allem!"

„Mutter! Wir wären ja verraten und verkauft! Und ... sehr traurig!"

„Von allem, habe ich gesagt. Grinsen Sie nicht so unverschämt, Steff! Sie denken jetzt: Das hält die Alte ja doch nicht aus!"

„Aber, gnädige Frau, nicht mit einem Wort ...“

„Heimlich, Steff! Sie können mir doch nichts vormachen! Sie am allerwenigsten!“

„Dann bitte ich noch einmal um Vergebung.“

Die Mutter stand auf, mühsam und unter leisem Ächzen. „Kinder! Seid mir nicht böse, feiern können wir jetzt nicht. Ich muß mich noch ein paar Stunden hinlegen. Es war doch ein bißchen reichlich. Susann! Bist du wohl so gut und hilfst mir oben aus diesen dummen Stiefeln heraus. Wie ich bloß auf die verfallen bin? ... Ich glaube, es wird schwer gehen ... Und Wehlen, schreiben Sie einen Zettel für Mamsell, das die Irmgard liegen bleiben darf. Und kommen Sie dann bitte auch mit. Ich kann doch nicht gleich schlafen. Es gibt eine Unmenge zu besprechen.“

Die drei Damen gingen die Treppe zum Obergeschoß hinauf.

„Komm, Steff! Wir trinken noch einen Kognak!“ sagte Fritz Instahlen.

„Dann muß ich den Wagen in die Garage fahren.“

„Kognak ist wenig stilvoll. Trotzdem: Auf Susanns Wohl und auf deins! Ich freue mich mächtig!“

„Und auf deine ... auf eure Rettung!“

Die Tür des großen Schlafzimmers im ersten Stock wurde noch einmal geöffnet. Die Mutter erschien an der dunkel gebeizten Brüstung des Ganges. „Fritz! Bist du noch da? Aha! Das dachte ich mir fast! Wie die Schuljungens, wenn die Aufsicht weggegangen ist ... Fritz! Worum ich dich bitten wollte: Du mußt Demmertz sagen, daß er Rochus ablösen läßt. Der dumme Bengel darf sich nicht so verlassen vorkommen. Und dann stelle doch das Telefon in dein Zimmer um und rufe gegen acht – du kannst ja im Bett bleiben – Baumeister Bauermann an. Er soll mich gegen zehn Uhr abholen – natürlich mußt du mitkommen –, wir fahren dann zum Turm. Gleich am Montag muß angefangen werden. Jetzt im Herbst ... Denke bloß, wenn es plötzlich Sturm gibt! Ich hoffe ja, wir kommen damit aus, daß einfach auf jeder Ecke ein neuer Balken angeschraubt wird. Aber man weiß nie ... Der eine Baum wird wohl ausgetauscht werden müssen. Nur gut, daß wir das Holz aus dem Duwisch noch nicht verkauft haben ... Na, das wird sich alles finden ... Alles finden ...“

Die Freunde verabschiedeten sich auf der Terrasse. Steffenhain sah dem davongleitenden Wagen einen Augenblick lang nach. „Flüchtling ...“ dachte er. Ihn fröstelte. Dann wiederholte er sinngemäß die letzten Worte der Mutter laut in den erwachenden Morgen hinein: „Alles wird sich finden! Alles!“

... alles falsch im Leben

Herr Landgerichtsrat Schaller hat mir ein leeres Heft und einen Bleistift aushändigen lassen; ich solle alles aufschreiben. In der Untersuchungshaft könne man nicht nur immer untätig dasitzen. Das Schreiben werde mir vielleicht auch leichter fallen als das Reden. Mein Stottern ist nämlich hier im Gefängnis zuerst noch schlimmer geworden.

Mit dem Stottern fing das Schlimme in unserem Leben an; wir wurden zu Ameisen.

Als wir beide, Gerhard und ich, in die Schule kamen, ernteten wir sofort gellendes Gelächter: Weil wir uns als Zwillinge ziemlich ähnlich sahen, rothaarig und mit Sommersprossen übersät, weil wir unsere Furcht vor dem Neuen nicht wie die anderen verbergen konnten und unseres Stotterns wegen. Das hat sich mit den Jahren gebessert. Die braunen Fleckchen in unseren Gesichtern verschwanden bis auf wenige, die kaum noch störten. Nur der Widerwille gegen jede einschneidende Veränderung ist uns geblieben.

Waren wir allein, verständigten wir uns mindestens so schnell wie gesunde Kinder mit einer abgekürzten Sprache, die ganze Silben, einzelne Worte und meistens das Satzende fortließ. Sie wurde von bestimmten Handbewegungen und Grimassen unterstützt. Niemals kam es zu Mißverständnissen. Den Lehrern gegenüber durften wir dieses Kauderwelsch nicht verwenden; sie entsetzten sich darüber. Belauschten uns die anderen Jungen und Mädels dabei, wurden wir erbarmungslos verspottet. Kinder sind noch grausamer als Erwachsene.

Im Gefängnis habe ich es nun besser als in der Schule.

In meiner Akte steht: Maria Trawell, einundzwanzig Jahre alt, beschuldigt der Mittäterschaft bei der gewaltsamen Tötung des Revieranwärters Schartomeit, der Blutschande und der fortgesetzten Wilderei. Meine Vergehen gegen die Gesetze, jene die ich beging, und die anderen, die man mir zu Unrecht vorwirft, werden auf dem Aktendeckel allerdings nur durch Buchstaben ausgedrückt. Mit der Zeit begriff ich aber ihre Bedeutung. Sonderbare Dinge lernt man im Gefängnis.

Früher hätte man mich vermutlich gefoltert, um mir ein Geständnis abzupressen. Heute werde ich nur immer wieder vernommen. Zuerst ängstigte ich mich wahnsinnig, wenn ich über die langen Gänge zum Richterzimmer gebracht wurde. Begegneten uns andere Gefangene, machten sie mir hinter dem Rücken der Wächterin geheimnisvolle Zeichen, deren Sinn ich nicht verstand. Vielleicht sollten sie überaus Wichtiges ausdrücken, vielleicht auch nur etwas traurig Unanständiges.

Jetzt habe ich vor Herrn Landgerichtsrat Schaller keine Furcht mehr. Sollen sie mich doch nach ihren Gesetzen bestrafen. Mir ist alles gleichgültig. Mein Bruder lebt nicht mehr. Ich bin schuld an seinem Tode. Ich wollte sterben; man hat es jedoch nicht zugelassen.

Herr Schaller sicherte mir zu, daß niemand meine Schreiberei lesen werde. Ich glaube nicht, daß er mich absichtlich belügt, wie es draußen die meisten Menschen untereinander tun. Aber so töricht bin ich nicht, mich auf sein Versprechen zu verlassen. Wenn wir auf den Gefängnishof gehen müssen oder während der Vernehmungen durchsuchen sie manchmal die Zelle. Deswegen zerschnipsele ich jede Seite, sobald ich sie vollgekritzelt habe. Weswegen ich dann überhaupt schreibe? Es ist besser als das hoffnungslose Grübeln.

Wovor soll ich zuerst erzählen? Vom Stottern schrieb ich schon; es ist das Wichtigste. Ach so, von den Ameisen.

Wir waren sieben Jahre alt und spielten vor unserem Haus Humpelkasten, Ger und ich. Ich gebrauchte bei der Anrede immer nur die erste Silbe seines Vornamens, und er nannte mich Ria.

Es muß im Sommer gewesen sein, denn die Sonne brütete in der Straße. Die dicke Frau Billung, die im Parterre unseres Hauses wohnte, kam angewakkelt. Sie trug eine schwere Einkaufstasche und schwitzte. Dicht vor den drei Stufen, die zur Haustür hinaufführten, sagte sie vor sich hin: „Scheußlich, diese Ameisen! Man müßte Wasser reingießen."

Wir hatten mit unserem Spiel aufhören müssen, so lange sie über unser Spielfeld schritt. Erst in der erzwungenen Pause achteten wir darauf, daß zwischen den viereckigen Steinplatten, die den Bürgersteig und den Hauseingang verbanden, winzige gelbbraune Ameisen umherliefen. Wir sahen ihrem scheinbar sinnlosen Hasten eine Weile zu.

„Ob man ...?" sagte ich.

„Was?" fragte Ger.

„Wasser reingießen."

„Meinetwegen. Immer noch besser als Humpelkasten."

Wir hatten einen kleinen Eimer aus rotem Blech – von der Farbe war allerdings nicht mehr viel zu erkennen – und eine dazu passende Kanne. Darin holten wir aus der Küche Wasser; zuerst das heiße vom Herd, nachher kaltes. Vati war in die Stadt gegangen. Ich trug den Wohnungsschlüssel an einem Bindfaden um den Hals gehängt.

Nachdem wir eine Zeitlang Wasser auf die Ritzen der Steine gegossen hatten, kamen viele Ameisen herausgelaufen. Ich denke, es werden hundert gewesen sein. Wir traten sie tot. Irrten keine mehr auf den bläulich-weißen Steinen umher, holten wir neues Wasser.

„Wie sie sich krumm machen, wenn sie noch nicht ganz kaputt sind", sagte ich.

„Wir müssen alle kaputt machen", sagte Ger.

Noch oft beschäftigten wir uns mit den Ameisen. Einmal sah uns die dicke Frau Billung zu. Sie hatte ein Kissen auf das Fensterbrett gelegt, um sich bequem hinauslehnen zu können. „Die armen Kinder", sagte sie. Sie redete gern mit sich selbst, oft kurioses Zeug, das ich damals nicht begreifen konnte. Manche Sätze behielt ich, so oft wurden sie wiederholt. „Der Endsieg ist uns gewiß" und: „Hier spricht England." Ihr einziger Junge war in Rußland gefallen. Sobald sie uns sah, sagte sie meistens: „Die armen, armen Kinder." Das brabbelte sie vor sich hin, weil Mutti beim letzten großen Fliegerangriff verschüttet worden ist. Sie war in die Stillerstraße gelaufen. Beim Kaufmann Frisch sollte es etwas ohne Marken geben. Als die Flugzeuge am hellichten Tage kamen, wollte sie es wahrscheinlich noch bis zur Wohnung schaffen, um mit uns in den Luftschutzkeller zu gehen. Am Rathausplatz fiel eine schwere Luftmine herunter. Wir haben nie wieder etwas von unserer Mutter erfahren. „Nicht mal ein Grab haben sie, auf das sie etwas pflanzen könnten", sagte die dicke Frau Billung manchmal.

Später einmal kam Vati dazu, wie wir die Ameisen bekämpften. „Was macht ihr da?" fragte er.

„Och, nichts", sagte Ger. Er antwortete meist zuerst.

Ich sagte: „Wir spielen mit den Ameisen Schule."

Wie ich zu dieser sonderbaren Antwort kam, ist mir unbegreiflich, weil derartiges zwischen Ger und mir nie erwähnt worden war. Seit diesem Tage mußte ich immer an die sich krümmenden Tierchen denken, wenn die Palsen oder Miehner oder gar die Emerenz, das Scheusal, mit uns im Unterricht scholten, uns Extraseiten zum Abschreiben aufgaben oder auch nur vor den anderen als die schwarzen Schafe hinstellten. Dann dachte ich jedesmal: „Jetzt wird mit uns Ameisen gespielt." Der Direx und die Hempel und Vaddern und Fiebig waren gut zu uns. Ihr Wohlwollen half leider nicht viel, weil unsere Leistungen weit unter dem Klassendurchschnitt lagen. Wir waren langsam und verängstigt, faul und bockbeinig.

Vati schüttelte zu unserer Ameisenverfolgung den Kopf: „Man soll keine Tiere quälen; niemals. Schlimm genug, daß Menschen gequält werden dürfen." Er untersagte uns das ekelhafte Spiel aber nicht ausdrücklich. Ich glaube, er hat uns niemals etwas so streng verboten, daß es auf uns Eindruck gemacht hätte.

Als wir neun Jahre alt waren, nahm uns Vati zum ersten Mal mit auf die Jagd. Vorher fand eine lange, ernsthafte Besprechung statt. „Ihr seid zwar noch Knirpse, winzige Wichte", fing Vati an, „trotzdem will ich euch so behandeln, als ob ihr große Menschen wäret."

„Ich bin schon groß", sagten wir beide wie auf Kommando.

„Paßt auf! Ich habe euch oft erzählt, daß ich vor dem Krieg und im Krieg auch noch die Lindenhöfer Jagd gepachtet hatte. Daß mit uns in Deutschland alles soweit gekommen ist, dafür kann ich nichts. Jetzt dürfen wir nicht mehr auf die Jagd gehen, und die anderen knallen herum. Die Bauern schimpfen, weil ihnen die Hirsche und die Sauen allerhand aufäsen und auffressen. – Was bedeutet äsen?"

Wir wußten es, hatten wir doch von klein auf die Ausdrücke der Waidmannssprache gelernt. Vati sprach weiter. Er saß in seinem alten, schon ganz zermotteten Lehnstuhl und hatte auf jedem Knie einen von uns. Wir liebten unseren Vater abgöttisch.

„Die Bauern beklagen sich", sagte er, „und wir haben nichts zu essen, weil wir in unserer Jagd nicht schießen dürfen. Das ist ungerecht."

„Ungerecht", echoten wir. Ich dachte an die Emerenz, die mir nie genug Zeit zum Antworten ließ, so daß ich auch dann nichts zuwege brachte, wenn ich richtig gelernt hatte.

„Heute nachmittag fahren wir nach Lindenhof. Ihr müßt Himbeeren pflücken, und ich will sehen, was sich machen läßt." Vatis Stimme klang jetzt wie die des Zauberers aus dem Märchenspiel, das wir letztes Weihnachten gesehen hatten. „Keinem Menschen dürft ihr etwas verraten. Es ist ein großes Geheimnis, in das ich euch einweihe. Keinem von euren Schulkameraden dürft ihr ein Sterbenswörtchen sagen."

„Wir sprechen doch mit niemand; auch sonst nicht."

„Den anderen Kindern hier in der Straße, mit denen ihr spielt, dürft ihr es erst recht nicht austratschen."

„Wir spielen immer allein, Vati", sagte Ger.

„Und Tante Lola?" fragte ich.

„Mit ihr spreche ich selbst", sagte Vati. „Ihr haltet jedem gegenüber den Schnabel."

Nach Muttis Tod hatte uns die Stadt in einem Kinderheim untergebracht. Als Vati vom Militär entlassen wurde, holte er uns zurück. Unsere Betreuerinnen wechselten. Manche waren gut zu uns, manche wollten uns erziehen, manche kümmerten sich nur um ihre eigenen Angelegenheiten. Alle wollten sie Vati erobern. Die Frauen liefen ihm nur so nach. Er ließ sich schöne Augen machen und verwöhnen, soweit das in diesen mageren Jahren möglich war, aber eingefangen hat ihn keine.

Tante Lola war eine unvorstellbar blonde, nicht mehr allzu junge Sekretärin, die ebenfalls bei Besselmann & Co. arbeitete. Herr Besselmann und Herr Ziermeyer und Vati versuchten nach dem Krieg die alte Immobilienfirma neu aufzubauen; viel Erfolg war ihnen jedoch nicht beschieden.

Wir mochten Tante Lola gut leiden. Sie versuchte nach besten Kräften, uns satt zu bekommen. Mindestens einmal in der Woche kochte sie falsche Sahnebonbons, die herrlich lange zwischen den Zähnen klebten. Sobald sie uns abends ins Bett gesteckt hatte, ging sie in Vatis Zimmer. Wir hätten wahrhaftig nichts dabei gefunden, wäre sie nicht ganz gegen ihre sonstige Gewohnheit auf Zehenspitzen geschlichen. Ihr übertriebenes Sich-in-acht-Nehmen machte uns den Vorgang erst auffällig. Einmal folgten wir ihr barfuß und sahen durchs Schlüsselloch. Dicht an die Wand gerückt, lag Tante Lola auf der alten Couch, bei der schon sieben oder acht Federn zerbrochen waren. Vati saß daneben und spielte mit ihrer Hand.

Sie hatte große, weiche, weiße Hände. Wenn sie mir den Pferdeschwanz auskämmte, bemühte sie sich, nicht zu schlimm zu ziepen. Oft sagte sie: „Mädchen, dein Haar, dein wunderschönes Haar! Alle werden sie dich später darum beneiden. Und die Mannsleute …" Was es mit ihnen auf sich hatte, verschluckte Tante Lola jedesmal.

Ger richtete sich aus seiner gebückten Stellung vor dem Schlüsselloch auf. „Komm ins Bett!" sagte er. „Ist ja langweilig."

„Vielleicht auch nicht", sagte ich. Trotzdem folgte ich ihm, weil mir auf dem zugigen Korridor kalt wurde.

Unsere erste Jagdfahrt sollte gleich zu einem herrlichen Abenteuer werden. Von der Bahnstation aus gingen wir auf einem Fußweg durch den Wald. Überall hatte Vati etwas zu erzählen. „Hier schoß ich mal zwei Hasen beim Stöbern mit unserer alten Katinka. Das war noch ein Hund! Und hier kam mir ein Fuchs von hinten auf drei Schritt. Was glaubt ihr wohl, wie erschrocken der war! Einen Augenblick sah es tatsächlich so aus, als ob er sich in die Höschen machen wollte. Dann aber ab durch die Mitte mit geschwenkter Standarte!"

An einer Stelle, an welcher der Wald ans Feld stieß, war alles voller Himbeeren. Vati sagte: „Ihr pflückt jetzt tüchtig, und ich verstecke mich drüben hinter den kleinen Weihnachtsbäumchen."

„Du hast doch gar nichts zu schießen", sagte Ger.

„Kann man's wissen?" sagte Vati.

„Wo denn?"

„Das geht dich gar nichts an, Hans Neugier", sagte Vati.

Ich sah ihn genau an; da kam es mir mit einem Mal so vor, als ob er dicker aussähe als gewöhnlich und sich auch anders, irgendwie steifer, bewegte.

Dann bekamen wir unsere Verhaltensmaßregeln. „Wenn gewöhnliche Leute kommen, ich meine Bauern oder andere, die hier wohnen, dann fangt ihr an zu singen. Was für ein Lied soll es sein?"

„Laterne, Laterne, Sonne, Mond und Sterne", sagte Ger.

„Gut. Das ist das Bauernlied. Nun brauchen wir noch eins, falls etwa Amis aufkreuzen. Ria, was wollt ihr dann singen?

„Die Capri-Fischer. Bella, bella, bella Marie, vergiß mich nie." Ich mochte es ganz besonders, weil mein Name darin vorkam.

„Bestens. Werdet ihr auch keine Bange bekommen, wenn es schummrig wird?"

„Ach wo", sagte Ger, „im Wald doch nicht." Dabei waren wir draußen noch nie allein gewesen.

Vati sah ihn mit zusammengekniffenen Augen an. „Im Wald lauert auch meistens nicht so viel Angst wie in der Stadt." Manches, was er damals zu uns sagte, kann ich erst heute verstehen, und manches kann ich nicht einmal jetzt begreifen. Es ist auch möglich, daß ich mich oft verhört habe.

Wir pflückten Himbeeren, von denen Tante Lola Marmelade kochen wollte, und aßen zwischendurch so viel, wie wir mochten. Einmal kamen etliche Dorfjungen. Wir sangen aus Leibeskräften das Laternenlied. Sie fragten uns, ob wir allein seien. Wie besprochen sagten wir, unser Vater sei in den Waldkrug gegangen, um für sich eine Flasche Bier und für uns Sprudel zu holen. Er werde gleich wiederkommen.

Als die Jungen unser Stottern bemerkten, tanzten sie um uns herum, schnitten greuliche Fratzen und äfften unser stümperhaftes Sprechen nach. Wir sind das gewohnt und wissen, daß Stillsein das beste Gegenmittel ist. Bleiben wir stumm wie ein Stück Holz, wird es den anderen bald langweilig, uns aufzuziehen.

Vati war mit uns ein paarmal bei Dr. Wendland; aber auch der wußte keinen Rat. Das Schreiben dagegen fällt mir nicht schwer. Dabei stottere ich kein bißchen. Ger ging es ebenso. In den unteren Klassen wimmelten unsere Diktate allerdings von Fehlern. Später, als schon Aufsätze folgten, ging es viel besser. Einmal hieß das Thema: „Großstadtstraße bei Regen". Fräulein Renz malte bei mir darunter: „Eigenartig! Trotzdem sehr gut!" Das ist die einzige Eins geblieben, die ich während der Schulzeit bekommen habe.

Dabei hatte ich nur geschrieben, daß die Straße sterbenselend und verheult dalag, weil sie vor Schmutz starrte und alle Leute ihr ins Gesicht traten. Das grämte die Regenfee. Eine nach der anderen knipste sie die hundert Lichtreklamen an. Dann wusch sie den Schmutz mit immer neuen Wassergüssen fort bis in die tiefe Nacht hinein. Da schmückte sich die Straße mit buntem Märchengeschmeide … Zum Schluß beschrieb ich die einzelnen Farben, aber so, wie ich sie sah.

Als die Bengels fortgegangen waren, wurde es wieder schön. In Lindenhof läutete es zu Abend; es klang, als ob es die Glocke eilig hätte, fertig zu werden.

„Riech mal!" sagte Ger.

„Was?"

„Alles hier. Beinah wie bei Siermanns im Blumenladen. Zieh dir deine Jacke an; es wird feucht." Er war immer sehr besorgt um mich, daß ich mich nicht erkälte. Vati sagte oft zu ihm: „Du bist der Kavalier, du mußt auf sie aufpassen." Ger glaubte daher, es genüge, wenn er mir einen möglichst dicken Mantel oder warmen Schal aufzwang.

Was ich eben schrieb, war ungerecht. Rempelte mich auf dem Schulhof ein anderer Junge an, dann schlug Ger in unbeherrschter Wut auf ihn ein, selbst wenn der Angreifer weit stärker war.

Ein Hase hoppelte am Feldrand entlang. „Wenn Vati den kriegen würde!" sagte ich.

„Nicht so laut!" sagte Ger. „Man darf doch auf der Jagd nicht so schreien." Dabei hatte ich nur geflüstert.

Da machte es „Fetsch!" Vati hatte geschossen.

Damals war der Schalldämpfer noch nicht am Gewehr. Der Sachverständige wußte sofort, daß Vati ihn nicht selbst gebastelt hatte. Aber den Namen von „+++" bekommen sie nicht heraus. Das ist das Beste hier im Gefängnis: Sie können mir alles mögliche befehlen, und sie können mir alles mögliche verbieten; aber mich zu etwas Gemeinem zwingen, das können sie nicht. „+++" ist immer nur gut zu uns gewesen; niemals versuchte er, unsere Notlage auszunutzen. Würde ich jetzt seinen Namen angeben, wäre es zum Ausspucken gemein.

Nach dem Schuß waren wir wahnsinnig aufgeregt. „Was wird es sein? Ob es gleich tot ist? Wenn Vati nun nicht getroffen hat? Wird niemand den Schuß gehört haben? Kommt jemand, müssen wir wieder singen." So schwatzten wir ununterbrochen durcheinander.

Dann stand Vati vor uns. Er war zufrieden und ein wenig außer Atem. Er hatte die Lippen wie zu einem unhörbaren Pfeifen gespitzt, wobei er die Luft schnell ein- und ausatmete.

Wir wollten ihn mit unseren Fragen bestürmen. Mit einem kurzen Ruck der Hand wehrte er ab. „Wir haben jetzt keine Zeit für Quasseleien! Hört mit dem Pflücken auf! Setzt euch da unter die Eiche! Es ist nicht nötig, daß man euch jetzt noch von weitem sieht. Paßt aber weiter schön auf, ob jemand kommt. Ich muß ihn schnell zerwirken, damit wir den 10-Uhr-Zug noch erreichen."

„Was hast du geschossen?"

„Einen Bock; einen Rehbock; sogar einen ganz annehmbaren."

Wir setzten uns unter die alte Eiche, deren rissiger Stamm beim Gegenlehnen drückte. Wir saßen dicht beieinander und beobachteten den Lehmweg, der am Waldrand entlangführte.

Wie oft saßen wir später so Schulter an Schulter! Ger und ich. Ger und ich. Bis ich die beiden Worte sagte, die über unser Leben entschieden: die sein Leben auslöschten und das meine vernichteten.

Als Vati zurückkam, war es schon ziemlich dunkel. Sein großer Rucksack hatte einen Buckel. Den Eimer mit den Himbeeren stellten wir obendrauf. Unsere beiden Blechkannen trugen wir, damit jeder sogleich sehen konnte, was wir getrieben hatten.

Unten an der Brücke legte Vati seine Last ab und kletterte zum Graben hinab, um sich die Hände zu waschen. Wir versuchten, den Rucksack anzuheben. Er war so schwer, daß wir ihn nicht hochzerren konnten.

Ger schlief beim Ruckeln und Schaukeln des Vorortzuges ein. In einem Schulaufsatz hätte ich die Lokomotive einen alten müden Drachen genannt, der ganz fürchterlich pustet und Funken spuckt, damit niemand merkt, wie traurig und kraftlos er ist. Ich hielt mich absichtlich munter, weil ich zu gespannt war, was denn nun im Rucksack stecken mochte.

Zu Hause wurde dann endlich ausgepackt. „Paß auf, Lola!" sagte Vati. „Ich habe draußen im Wald beim Himbeerenpflücken einen Rehbock gefunden, den die dummen Amis oder sonst ein Schlumpschütze angeschossen haben."

„Gefunden?" sagte Tante Lola und lachte. Sie lachte gern und oft.

„Gefunden!" sagte Vati mit starker Betonung und gab ihr einen Klaps auf den Po.

„Auuu!" sagte Tante Lola. Man hörte aber aus dem Tonfall heraus, daß sie es sich gern gefallen ließ.

„Gefunden! Den Rücken, den Hals, die Keulen und die Blätter habe ich mitgebracht."

„Wo ist das andere? Wo ist das Fell?" fragte Ger.

„Die Decke heißt es, du Dummerjan. Alles andere steckt im alten Dachsbau. Der ist befahren. Die kleinen Dachse werden es wohl schon in ihren Kessel gezottelt haben. Und hier ist das Beste. „Vati zog unten aus dem Rucksack das Gehörn hervor. Er hatte es mit dem halben Schädel in sein Butterbrotpapier eingewickelt. Es war ein guter Sechser. Vati und Tante Lola kochten es noch in der Nacht ab. Am nächsten Morgen hing es bereits fertig aufgesetzt zwischen den Trophäen über dem Schreibtisch. Wer nicht ganz genau hinsah, merkte schwerlich, daß es am Tage zuvor noch im Wald spazierengetragen worden war. Mit einem schwarzen Stift hatte Vati sogar ein paar Fliegenflecke draufgezeichnet.

Heute vormittag wurde ich wieder zur Vernehmung gebracht. Ich gehe jetzt gern hin. Herrn Landgerichtsrat Schaller mag ich gut leiden. Ich habe keine Furcht mehr vor ihm; im Gegenteil, in gewisser Weise tut er mir sogar leid, weil vielleicht auch er zu den Ameisen gehört.

Mit meinem Sprachfehler ist er so geduldig, daß es mir oft schon gelingt, mehrere Sätze hintereinander ohne Stocken herauszubringen. Er trägt ein schwarz umrandetes Monokel an einer schwarzen Seidenschnur. Das hat er aber noch nie ins Auge geklemmt. Er spielt nur damit, um seinen Händen Beschäftigung zu geben. Möglicherweise knabberte er als kleines Kind auch die Nägel ab wie Ger und ich. Jetzt tut er es natürlich nicht mehr; sein Monokel hilft ihm dabei.

Seiner Frau wegen bedaure ich ihn. Einmal rief sie an, als ich ihm gegenübersaß.

„Ja, ich habe Vernehmung", sagte er. „Ja – ja – nein, bitte nicht – ja – ja – bitte unter keinen Umständen – ich kann es nicht zugeben." Zwischen diesen kurzen Antworten sprach die Frau unablässig. Sein Gesicht war ganz gequält, während er diesen Sturzbach über sich ergehen lassen mußte. Auch das Gesicht von Fräulein Herholz schien gequält. Sie saß an der Schreibmaschine, um zum Schluß meine Aussagen zu notieren. Ich dachte, daß sie über vierzig war. Wahrscheinlich liebte sie ihren Chef seit Jahren, ohne es mit einem Wort oder einer Bewegung merken zu lassen. Der Gedanke kam mir, als ich merkte, wie stark sie unter dem Anruf litt. Ich sah sie nur einmal kurz an, dann blickte ich nicht mehr auf. Wir litten alle gemeinsam, aber keiner wollte es die anderen beiden merken lassen.

Herr Schaller wehrte sich verzweifelt; es half ihm aber nichts. „Ich sagte doch bereits – es wäre meiner ganzen Einstellung zuwider – entschuldige, ich kann mich jetzt nicht näher damit beschäftigen, unmöglich – ja – nein – ja – meinetwegen, auf deine Verantwortung."

Endlich konnte er den Hörer auflegen und sich wieder mir zuwenden. Dabei machte er meistens ein sorgenvolles, nie ein empörtes Gesicht. Ich würde zu gern wissen, ob ich ihm gefallen würde, wenn wir uns draußen träfen; er dürfte dann aber kein Landgerichtsrat und ich keine Untersuchungsgefangene sein.

Der Gedanke sollte nicht anmaßend wirken. Seit ich O. R. (Onkel Rudolphi) kennengelernt habe, weiß ich aber, daß mich ältere Männer mögen. O. R. sagte ein paarmal: „Sieh mal, Maria, wir suchen keinen Tanzschatz, weil wir zu keinem Ball mehr gehen können. Jugend suchen wir, um uns daran zu wärmen. Wir begehren ein freundliches Lächeln, sehnen uns nach einer Hand, die sich vertrauensvoll in unsere schmiegt, glückselig sind wir, dürfen wir für ein paar Augenblicke die Stirn an eine ruhig atmende Mädchenbrust legen. Wir erhoffen, sind wir sehr unbescheiden, einen Menschen für uns, den wir lieben wie einen Sonnenschein im November. Wir sind bereit, jedes Opfer dafür zu bringen."

O. R. sagte es so oft zu mir, daß ich die Worte behielt. Er wollte mir die Einrichtung in der Wielandstraße geben und nach seinem Tode die Versicherungssumme, von der ich reichlich hätte leben können. Dafür sollte ich sein Sonnenschein im November sein.

Ich hatte aber Ger versprochen, daß wir immer zusammenbleiben wollten. Vielleicht hätte ich mich nach Gers Treubruch an O. R. verkauft. Er war so grundehrlich: „Das will ich haben; das biete ich dafür." Wo gibt es sonst noch so aufrichtige Menschen, die ihre Ziele nicht auf gewundenen Schleichpfaden erreichen wollen?"

„Sie sind also schon mit acht oder neun Jahren von Ihrem Vater zum systematischen Wildern angeleitet worden", sagte Herr Landgerichtsrat Schaller und sah mich betrübt an.

Ich widersprach so höflich und bescheiden, wie man es vor Gericht machen muß: „Es war kein Wildern. Es handelte sich um ein rechtmäßiges Auf-die-Jagd-Gehen, das man in diesen Jahren nur verboten hatte. Heute gibt es sogar Bücher, in denen beschrieben wird, wie man sich damals zu helfen wußte. Genauso steht es um die Gewehre, die nach den Vorschriften abgeliefert werden mußten. Wer damals draußen mit der Büchse angetroffen wurde, wäre hart bestraft worden; zuerst hieß es sogar, er hätte mit dem Schlimmsten zu rechnen. Später brauchte man nur etwas Geld zu bezahlen, und die versteckten Waffen wurden ‚amnestiert‘."

„Sie haben sich das alles recht geschickt zurechtgelegt", sagte Herr Schaller seufzend.

„Vati hat es uns so erklärt", sagte ich. „Wir sprachen oft darüber, daß es kein Verbrechen sei, sondern eine Art Notwehr. Wir nahmen kein fremdes Eigentum; unmöglich konnte unser Jagen als Diebstahl bezeichnet werden; und daß wir nicht geschnappt wurden, war einfach eine Kunst oder auch ein Sport." Ich hätte noch mehr zu meiner Verteidigung vorbringen können. Aber Herr Schaller fing bereits an, nervös sein Monokel zu drehen; da wußte ich, daß ich aufhören mußte.

„Alles ganz gut und schön", sagte er. „Dann kam jedoch der Zeitpunkt, an dem man in der Bundesrepublik wieder legal jagen durfte. Von diesem Termin an kann man Ihren Vater nicht mehr entschuldigen, vor allem nicht, wenn man denkt, daß Sie und Ihr Bruder weiter in die Straftaten einbezogen wurden."

Hielt man mir Straftaten vor, die ich begangen haben sollte, regte mich das wenig auf. Vati sollten sie aber nicht noch im Grabe beschuldigen. Dann verlor ich jedesmal die Beherrschung. „Herr Landgerichtsrat!" sagte ich viel zu heftig. „Gerade da fing ja die größte Gemeinheit an! Solange niemand jagen durfte – oder höchstens ein paar Förster –, waren wir nicht benachteiligt; alle traf das Verbot gleichmäßig. Hinterher, als sie offen hinausfahren durften, die Glücklichen mit ihren falschen Gamsbärten an den neuen Hüten, wurde Vati von diesen Lumpen verraten, diesen Schuften …"

Herr Schaller unterbrach mich. „Ich bin durchaus bereit, Ihre Verteidigung anzuhören, muß Sie aber ersuchen, die Ruhe zu bewahren und sich sachlich auszudrücken."

Ich entschuldigte mich und brachte dann alles leidlich geordnet vor, was uns drei so maßlos empört hatte. „Mit einem Mal hieß es, die Jagdscheine könnten erneuert werden und die Reviere kämen zur Verpachtung. Wie oft hatten wir uns ausgemalt, daß dann die Zeit der Heimlichkeit vorüber sei! Zweimal suchte Vati den Jagdvorsteher von Lindenhof auf. Es war nicht mehr der alte, mit dem sich Vati immer gut verstanden hatte. Der neue, Bremmer heißt er, sagte, die Jagd sollte jetzt nicht mehr 650 Mark kosten wie zuletzt im Kriege, sondern mindestens 2500 Mark; und wenn es zur öffentlichen Versteigerung komme, würde sie vermutlich 3000 Mark bringen, wenn nicht gar noch mehr. Die Jagdgenossen seien aber mit 2500 Mark zufrieden. Das habe Herr Schaatz bereits unterderhand geboten. Vati sollte sich mit ihm in Verbindung setzen.

Herr Landgerichtsrat! Zweitausendfünfhundert Mark für ein Revier, in dem ein gutes Dutzend Rehe geschossen werden können, ab und an eine Sau und einiges Niederwild! Ein Stück Rotwild stand auch immer auf dem Abschußplan; aber es kam nie zur Strecke. So viel Geld, ist das nicht eine Schande?"

„Die überhöhten Jagdpachten sind mir bekannt", sagte Herr Schaller.

„Dazu kommt dann noch die Steuer und vielleicht sogar ein paar hundert Mark Wildschaden."

„Gewiß; wir dürfen aber nicht zu weit abschweifen."

„Ich muß doch erklären, wie sie mit uns umgesprungen sind. Vati fuhr also zu diesem Herrn Schaatz. Als Vati zurückkam, schüttelte er nur immerfort verwundert den Kopf. ‚Komischer Mann', erzählte er uns. ‚Ich werde aus ihm nicht schlau. Klein, verhutzelt, sehr liebenswürdig, beinah zu liebenswürdig. Woher das viele Geld stammt, weiß ich nicht. Geht mich auch nichts an. Schlimm ist nur, daß er einen nicht ansehen kann.'

‚Was hat er gesagt?' drängten wir.

‚Lindenhof ist von ihm so gut wie fest verpachtet, für zwoeinhalbtausend Mark und den ganzen Wildschaden. Außerdem gibt er in der Krone in jedem Jahr einen Ball.'

‚Und wir?'

‚Er will mir einen Jagderlaubnisschein ausstellen.'

‚Dann ist doch alles gut.'

‚Ja', sagte Vati. ‚Hoffentlich.'

‚Warum hoffentlich?'

‚Weil er mir nicht in die Augen sehen konnte.'

Herr Schaatz hat die Jagd bekommen und Vati um die Erlaubnis betrogen. Dreimal ist er zu seiner Villa gegangen. Der Herr ließ sich einfach nicht mehr sprechen. Schließlich schrieb er Vati einen Brief, er möge seine zwecklosen Besuche unterlassen. Die Vorverhandlungen über die Ausstellung eines Jagderlaubnisscheines müßten abgebrochen werden, weil Erkundigungen ergeben hätten, daß Vati sich in den letzten Jahren verdächtig oft im Lindenhofer Wald aufgehalten habe.

Natürlich hatte man im Dorf gemunkelt, daß wir nicht nur der Pilze und Beeren wegen so oft hinausfuhren; niemand hatte sich aber daran gestoßen. Dieses Gerede spielte Herr Schaatz jetzt gegen uns aus.

‚Ich bin schutz- und rechtlos‘, sagte Vati bitter vor sich hin. Während er den ekelhaften Brief las, merkte ich zum ersten Male, daß er alt geworden war; vergrämt und alt sah er aus.

‚Was soll werden?‘ fragte Ger. Er hatte seine Zündplättchenpistole in der Hand, als wollte er die Schuldigen über den Haufen schießen.

‚Wir fahren weiter raus‘, sagte Vati. ‚Wir müssen nur noch viel vorsichtiger sein.“

„Damit begann die zweite Periode des ungesetzlichen Jagens“, sagte Herr Schaller in seiner langsam-überlegenden Sprechweise, die immer ein wenig betrübt klang.

„Damit begann die Rache an dem wortbrüchigen Herrn Schaatz“, sagte ich. In diesem Augenblick schnurrte das Haustelefon. Fräulein Herholz meldete sich. Herr Schaller und ich starrten wartend auf den Apparat.

„Der Herr Präsident“, sagte Fräulein Herholz. Zuerst hatte sie ein tadelndes Gesicht gemacht, daß es jemand wagte, uns zu stören. Jetzt war sie ganz Ehrerbietung: „Der Herr Präsident.“

Beim Telefonieren hielt sich mein Landgerichtsrat an seinem Monokel fest. Hinterher sagte er hastig, die Vernehmung sei für heute beendet, er müsse sogleich … Was er müsse, ging mich natürlich nichts an. Ohne nähere Erläuterungen wußte ich, daß er zum Chef gerufen war. Justizwachtmeister Mief brachte mich in meine Zelle zurück.

Er hieß freilich anders; ich glaube Träubert oder so ähnlich. Er sah aber dem ekligen Kerl wie aus dem Gesicht geschnitten gleich, der eine Weile im ersten Stock unter uns wohnte. Den nannte Ger nur „Herr Mief“, weil es bei offenstehender Tür aus seinem Flur heraus immer ungelüftet roch. Den Wachtmeister kann ich nicht ausstehen. Wenn er mit einem Vorgesetzten sprach, flitzten seine Augen feige hin und her. Sah er aber mich an, schnitt er eine Fratze, als wollte er am liebsten sagen: „Du Laus! Wenn ich wollte, würde ich dich zerdrücken.“

Was ich eben geschrieben habe, ist so gefährlich, daß ich alle Bogen sofort zerschnipsle und in den Kübel werfe.

Große Aufregung im Gefängnis! Mehrere Tage konnte ich nicht schreiben. Ausbruchversuch von drei jungen Männern, die mit „lebenslänglich“ zu rechnen haben. Ich weiß natürlich nichts Genaues, sondern habe nur geflüsterte Satzfetzen auf dem Hof aufgeschnappt. Einen Wachtmeister sollen sie totgeschlagen haben. Der betreffende Flügel wurde sofort geräumt, weil die Sicherheitsvorkehrungen ungenügend sind. Die Frauenabteilung trat den Korridor C ab. Wir wurden zusammengelegt.

Zu mir kam Anni Wilgisch. Sie wird beschuldigt, dem Pascha, einem bekannten Geschäftsmann, der sie in ihrer Wohnung besucht hatte, etwas in den Tee getan zu haben, um ihm die Brieftasche abnehmen zu können. Beim Nachhausefahren ist ihm schlecht geworden. Er lenkte das Auto noch in eine kaum benutzte Nebenstraße. Erst am anderen Morgen bemerkten ihn Arbeiter, die zur Frühschicht gingen. Seit Stunden war er tot. Jetzt ging es darum, an welchem Zeug er gestorben ist, ob er es von Anni bekommen hat und ob sie ihm Geld wegnahm. Sie stritt jede Schuld ab; auch mir gegenüber. Augenblicklich hat sie Vernehmung.

Sie war ein paar Jahre älter als ich. Zuletzt arbeitete sie nicht mehr. Zwei Herrn unterstützten sie regelmäßig; zwei außer dem Toten. Sie liebt aber nur einen Studenten von der Malerakademie oder wie die Schule heißt. Dem geht es geldlich natürlich noch jämmerlicher als ihr.

Zuerst war ich über das Ende meiner schönen Einsamkeit entsetzt. Jetzt gewöhne ich mich schon ein bißchen daran, nicht mehr allein sein zu dürfen. Anni ist ziemlich groß, gerade noch nicht zu breit in den Hüften und wunderschön blond. Sie kennt sich in den kniffligsten Fragen aus, daß ich immer nur den Kopf schütteln muß. Vieles lernte sie vor Gericht, mit dem sie schon zweimal zu tun hatte. Einmal ging es um Handschuhe, die sie als Verkäuferin mitgenommen haben soll, das andere Mal, als sie schon stellungslos war, hat sie einen auf Abzahlung gekauften Radioapparat weiterverscheuert.

Am meisten weiß sie über die Männer Bescheid. Sie erzählt nicht gemein oder verbittert. Ich möchte beinah sagen, daß ihre kleinen Geschichten eher lustig klingen oder doch wenigstens klingen sollen. Nur wenn man ganz genau hinhört, wird einem klar, wie tieftraurig es manchmal auf der Welt zugeht.

„Sieh mal, Schätzchen!" sagte sie gestern abend, als wir auf unseren Pritschen lagen; das Licht war schon ausgeknipst. Sie nennt mich immer so. „Die Männer sind wie die Hündlein auf der Straße: immer bloß das eine; wenigstens die, die zu mir gerannt kommen. Wenn ich aber nett zu ihnen bin, so daß sie glauben, ich mag sie ein bißchen, werden sie weich. Einer erzählte mir sein ganzes Leben. ‚Es war von Anfang an verpfuscht‘, sagte er. Schätzchen, der Mann stinkt vor Geld und behauptet, sein Leben wäre verpfuscht. Kannst du dir solch eine Undankbarkeit vorstellen?"

„Die Reichen haben keine Ahnung, wie gut es ihnen geht", sagte ich.

„Und einer bat mich, ob er noch eine Weile ganz still in meinem Arm liegen dürfe; nur so ganz still liegen bleiben. Er hätte sonst keine, bei der er das könne."

„Das war vielleicht wirklich ein armer Mensch", sagte ich. Dann faßte ich mir ein Herz und sprach das aus, was mich in diesen Tagen immer wieder beschäftigte: „Du, Anni, jetzt mag das ja ganz nett sein mit den Männern, und einträglich ist es wohl auch. Was wird aber später, wenn du älter geworden bist?"

Sie lachte ihr betont unbekümmertes Lachen. „Dann werde ich Klo-Frau im Maxim. Natürlich ist das nicht doll vornehm; es gibt aber gewisse Nebenverdienste …" Sie lachte wieder; es sollte lustig klingen.

Über mein Stottern amüsierte sich Anni zuerst genauso wie alle anderen, aber nicht in schlechter Absicht, nicht verletzend. Sie machte dann gleich einen ihrer üblichen Witze darüber. Spricht sie irgend etwas Verfängliches aus, oder gebraucht sie einen Ausdruck, der eigentlich abstoßend wirken müßte, dann schneidet sie sofort eine entschuldigende Grimasse, die bedeuten soll: „Nimm's nicht tragisch; so ist das Leben nun mal." Um mir über die Verlegenheit, mich oft nicht schnell genug ausdrücken zu können, hinwegzuhelfen, sagte sie: „Was in aller Welt fängst du an, wenn ein Kavalier zudringlich wird? Eh' du ein Wort der Abwehr heraus hast, ist es ja schon passiert!" Als ich rot wurde, wollte sie sich halb kaputt lachen, daß sich ein erwachsenes Mädchen noch richtig genieren könnte. Ihr Necken ist so harmlos-lustig, daß es nicht kränkt.

Jetzt zerreiße ich das Geschreibsel. Sie muß bald zurückkommen.

Anni weiß jetzt, daß ich gern schreibe. Sie sagte, ich solle mir meine Aussagen vor den Vernehmungen notieren; es hinterher aufzunotieren, das würde mir nichts nutzen. Für meine Memoiren würde sich wohl kaum eine Zeitung, ein Buchverlag oder eine Illustrierte interessieren. Mit dem großen Geld sei also nicht zu rechnen. Deshalb sei die Entwicklung eines klaren Schlachtplans notwendig, um allen Klippen der ausgefeilten Befragungstechniken vor Gericht wirksam zu begegnen und sich nicht in Widersprüche zu verwickeln. Vor allem sollte ich mich nicht von dem gutmütig erscheinenden Herrn Landgerichtsrat Schaller zu sehr einlullen lassen. Oberstes Ziel der Justiz sei es immer noch, die Angeklagten zu verurteilen und einzusperren. Gerade befinde ich mich wieder alleine in der Zelle, da Anni Hilfsdienste in der Gefängnisküche erledigen muß.

Meine Gedanken kreisen in meiner Kindheit, um meinen Vater und meinen Bruder Ger. Eines Tages hörten wir unseren Vater geheimnisvoll im Schuppen arbeiten. Uns hatte er untersagt, dorthin zu gehen. Ein verklärtes Leuchten umspielte jedoch seine Augen, als er Ger gekünstelt traurig eröffnete, er habe heuer für seinen großen Jungen leider kein Geburtstagsgeschenk kaufen können. Ich erkannte sogleich, daß dies nicht sein konnte, denn Vati opferte sich für uns Kinder auf und hatte noch jedes Jahr eine Überraschung für uns parat. Aber was hatte Vati für ihn gebastelt oder eingetauscht? Er hatte mich diesmal gar nicht informiert. Vati rief Ger, nahm ihn an der Hand und ging mit ihm in den Schuppen hinaus. Dort stand in einer Ecke ein Gegenstand, der mit einer Decke verhangen war. Wie ein Magier zog er die schützende Hülle weg. Darunter kam ein gebrauchtes Fahrrad zum Vorschein. Er hatte mit viel Mühe einen Erwerb mittels Tauschhandel zuwege gebracht.

Wie Gers Augen da glänzten! Er fiel Vati um den Hals, um ihm zu danken. Er war stolzer Besitzer eines Fahrrads. Das hieß was in der damaligen Zeit.

Vati erklärte uns, daß wir damit außerdem noch schneller ins Revier fahren könnten und uns das Rad auch den Transport des Wildbrets erleichtern könne. Jawohl, er sagte „wir". –

„Du darfst auch drauf fahren", sagte Vati. „Ger muß es dir immer erlauben."

„Fein!" sagte ich und machte ein recht fröhliches Gesicht, damit Vati das Herz nicht schwer werden sollte.

Es war mit zwei vorschriftsmäßigen Packtaschen ausgerüstet, auf denen ein Kochgeschirr und eine Wasserflasche festgeschallt waren. In den Taschen konnte man ein zerwirktes Reh mit Leichtigkeit verstecken. Das Wildbret kam zuerst in genau passende, schweißdichte Beutel, die Tante Lola aus einer alten Rucksackeinlage nähte. Derart entstand an dem schönen blaugrauen Stoff nicht das kleinste Fleckchen.

Oft und oft schaffte Ger so unsere Beute nach Hause. Niemals fiel ein Verdacht auf ihn. Fast alles haben wir selbst aufgegessen. Nur „+++" bekam manchmal etwas davon ab. Hinter dem Haus auf unserem Stückchen Gartenland baute Vati einen beinah einbruchsicheren Karnickelstall. In ihm hielten wir immer ein paar Stallhasen. Roch es zu verführerisch aus unserer Küche heraus, hingen wir einen mit Stroh ausgestopften Karnickelbalg ans Fensterkreuz. Die Nachbarn sagten dann etwas Anerkennendes, wie herrlich solch Braten doch dufte.

Vati hatte sich vorgenommen, vom Frühjahr bis nach Weihnachten nur alle drei Wochen einmal hinauszufahren, abwechselnd mit der Vorortbahn, dem neuen Bus oder dem Motorrad, das uns „+++" lieh.

Meistens wählten wir den Wochenanfang, den Montag oder Dienstag, weil dann für gewöhnlich weder der neue Jagdpächter noch einer seiner Gäste störten. Ob die Luft rein war, konnten wir kinderleicht feststellen. Sie parkten ihre Wagen immer an denselben Stellen, entweder vor der Krone – das ließ sich vom Waldrand aus mit dem Glas kontrollieren – oder an zwei uns längst bekannten Plätzen im Revier. Kamen wir wirklich mal an einem falschen Tag, setzten wir uns jenseits der Grenze auf der großen Kultur bei Papa Wernicke an.

„Jetzt sind wir im Staatlichen", sagte Vati dann unweigerlich. „Es läßt sich nicht beschönigen, daß wir wildern."

„Das macht nichts", sagte ich jedesmal. „Warum lassen sie uns nicht richtig jagen?"

„Ja, warum? Weil ich es nicht verstanden habe, nach der Währungsreform so viel Geld zu machen wie die anderen. Ich bin zu dumm dazu."

„Oder zu anständig", widersprach ich.

„Einigen wir uns auf: zu ungeschickt. Denn nicht alle, die heute ihre dicken Wagen fahren, sind unanständig. Das wäre ja noch schöner! Das Wort ‚ungeschickt' paßt schon am besten."

„So ungeschickt wie Ger und ich in der Schule." Wir waren in dem Jahr, an das ich jetzt denke, zum ersten Mal sitzengeblieben.

„So ähnlich", sagte Vati und machte ein betrübtes Gesicht. Dann schüttelte er sich ganz schnell. „Laß die traurigen Gedanken, Ria! Heute ist unser Jagdtag, unser Festtag; den wollen wir uns nicht verderben. Sieh mal, da hinten an der Schonung steht schon ein Reh, wahrscheinlich Ricke … jawohl, es ist eine." Dieser Spätherbstabend ist mir besonders deutlich in der Erinnerung haftengeblieben. „Willst du sie schießen?" flüsterte ich.

Ohne zu antworten sah Vati durch sein Glas; endlich sagte er: „Nein. Es ist eine Kitzricke. Die Kleinen werden gleich hinterherkommen." Er hielt sich an einen, wie er es ausdrückte, „vom gesunden Menschenverstand bearbeiteten Schonzeitkalender". Einen Bock mit prahlenden Sechserstangen schoß er, der erst zweijährig war. Vati hatte ihn für älter gehalten. Noch wochenlang konnte er den Fehlabschuß nicht verwinden. „Wenn ich schon ein Wilddieb bin", sagte er einmal, „dann will ich wenigstens kein Aasjäger sein."

Dieser Einstellung wegen bewunderte ich ihn glühend. „Du bist besser als die meisten, die mit ihren falschen Gamsbärten am Hut und Riesenfernrohren auf den Gewehren herumlaufen. Bei Bahnsen am Paradeplatz hing gestern ein Bock, dem waren beide Vorderläufe dicht über den Schalen abgeschossen – sie waren überhaupt nicht mehr da – und eine Kugel saß eine Handbreit vor den Keulen. Stell dir das vor: zuerst die Läufe zerschmettert und dann waidwund!"

Vati schoß nur auf nächste Entfernung und zielte immer auf den Halsansatz. „Wir können uns keine Nachsuche leisten. Soll ich etwa ein Stück sich unnötig quälen lassen oder uns noch mehr gefährden? Wenn es knallt, muß es auch liegen." Tatsächlich kann ich mich nur an wenige Fälle erinnern, bei denen der blitzartige Erfolg ausblieb.

Im Waldschatten wurde es schon dämmrig. Wir hatten aber Halbmond, so daß die Dunkelheit noch eine gute Weile auf sich warten lassen würde. „Jetzt kommen gleich Schneewittchen und die sieben Zwerge", flüsterte Vati. Er meinte damit den Übergang vom Tag zur Nacht, wenn ein Busch, über den man bis jetzt achtlos hinweggesehen hatte, plötzlich so fremd wirkte, daß man ihn für ein Stück Wild oder einen Menschen halten konnte.

Bevor ich ihm zustimmen konnte, hob er ein wenig die Hand als Zeichen, daß er etwas bemerkt hätte. Ich saß lange Zeit reglos.

Plötzlich kamen drei – vier – fünf dunkle Kleckse über die Kultur. Zuerst hörte ich es knistern, dann sah ich sie. Sauen. Überläufer. Noch nie hatte ich es erlebt, daß sie uns schußmäßig kamen. Einmal war ein Stück wie eine große schwarze Kugel dicht vor uns über das Gestell geflüchtet, „gerollt" hätte man es auch nennen können. Ein andermal sahen wir bei Mondschein eine Bache mit Frischlingen in Bertrams Koppel. Sie brachen aber so weit entfernt, dass kaum etwas zu erkennen war.

Die Überläufer an diesem Abend trollten ahnungslos dicht an uns vorbei. Manchmal blieben sie auch stehen, um am Erdboden herumzuwühlen. Vati saß an einen alten Baumstubben gelehnt; beide Knie hatte er hochgezogen; darauf stützte er die Ellenbogen. Die Richtung des Gewehrlaufes ließ die Sauen nicht mehr los.

Kurz vor dem Schuß war ich immer wahnsinnig aufgeregt. An diesem Abend schüttelte es mich so, dass ich die Hände gegen die Brust preßte und mich ganz nach vorn krümmte. Weswegen schoß Vati nicht? Sie konnten doch gar nicht günstiger stehen? Aber er wartete und wartete und ließ sie gefährlich nahe heran. Wenn sie uns nun erkannten und davonstoben! Ich kniff die Lider bis auf einen schmalen Spalt zusammen, weil ich das Gefühl hatte, daß mich meine Augen sonst verraten würden.

Endlich fiel der Schuß. Mit dem Schalldämpfer klang es nicht viel lauter als das Abschnellen der großen Armbrust, die Rainer Schmitz immer zum Adlerschießen anschleppte.

Der uns am nächsten stehende Überläufer klagte gellend auf; es klang genau wie beim Schweineschlachten, nur kürzer. Der schreckliche, weithin vernehmliche Ton ließ mich erstarren. Die Sau war zusammengesunken. Sie schlegelte noch ein wenig, dann war nichts mehr zu hören. Die übrigen fuhren durcheinander. Sie verhofften reglos. Eine schnarchte: „Brrrf!" Wir saßen, ohne uns zu rühren. Der schwache Wind stand uns im Gesicht. In mir jubelte und frohlockte es: „Vati hat eine Sau geschossen!" Daneben schüttelte mich namenlose Furcht, ob wir unentdeckt bleiben würden.

Die Sauen beruhigten sich. Die stärkste fuhr mit dem Gebrech an einem der Kulturdämme entlang, dann kaute sie. Ich konnte das Schlabbern hören. Nach einem Weilchen trollten sie vertraut weiter. Um die Verendete kümmerten sie sich nicht; es war ihnen entgangen, daß eine fehlte.

Wohl eine Stunde lang saßen wir still da und beobachteten unsere Umgebung. Vati schlang den Arm um meine Schulter. „Schlaf ein bißchen!" sagte er leise, „damit du nachher gut aufpassen kannst."

Ich schloß die Augen, aber an Schlafen war nicht zu denken. Unablässig sah ich die Sauen vor mir, die in der Phantasie zu ungetümen Fabelwesen wurden.

Schließlich schüttelte sich Vati, als müßte er sich aus einem magischen Bann befreien. „Dann wollen wir mal anfangen", flüsterte er. „Ich schwarte sie nicht ab. Das würde viel zu lange dauern. Sie wird so zerwirkt. Ich verlaß mich auf dich." Er erhob sich und verschwand in der Dunkelheit.

Vorher hatte er das Gewehr mit dem zerlegbaren Wischstock, der im Kolben steckte, gereinigt. Auseinandergenommen und in seinem Ölfutteral verpackt, lag es hinter mir in dem niedrigen Kiefernhorst, der uns als Deckung diente. Das Riemchen des Glases hing um meinen Hals. Es war inzwischen so finster geworden, daß es mir nicht helfen konnte. Tief stand der halbe Mond über den schwarzen Baumwipfeln des Altholzes, als würde eine einzelne Laterne von einem unsichtbaren Riesenkind zum Martinsfest getragen. Ich wagte nicht, mich zu bewegen, und lauschte mit halboffenem Mund in die Nacht hinaus. Der Tau fiel. Es roch nach Feuchtigkeit, ich konnte den Herbst schmecken. Ich wußte, daß Vati ungefähr dreißig Schritt vor mir arbeitete, aber er war wie ausgelöscht. Ich zitterte vor Furcht, daß uns feindliche Menschen überfallen könnten; daneben schnürte mir meine unausrottbare dumme Gespensterangst die Kehle zu.

Nach einem Zeitraum, der mir unendlich lang zu sein schien, vernahm ich ein Klirren. Vati war mit unserem kleinen Spaten, der nur einen ganz kurzen Stiel hatte, beim Graben auf einen Felsbrocken gestoßen. Ich wußte, daß er jetzt den Kopf, die Läufe und das Gescheide verbuddelte.

Wie ein dunkler Turm kam er auf mich zu, ein Turm, den sie in den Rittergeschichten „Bergfried" nennen. Tief atmete ich auf. Außer von der Angst war ich jetzt auch von der Last der Verantwortung befreit, die schwer wie ein Mühlstein auf meiner Brust lastete. Im Garten der Hammerschänke steht ein mächtiger Tisch, als dessen Platte ein ausgedienter Mühlstein verwandt wurde. Mußte ich beim Wildern allein bleiben, dachte ich immer an sein Gewicht, das bestimmt viele Zentner beträgt. Sobald Vati auftauchte, verflog diese bedrückende Vorstellung. Mein Verstand sagte mir, daß er mich nicht beschützen konnte, weil er selbst rechtlos war. Trotzdem beruhigte mich seine Gegenwart sofort.

Seine Schultern waren gekrümmt; er trug schwer. Ich nahm das zusammengelegte Gewehr und schnallte den Riemen kürzer. Wir gingen quer über die Kultur auf die Grenzschonung zu. Auch im Dunkeln fand Vati den Wildwechsel, der zu den Lindenhofer Wiesen hinunterführte. Die Kiefernzweige trieften vor Nässe. Ich hielt beide Hände vor das Gesicht, damit mir die rauhen Nadeln nicht in die Augen schlügen. Als wir in der Dickung untertauchten, atmete ich auf. Jetzt waren wir fast in Sicherheit. Bei einem ähnlichen Gang hatten einmal die Rehe zu schrecken angefangen. Es klang, als wollten sie hundert Rächer herbeirufen, die uns jagen und fangen sollten. An diesem glückhaften Abend versuchte aber keines, uns zu verraten.

Dicht an der Holzbrücke kamen wir heraus; sie hilft dem Grenzweg über die Sieke hinweg. Lange Minuten sicherten wir. Als alles totenstill blieb, kletterte Vati unter die Brücke. Mehrere starke Eisenhaken hatte er in die Bohlen geschraubt. Zwischen ihnen wurde das Wildbret verstaut. Wegen der beiden dicken Tragebalken war von außen nichts zu sehen. Nur im Juni, wenn die Gemeinde den Bach räumen ließ, wurde alles Verdächtige entfernt. Auch das Gewehr verschwand unter der Brücke; es war so sorgfältig eingefettet, daß es nicht rostete. Zum Schluß wusch sich Vati die Hände; ich hörte leises Plätschern.

„Gleich neun", sagte er, als er heraufkam. „Um zehn Uhr zehn kommt der Lumpensammler. Schaffst du es noch bis Ottendorf?"

„Ha! Wir haben doch nichts mehr zu tragen, da würde ich bis nach Hause laufen."

„Du Riesenfräulein, bis nach Hause! Zwanzig Kilometer!"

„Kleinigkeit."

Vatis Stimme wurde ernsthaft. „Wenn es sein müßte, würdest du es natürlich schaffen. Wir können es uns aber bequemer machen. Warte, ich schneide uns nur noch einen Ziehstock ab. Er wählte einen leidlich gerade gewachsenen Haselschößling aus einem Buschwerk, das er genau kannte, und kürzte ihn auf reichliche Meterlänge. Er hielt das eine, ich das andere Ende. So folgte ich ihm in gleichbleibendem Abstand. „Welches Lied?" fragte er.

Welcher Schlager damals bei mir am beliebtesten war, ist mir entfallen; aber was ich auch nannte, Vati pfiff die Melodie halblaut durch die Zähne; ihrem Rhythmus paßten sich dann meine müden Füße an. Zum Schluß, wenn ich anfing zu stolpern, kam stets das Lied vom guten Kameraden an die Reihe und die Vöglein im Walde sowie das Wiederwiedersehen. Nicht ein einziges Mal habe ich schlappgemacht.

Anni verlangt schon eine Weile energisch, ich solle aufhören. Sie hat im Sitzen geschlafen. Jetzt möchte sie sich etwas mit mir unterhalten, vielleicht über das Sommervergnügen der Schlachterinnung in der Walkmühle. Vor Jahren, als sie mit einem Gesellen befreundet war, besuchte sie diesen Ball; es ist der schönste ihres Lebens geblieben. Bei der Tombola gewann sie einen unfaßlich großen Teddybären. Oder sie beschreibt mir den Tod eines Mädchens – „wie ein Engel sah sie aus" –, das in ihrer Kammer verblutete, weil zuerst niemand von ihrem Zustand wußte, dann außerdem kein Arzt zu erreichen war und schließlich der Krankenwagen zu spät kam. Sehr gern spricht Anni auch von ihrem Lieblingsbuch: Die Heilige und ihr Narr. Sie muß es mehrere Male gelesen haben; ganze Absätze weiß sie auswendig.

Ich könnte kein Lieblingsbuch angeben. Zuerst las ich mit Ger zusammen immer nur Jungensachen, Indianerschmöker und später Krimis. Eine Weile verschlang ich alle Illustrierten, die ich in die Finger bekam. Als ich davon übersättigt war, besah ich nur noch die Bilder. In den letzten Jahren holte ich mir aus der kleinen Leihbibliothek im Zigarrengeschäft alles, was mir dem

Titel oder dem Umschlag nach gefiel: Krieg und Frieden und Verdammt in alle Ewigkeit, Aus dem Leben eines Taugenichts und Das Tagebuch einer Verlorenen. Wahllos ... Jetzt versucht Anni, meine Hand festzuhalten.

Wieviel Wild hat Ihr Vater ungefähr geschossen?" Das war die erste Frage, die Herr Landgerichtsrat Schaller gestern an mich stellte.
Der Wahrheit entsprechend, sagte ich, daß ich es nicht genau angeben könne. Da fingen wir beide an, durch Überschlagen eine Zahl zu ermitteln. Sieben Jahre lang sind wir hinausgefahren; demnach mögen es siebzig Ansitze gewesen sein. Nimmt man an, daß wir jedes zweite oder dritte Mal Erfolg hatten, dann kann es sich um fünfundzwanzig bis dreißig Stück Wild gehandelt haben. Der Überläufer von der staatlichen Kultur blieb die schwerste Beute. Einige Böcke, besonders der „Sanftgeschwungene" von der Lehmkaule und der „Himmelhohe" waren, jagdlich gesehen, wertvoller. Mindestens ein halbes dutzendmal mussten wir uns aber mit einem Hasen zufriedengeben. Sehr oft kamen wir überhaupt nicht zum Schuß.
„Diese Berechnung wurde nur nebenher angestellt, um den gesamten Komplex genauer beurteilen zu können", wie Herr Schaller es ausdrückte. Für diesen Abschnitt kann ich nicht bestraft werden; zuerst war ich unter vierzehn Jahre alt, nachher nur „Werkzeug". Abschließend zuckte er die Schultern und sagte halb zu sich: „Wie kann man nur als liebender Vater, als ein unstrittig überdurchschnittlich liebevoller Vater, seine Kinder zu gewohnheitsmäßigen Rechtsbrechern erziehen? Es ist mir unbegreiflich, daß man eine so schwere Schuld mit seinem Gewissen zu vereinbaren vermag."
„Mein Vater hat das anders gesehen", widersprach ich. „Ihn bedrückte die Gefahr, in der wir schwebten. Daß die Gesetze gegen uns waren, hielt er für belanglos. Vor seinem Gewissen fühlte er sich nicht schuldig. Sollte er sich geirrt haben, dann hat er alles doppelt und dreifach gesühnt: durch seinen Tod."
„Erzählen Sie mir die Begleitumstände", sagte Herr Schaller.
„Es war im Herbst 1954, im November. Vati wollte unbedingt rausfahren. Damals hatten wir nie genug Geld. Die Firma warf so wenig ab, daß Herr Besselmann schon ausgeschieden war. Herr Ziermeyer und Vati beratschlagten halbe Tage lang, ob sie sich nicht eine andere Stellung suchen sollten. Natürlich haperte es auch oft mit Tante Lolas Gehalt. Ger und ich waren aus unseren Sachen herausgewachsen. Wir wußten kaum noch, was wir zur Schule anziehen sollten. Besonders bedrückte es Vati, daß er Tante Lola und uns zu Weihnachten nicht so beschenken konnte, wie er es gern getan hätte. Konnte er mit vollen Händen schenken, freute er sich selbst darüber am meisten. Aber daran war nicht zu denken. Deswegen drängte er darauf, ein Stück Wild zu schießen, damit wir wenigstens gutes Essen hätten.

An dem fraglichen Tag nahm mich Vati nicht mit, weil ich nicht ganz auf dem Posten war. So sehr ich ihn auch bestürmte, in diesem Punkt zeigte er sich unerbittlich. Mir brauchte nur eine Kleinigkeit zu fehlen, und schon mußte ich zu Hause bleiben. Auch Ger durfte ihn nicht begleiten. Er hatte am Nachmittag Basteln; das war die einzige Unterrichtsstunde, zu der er mit Begeisterung ging. Natürlich hätte er ohne zu maulen verzichtet, aber Vati litt es nicht. Er fuhr allein mit dem Motorrad hinaus.

Erst sehr spät – ich sorgte mich schon entsetzlich – kam er zurück. „Beinah wäre es schiefgegangen", sagte er ganz abgehetzt. „Ich erzähle später. Laßt mich gleich zu Bett gehen. Mir ist jämmerlich kalt."

Sobald er sich ausgezogen hatte, bekam er Schüttelfrost. Nach Mitternacht phantasierte er mit hohem Fieber.

Am anderen Morgen schien es ihm etwas besser zu gehen. Ich war zu Hause geblieben, um ihn zu pflegen. In der Schule kam es nicht darauf an. So oder so würden wir sitzenbleiben; selbstverständlich beide. Undenkbar, daß einer von uns versetzt werden wollte, wenn es dem anderen nicht glückte.

Jetzt erzählte Vati, was sich am Abend zugetragen hatte; dazwischen hüstelte er unterdrückt, als ob er Schmerzen hätte. „Es war sehr neblig. Ich saß an den Achtzig Morgen. Schultes haben Roggen gedrillt, der schon ganz grün ist. Gegen 2 Uhr trat drüben auf der anderen Seite eine einzelne Ricke aus; Schmalreh. Es äste sich langsam näher. Ich musste ziemlich weit schießen, mindestens hundert Schritt. Es lag aber nach wenigen Fluchten. Ich überlegte mir, daß es sicherer wäre, es zu holen."

„Noch am Tage?" sagte ich.

„Ja. Weißt du, es lag wie ein dunkler Klecks mitten auf dem bereiften Roggenschlag. Wäre jemand zufällig vorbeigekommen, hätte er es unbedingt sehen müssen. Ich ging also hin."

„Am hellen Nachmittag", wiederholte ich. Noch niemals waren wir so leichtsinnig gewesen. In meiner Begleitung hätte sich Vati nicht dazu entschlossen. Er machte eine entschuldigende Handbewegung. „Ich hab's eben gewagt; daran ist nichts mehr zu ändern. Außerdem wurde der Nebel von Minute zu Minute dichter. Gerade als ich das Reh in den Rucksack steckte, schoß es in der Küsterschonung, an der ich eben noch gesessen hatte."

„Es schoß?"

„Jawohl. Flintenschüsse. Erst einmal und gleich darauf ein Doppelschuß; also waren es mindestens zwei."

„Wie ist das möglich, Vati? Du hat doch zu Mittag nach Autos gesehen?"

„Freilich. Sie müssen hinterher rausgekommen sein. Jetzt war ich vom Waldrand abgeschnitten. Nur gut, daß auf meinem Ansitzplatz nichts liegengeblieben war. So schnell ich konnte, ging ich ins Feld hinein. Als ich mich nach einer Weile umdrehte, sah ich undeutlich vier oder fünf Jäger, die ausge-

schwärmt den Roggen abstreiften. Noch hatten sie mich nicht bemerkt. Die einzige Deckung weit und breit war die Schafwäsche; auf die hielt ich zu."
„Der kleine Dreckpuhl?"
„Was sollte ich machen, Ria? Ich konnte mich doch nicht ins Dorf hineindrücken lassen."
„Das Reh wegwerfen und türmen!"
„Mädchen! Damit sie merkten, daß sie nicht allein jagen? Außerdem brauchen wir es doch."
‚Und jetzt bist du krank.'
„Das vergeht wieder." Vati hustete aber schlimmer. Er preßte die Hand gegen die Brust. Als er wieder zu Atem gekommen war, erzählte er zu Ende. „Ich versteckte mich im Teich. Das Schilf ist nicht sehr hoch. Ich mußte mich die ganze Zeit ducken."
„Und das Wasser?"
„Nicht der Rede wert; es reichte mir knapp über die Knöchel."
An einem nebligen Novembernachmittag hatte Vati im eiskalten Wasser gestanden! Ich wußte, dass seine Schuhe so niedrig waren, daß es sofort von oben hineingelaufen war.
„Im Krieg haben sie ganz andere Sachen aushalten müssen. Viel dümmer war es, daß die Kerle genau auf mich zu kamen."
„Mein Gott!"
„Reg dich nicht auf, Ria! Es ist ja alles glatt abgegangen. Rechts und links gingen sie an der Schafwäsche vorbei. Der einzige Köter, den sie bei sich hatten, war angeleint; er blieb unter Wind. Ein Treiber schlug mit seinem Stock gegen die kleinen Weidenbüsche und rief: „Häs! Häs! Häs!" Ich dachte: Schrei du nur! Ein paarmal knallte es noch, dann schwenkten sie ums Dorf herum, so daß ich endlich das Reh aufbrechen und zerwirken konnte. Erst beim Zurückfahren wurde mir richtig kalt. Vorher war ich ziemlich durchgeschwitzt gewesen, und auf dem Motorrad zog es erbärmlich." –
Herrn Schaller erzählte ich es natürlich nicht richtig mit Rede und Gegenrede. Weswegen soll ich es aber nicht so aufschreiben, wie ich es im Gedächtnis habe? Dann vergeht die Zeit schneller, bis es Suppe gibt. Ich denke, daß wir heute Linsensuppe bekommen. Früher konnte ich Linsen nicht ausstehen. Jetzt gewöhnt man sich an manches.
Am Nachmittag hatte Vati über 39° Fieber. Trotz seines Verbotes beschlossen wir den Arzt zu holen. Seit etlichen Monaten waren die Beiträge zur Krankenkasse nicht mehr bezahlt worden. Ger ging zur Telefonzelle und rief Dr. Mehrmann an. Der Fernsprecher bedeutete für mich eine feindliche Macht. Obwohl ich wußte, wie töricht meine Einstellung war, versuchte ich es immer so einzurichten, daß Ger die Anrufe erledigte. Wahrscheinlich hatte er die gleiche Abneigung; aber er war zu stolz, seine Schwäche einzugestehen.

Der Arzt kam gegen Abend und schalt, daß wir ihn nicht früher gerufen hätten. Vati bekäme möglicherweise eine Lungenentzündung und müsse, wenn bis morgen keine Besserung eingetreten sei, ins Krankenhaus.

Das nächste mag ich nicht aufschreiben, weil es zu traurig ist. Das Traurigste war, daß Vati in einem großen Zimmer mit fünf anderen Patienten zusammen liegen mußte. Hätten wir ihn doch nur friedlich zu Hause sterben lassen! Fremde Menschen hat Vati nie gemocht, überhaupt, wenn sie „du" zu ihm sagten. „Sie meinen es kein bißchen böse", erklärte er uns einmal. „Aber sie können es nicht begreifen, daß ich weder ihr Genosse noch ihr Kamerad bin, auch wenn es mir dreckig geht."

Mit fünf anderen mußte er zusammen sein. Nur am letzten Tag, als er schon die Besinnung verloren hatte, wurde er in das kleine Extrazimmerchen geschoben, in dem man dann wenigstens allein sterben darf.

Nach Vatis Tod ging es uns sehr schlecht. Wir hatten Schulden. Das Krankenhaus konnte nicht bezahlt werden und die Beerdigung genausowenig. In der ersten Woche zerfloß Tante Lola in ihrem Schmerz. Er war echt, denn sie hatte Vati aufrichtig geliebt; aber er war zu laut. Sie weinte in einem fort. Ger und ich bemühten uns, die Fassung nicht zu verlieren; überhaupt wenn Fremde dabei waren. Herr Siebel, der Kaufmann von schräg gegenüber, kam nach Ladenschluß immer öfter zu uns. Er war Witwer und tröstete Tante Lola. „Geteiltes Leid ...", sagte er immer.

„Es riecht", sagte Ger einmal zu mir, als wir uns bei seinem Besuch verdrückt hatten.

„Riecht? Wonach?"

„Nach Laden."

Ich hatte nichts Derartiges gemerkt. Ich denke, Herr Siebel sah nur so aus, oder er hatte ein Wesen, daß man unwillkürlich auf den Gedanken kam, er röche nach einem Vorstadtladen, in dem es die verschiedenartigsten Dinge zu kaufen gibt.

Kurz vor Weihnachten zog Tante Lola zu ihm. Sie wollte weiter für uns sorgen, versprach sie. Es ist aber miteinander unvereinbar, daß eine Frau im Haushalt arbeitet, alle fünf Minuten beim Bedienen im Laden einspringt und sich nebenher noch um zwei Sechzehnjährige kümmert. Niemand kann das zuwege bringen. Dieses Sichabhetzen war auch Herrn Siebel unerwünscht. Er ließ es uns fühlen.

Wir gaben die Wohnung, deren Miete für uns unerschwinglich wurde, auf und suchten uns zwei Mansardenzimmerchen. Zu Ostern verließen wir die Schule. Der Direktor, der immer freundlich zu uns gewesen war, wollte uns halten. Wir erklärten ihm jedoch, daß alle Anstrengungen zwecklos seien. Für die Mittlere Reife hätten wir mindestens noch zwei Jahre gebraucht, womöglich sogar drei. In unserer Lage käme es nur darauf an, so schnell wie möglich Geld zu verdienen. Da schnüffelte unser guter Direx bekümmert mit seiner großen roten Nase und versicherte, er wolle sich dann wenigstens mit den in Frage kommenden Ämtern wegen empfehlenswerter Lehrstellen in Verbindung setzen. Natürlich werde er auch mit unserem Vormund sprechen; das war Tante Lola.

Alles ist nach Vatis Tode anders geworden. Wenn ich ein Resúmee ziehe, dann wurde das meiste schlechter.

Heute kam Anni ganz verstört von der Vernehmung zurück. Sie machte Augen wie ein gehetztes Stück Wild, genau wie das Reh auf dem Plakat, an dem der große Köter hochspringt.

Zuerst fluchte sie minutenlang in Ausdrücken, die man nicht aufschreiben kann. Dann erzählte sie derart durcheinander, daß ich mich nur schwer zurechtfand.

„Tausend Mark soll der Pascha bei sich gehabt haben, behauptet sie, seine Frau. Tausend! Lächerlich! Steckt sich ein Geschäftsmann so viel Geld ein, wenn er zu einer, wie ich es bin, geht? Nie im Leben. Und ausgerechnet bei mir sollen die tausend Mark geblieben sein, die sich das Weibsstück ausgerechnet hat.

Jetzt haben die Schweine in meiner Bude alles umgewühlt und sechshundert Mark gefunden hinter dem großen Spiegel im Rahmenholz. Woher ich die hätte? Und wie es käme, daß ich mir ausgerechnet in diesen Tagen neue Schuhe und das Korselett kaufen konnte? Und das gelbe Kostüm? Verdient? Ehrlich verdient? Wie hoch sich denn meine Einnahmen durchschnittlich stellten?"

„Herr Rat!" hab' ich gesagt, „wenn die Herren zufrieden sind, sind sie großzügig. Aber doppelte Buchführung gibt's bei mir nicht; da bin ich überfordert."

‚Welche Herrn?'

‚Meine Freunde.'

Dann müsse man sie vorladen. Sie würden ja bekunden, mit welchen Summen sie sich erkenntlich gezeigt hätten. Ob ich die Adressen …

‚Herr Rat!' hab' ich gesagt. ‚Ich bin ein abgerutschtes Mädchen, eine, mit der sich keiner am hellichten Tag auf der Kurfürstenallee blicken läßt. Aber, Herr Rat, so gemein bin ich nicht, daß ich meine Freunde angebe. Ich nicht. Die sind nämlich größtenteils verheiratet. Das tue ich Ihnen nicht an, und wenn ich dafür sitzen muß. Herr Rat!' hab' ich zum Schluß gesagt, „Sie wissen doch genausogut wie ich, daß Mädels, Kolleginnen von mir, die vielleicht ein bißchen mehr Glück hatten, zehntausend, zwanzigtausend auf der Bank haben. Und dann wundern Sie sich über meine läppischen sechshundert Mark, die ich mir ehrlich zusammengespart habe, weil ich kein Geld unnütz vertrödle.

Das mach' ich nicht. Wer weiß, wie schwer es verdient wird, der schmeißt's nicht raus …'
Und dann ging's wieder mit dem Zeug los, den Pillen, die er kurz vor seinem Tode eingenommen hat; an denen er gestorben sein soll. Der Teufel soll sie alle … Weiß ich, was einer hinterher schluckt, wenn er bei mir war? Ich bin nicht sein Kindermädchen. Ich bin seine …"
Dann fluchte Anni wieder fünf Minuten lang grauenhaft. Jetzt ist sie eingeschlafen. Wie ein gehetztes Stück Wild sah sie aus.

Ger kam in eine Tischlerwerkstatt. Er war überglücklich. Abends sagte er wieder und wieder: „Ria! Zehnmal besser als die Penne, hundertmal! Die Arbeit ist prima, und der Chef ist in Ordnung."
Ein paar Wochen später war alles aus. Der Altgeselle, der Ger vom ersten Tag an schikaniert hatte, zog ihn so lange auf, bis er wild wurde. Der Geselle hat als erster zugeschlagen. Das ließ sich Ger nicht gefallen. Er hat ihn regelrecht k. o. geboxt. Zu allem Unglück flog der schlechte Mensch noch gegen die Hobelbank und knackste sich ein paar Rippen an. Der Chef hätte Ger gern behalten; es war aber nichts zu machen. Er verlor seine Lehrstelle.
Dann arbeitete er in einer Möbelfabrik; dort mußte er an einer Maschine von früh bis spät die gleichen Handgriffe ausführen. Wenn er nach Hause kam, war er müde und gereizt. Fragte ich ihn, wie es ihm gefalle, sagte er nur: „Mund halten! Ich steh's schon durch."
Als Ger in den Verband eintreten sollte, machte er sein wildes Gesicht. „Ich tu's nicht", sagte er. „Vati hat immer gesagt: ‚Ich bin niemals irgendwo Mitglied gewesen, bei den Nazis nicht und bei den anderen auch nicht. Das war das einzig Vernünftige in meinem Leben.'"
Ger ballte unwillkürlich die Fäuste: „Das kommt nicht in Frage. Ich trete nicht ein."
„Und wenn sie dich zwingen?"
„Mich kann keiner zwingen."
Gezwungen haben sie ihn nicht, aber rausgeekelt. Wenn sie in einer Fabrikhalle geschlossen gegen einen Außenseiter sind, ist er wehrlos.
Hinterher arbeitete er bei Weiß & Co., dann als Schaufensterwäscher, dann beim Straßenbau. Dann … Ach, es ist langweilig, alle Stellen aufzuzählen. Die andern waren schuld, dass er nirgends lange aushielt, und er selbst war schuld, weil er sich nicht ducken wollte. Wer will entscheiden, wen die Hauptschuld trifft?
Und ich? Bei mir sieht es genauso aus: Zwei Lehrstellen, auf denen ich versagte; fünf oder sechs Arbeitsplätze …
Weswegen konnte ich nirgends festen Fuß fassen? Meine Ungeschicklichkeit? Mein Stottern? Mein Trotz, wenn ich glaubte, ungerecht gescholten worden

zu sein? Der Hauptgrund war wohl, daß ich die meisten fremden Menschen nicht mag. Mir geht es da wie Vati.

Als mir Frau Miepel, in deren Werkstatt ich es gerade zwei Monate ausgehalten hatte, die Papiere gab, sagte sie: „Sie leisten so gut wie nichts, und dabei sind Sie maßlos hochmütig."

„Hochmütig?" fragte ich ehrlich erstaunt.

„Jawohl. Hochmütig wie eine Filmdiva. Ich möchte nur wissen worauf."

Über diesen Vorwurf habe ich oft nachgedacht. Vielleicht hatte Frau Miepel nicht ganz unrecht. Vati hat in uns den heimlichen Glauben genährt, wir seien verzauberte Königskinder. Sobald uns die gute Fee mit ihrem goldenen Stabe berühren würde, käme die glückselige Zeit. Er wollte uns mit diesem Märchen über den grauen Alltag hinwegtrösten, vielleicht hoffte er auch, unsere hilflose Unsicherheit zu verringern. Im tiefsten Herzen glaubten wir beide, Ger und ich, an diese Phantastereien. So kam es, daß wir uns je mehr wir uns von den anderen fernhielten, desto enger zusammenschlossen. –

Fast zwei Jahre lang wilderten wir nicht. Vatis Tod hatte uns so erschüttert, daß wir dem Entschluß, nicht mehr auf die Jagd zu gehen, treu blieben. Kurz nach meinem achtzehnten Geburtstag kam ich zu O. R.; das ist die Abkürzung von Onkel Rudolphi, wie ich ihn nennen durfte. Er sagte „du" zu mir. Damals entdeckten Ger und ich den Schaufler.

Was soll ich nun zuerst aufschreiben, die jagdliche Geschichte oder die von O. R.? Beides sind frohe Berichte, weil sie von glückhaften Erlebnissen handeln; und beides sind traurige Berichte, weiß ich doch im voraus um das bittere Ende. Sobald Ger und ich einen freien halben Tag hatten, radelten wir hinaus. (Ich merke schon, daß ich das Jagdabenteuer wähle, weil es sich leichter erzählt). Wir nahmen den Alten Stadtweg, der sich eine gute Stunde lang an den Dörfern vorbeischlängelt. Es war die Zeit nach der Ernte; bis auf grünlich-braune Kartoffelfelder und intensiv grüne Rübenschläge lagen die Felder kahl da. Als wir in den Wald kamen, lagerten wir uns am Rande einer Buchenschonung und aßen unser Vesper.

Ich neckte Ger mit einem Mädchen, das ihm schöne Augen machte. Im letzten Jahr war er groß und breitschultrig geworden. Es war nicht verwunderlich, daß ihm aufmunternde und begehrliche Blicke zugeworfen wurden.

Er machte ein geringschätziges Gesicht. „Hannelore? Zimperliese. Nichts für mich."

Ich ließ nicht locker. Eine heftige Furcht, ihn einmal verlieren zu müssen, hatte mich befallen. „Das sagst du heute. Paß auf, du fällst bestimmt auf die zickigste Stadtpuppe herein."

Er setzte sich aufrecht hin und wurde ganz eifrig. „Nie. Niemals. Eine mit Stöckelschuhen und blöder Luftballonfrisur? Kommt nicht in Frage. Ich will überhaupt keine. Zu mir paßt kein anderes Mädel als du. Ehrenwort."

„Ger", sagte ich. „Ger, du bist ein Dummkopf." In mir flohlockte es jedoch, daß er sich so entschieden zu unserer Kameradschaft bekannte.

Er beruhigte sich nicht so schnell. „Aber du? Du lachst dir bald irgendeinen Fatzken an, einen Tangojüngling oder einen Angeber, der 'nen Wagen auf Stottern gekauft hat."

Jetzt verschwor ich mich hoch und heilig, nie einen anderen Jungen ansehen zu wollen. Ich sagte zum Schluß ebenfalls: „Ehrenwort." In dieser Zeit bedeutete das für uns eine Formel, die Eideskraft besaß.

Es war ein Gespräch zwischen halberwachsenen, törichten, jungen Menschen. Ich hielt die ausgetauschten Versprechungen aber für einen Bund, dessen Bedeutung einer feierlichen Verlobung um nichts nachstand; und Ger wird an diesem Nachmittag wohl genauso gedacht haben.

Da erschien plötzlich ein brauner Fleck auf dem schmalen, dunkelgrünen Band, das von der grasbewachsenen Schneise zwischen den hellgrünen Jungbuchen gebildet wurde.

„Da!" flüsterte ich. „Da! Was ist das?"

Ger sah durch Vatis Glas, das er bei jedem unserer Ausflüge mitnahm. Nach einer kleinen Weile sagte er leise: „Damwild. Hinterlauflahm." Das Stück war einige Schritte vorwärts gezogen; dabei lahmte es stark. Ich konnte es sogar ohne Glas erkennen. Geweihstangen strebten gelblich auf beiden Seiten des Hauptes empor.

„Die Schweine!" flüsterte Ger. Ich wußte, daß er jetzt den Schlumpschützen meinte, der es nicht fertiggebracht hatte, den Angeschweißten zur Strecke zu bringen. „Schaufler." Seine Stimme war heiser vor Aufregung.

„Ein Damschaufler", wiederholte ich staunend. „Vati hat keinen einzigen. Wo kommt der nur her?"

Ger zuckte die Schultern. „Keine Ahnung." Und dann nach einer Pause des Überlegens: „Beim Grafen in Hohenthurm gibt's, glaube ich, welches." Dann bekam ich endlich das Glas und konnte das wundervolle Geschöpf, das so qualvoll humpelte, bestaunen.

„Ger?"

„Was?"

„Meinst du, daß wir ..."

Der Gedanke, den Hirsch zu wildern, kam uns wahrscheinlich beiden zugleich. Ausgesprochen habe ich ihn zuerst. Ob ich dadurch mehr Schuld an allem Folgenden auf mich lud, weiß ich nicht.

Ich bin mir überhaupt nicht klar darüber, wo die Schuld anfängt. Die Ameisen, denen man Wasser in ihr Haus gießt, so daß sie fliehen müssen, um unter den Schuhsohlen roher Kinder zu enden, sind bestimmt schuldlos; und Kinder, die ihres Stotterns wegen von anderen Kindern verhöhnt werden, haben auch keine Schuld. Sind die ungeschickten Stotterer dann aber schon größer und verständiger und bekommen es nicht fertig, geduldig auf ihrem Arbeitsplatz auszuhalten, müssen sie das nicht verantworten?

Hätte ich mich entschieden dagegen gewehrt, von neuem zu wildern, wäre es mir vermutlich gelungen, Ger umzustimmen. Ich tat es nicht. Das wundervolle braune Tier mit dem hellbraunen Geweih auf der sonnenbeschienenen Schneise lockte unwiderstehlich. Das ist meine Schuld.

Sobald im Winter der Stadtteich zum erstenmal zufror, verspürte ich jedesmal den Zwang, zu versuchen, ob die gerade drei Finger dicke Eisschicht mein Gewicht tragen würde. Ger sagte zwar immer: „Laß bleiben! Du krachst ein." Aber ich ließ mich nicht zurückhalten. Stand ich dann mittendrauf, und bekam die grünliche Spiegelfläche mit hohlen, bedrohlich klingenden Warnrufen lange Risse, dann befiel mich ein so atemberaubendes Herzklopfen, dass ich mir gelobte: „Nie! Nie wieder im Leben!" Griff ich aber am jenseitigen Rand in die Zweige der Hängeweide, um mit ihrer Hilfe den offenen Uferstrich zu überspringen, dann ließ mich der wilde Triumph, das Wagnis bestanden zu haben, alle ausgestandene Furcht vergessen.

Schuld? Niemals bin ich auf dem jungen Eis des Stadtteiches eingebrochen. Schuld? Wir fingen wieder mit dem Wildern an. Ger ist tot. Ich sitze im Gefängnis.

Anni wird von den verschiedenartigsten Stimmungen hin- und hergerissen. Einmal tobt und flucht sie und möchte am liebsten alles kurz und klein schlagen. Dann wieder weint sie in hemmungsloser Verzagtheit. Daneben gibt es Stunden, in denen sie verächtlich die Achseln zuckt: „Sollen sie mich doch ein oder zwei Jahre einsperren; wenn es ihnen Spaß macht; von mir aus ..." Vorhin wurde sie wieder zur Vernehmung geholt.

„Ich muß wahnsinnig vorsichtig sein", sagte sie gestern abend. „Jedes Wort muß ich überlegen. Daß sie auch diesen blöden Hammel, den ‚Doktor' schnappen mußten!" Damit meinte sie einen verkrachten Medizinstudenten, der allerlei dunkle Geschäfte betrieb.

„Paß auf, Schätzchen, wenn der Pascha zu mir kam, dann wollte er das, was sie alle von mir wollen. Klarer Fall. Warum blieb er nicht bei seiner Frau? Ich hab' sie einmal gesehen, als sie vor C & C aus dem Auto kletterte. Sie konnte nicht einmal elegant aussteigen; sie kletterte raus! Vom Chauffeur ließ sie sich fahren; nicht mal 'nen Führerschein hatte sie! Weißt du, wie sie ist? Nicht alt, nicht jung; nicht dick, nicht dünn; nicht hübsch, nicht häßlich; nicht unmodern angezogen und nicht chic; nicht ... ach, ich weiß nicht. Die Frau ist überhaupt nichts; höchstens so langweilig, daß jeder das Gähnen kriegen muß, der neben ihr im Bett liegt.

Deswegen ist er zu anderen gelaufen.

Einmal hat er etwas mit einem Lehrmädel aus seinem Geschäft gehabt. Das war eine dumme Sache, aus der dessen Eltern viel Geld geschlagen haben. Ist doch 'ne Schuftigkeit, nicht?

Da schwänzelt so ein dreckiger Fratz einem Mann, von dem sie weiß, daß er auf Honig fliegt, tagtäglich vor der Nase rum und wackelt mit dem Po. Natürlich packt er zu. Muß er ja; er kann doch gar nicht anders. Sie zappelt ein bißchen und wehrt sich zum Schein. Da wird er verrückt und läßt nicht mehr los. Jetzt hat sie genau das, was sie will, oder vielmehr das, was die famosen Eltern wollen.

Die kommen am nächsten Tag mit 'nem Trauerflor um den Arm zu ihm ins Geschäft. Und dann geht's los:

‚Verführte Unschuld!'

‚Bitte, etwas leiser!'

‚Noch keine sechzehn Jahre!'

‚Dürfte ich um Mäßigung bitten!'

‚Abhängigkeitsverhältnis!'

‚Wenn Sie weiter so unbeherrscht schreien, dass man es bis in die Anprobekabinen hört, ist es mir unmöglich, Ihre Forderungen zu überprüfen.'" Anni holte tief Atem.

„Woher weißt du denn das alles?" frage ich staunend.

Sie schnitt eine Grimasse. „Er hat mir mal ein paar Andeutungen gemacht. Den Rest kann ich mir allein zusammenreimen. Ich weiß, wie solches Pack ist. Schätzchen! Das ist Pack, nicht wir Mädels, die davon leben müssen. Ist mit dem feinen Töchterchen so was passiert, dann soll dabei wenigstens ein erstklassiger Fernsehapparat herausspringen. Pfui Teufel! Pack!"

Anni spuckte andeutungsweise in die Zelle. Dann fuhr sie in ihrem Redestrom fort. „Wollte der Pascha zu mir kommen, sagt er vorher Bescheid. Er schickte auch alles zum Abendbrot. Ich mußte den schwarzen Kimono anziehen, den er mir geschenkt hatte. Der paßt zu meinem Haar. Ich sollte es immer recht lang tragen, am liebsten herabhängend bis auf die Schultern. Schätzchen, wenn wir erst beide hier raus sind aus diesem Puff, mußt du mich unbedingt besuchen, daß ich dir meinen Kimono zeigen kann; feinste schwarze Seide und dunkelblau gefüttert. Einen Mann, der einem so teure Geschenke macht, den soll ich vergiftet haben! Lächerlich!"

Annis Stimme überschlug sich. Sie flatterte wie ein kleiner Vogel, der ins Zimmer geflogen ist und nicht zurückfindet, weil er sich an der Fensterscheibe stößt. Ihre Augenlider zitterten nervös. Unablässig spielten ihre Hände mit einem winzigen, rosa behäkelten Taschentuch.

„Jetzt haben sie den ‚Doktor' in der Mache." Sie sprach wie unter einem Zwang, als könnte sie es nicht ertragen, schweigend ihren Gedanken nachzuhängen.

„Natürlich hat er Rezepte ausgeschrieben. Wenn eine feine Dame zu ihrem feinen Arzt kommt – privat, versteht sich –, dann verordnet er ihr, was sie haben will. Läuft eine von uns zum Kassenarzt, sitzt sie erst mal zwei Stunden im Wartezimmer, und alle rücken von ihr ab, als könnten sie sich mit der allerschlimmsten Dreckkrankheit anstecken. Nachher bekommt sie das, was sie braucht, bestimmt nicht; das ist für sie viel zu teuer. Der ‚Doktor‘ hat auch Mädels, die reingeschliddert waren, etwas verschafft; und manchmal hat’s sogar geholfen.

Der Pascha war immer schon krank. Kreislaufstörung und dauernd Kopfschmerzen; Neuralgie sagte er dazu. Selbstverständlich nahm er Tabletten ein. Aber das Zeug, was sie bei ihm gefunden haben, bei der Obduktion, war etwas anderes; von seinem Professor hatte er es nicht verordnet bekommen. So sagen sie wenigstens, die vom Gericht.

Was machen die Spürhunde? Sie klappern alle Apotheken ab, bis sie das Rezept finden. Sobald sie es nun unter die Lupe nehmen, kommt natürlich heraus, daß es stinkt. Ein paar Tage später haben sie den ‚Doktor‘ am Schlafittchen. Der Jammerlappen klappt zusammen und pfeift ihnen vor, was sie wollen. Jawohl, ich wäre vor ein paar Wochen zu ihm gekommen und hätte geweint und gejammert, ich hielte es vor Zahnschmerzen nicht aus. Da habe er – aus purer Menschlichkeit natürlich – helfen wollen, weil doch am Sonnabendnachmittag kein Zahnarzt Sprechstunden hat; wenigstens nicht für unsereins. Der Schlappschwanz!

Sage ich jetzt, der Kerl spinnt, dann holen sie irgendeinen Idioten aus dieser Apotheke. Der sieht mich an und schwört, daß er mir dann und dann das Dreckzeug eingepackt hat; und wenn er mir noch nicht mal im Mondschein begegnet ist. Er beschwört’s aber mit dem ehrlichsten Gesicht von der Welt, bloß um sich dicke zu tun.

Paß genau auf, Schätzchen! Hat der Kram in meiner Nachttischschublade gelegen, kann es der Pascha rausgenommen haben, ohne daß ich eine Ahnung davon habe, meinetwegen dann, wenn ich mich auf dem Klo ein bißchen zurechtgemacht habe. Mir könnten sie den Buckel lang runterrutschen. Schließlich ist es kein Gift, das man wegschließen muß.

Gebe ich es aber zu, dann weiß ich die nächste Frage schon im voraus: ‚Sollte Ihr Besucher das Mittel selbst eingenommen haben, benützten Sie dann seine davon herrührende Benommenheit, um ihm die 1000 Mark ...‘

Schätzchen! Ich möchte mit dem Kopf gegen die Wand rennen. Wenn die Kaffern doch einsehen wollten, daß ich einem Mann, der nett zu mir ist, kein Geld mopse, selbst wenn Frederic ...“

„Was ist mit Frederic?“ fragte ich, als das verzweifelte Mädchen stockte. Ich wußte, daß es der Vorname ihres Musikstudenten war.

„Frederic?“ sagte Anni wild. „Nichts ist mit ihm. Verdammter Mist! Jetzt hab’ ich das Ding zerrissen.“ Von dem kleinen Taschentuch baumelte ein Stück der abscheulichen rosa Kante herunter.

Der Wald, in dem der Damschaufler stand, war nicht allzu groß. Zu Fuß hätte man eine halbe Stunde gebraucht, um der Länge nach von einem Ende zum anderen zu gelangen; der Breite nach konnte man es in zehn Minuten schaffen. Es gab da zwei Buchenschonungen, ein Stück alter Buchen, die beinah wie ein Park aussahen, und ein Fichtengehölz, in dem man schon geschlagen hatte.

Nachdem der Hirsch verschwunden war, fuhren wir mit den Rädern den Feldrand ab, um uns die Örtlichkeit genau anzusehen. Auf der Westseite standen Grenzsteine; dort stieß eine andere Gemeinde an. Gegenüber sahen wir einen reichen Hof liegen, beinahe schon ein Gut.

„Das ist Meinersdorf", sagte Ger. „In der Nähe haben wir mal ein Stück Chaussee ausgebessert."

„Wer geht da auf Jagd?" fragte ich.

Ger wußte es nicht. „Abwarten", sagte er. „Wir haben Zeit."

Unter einer Douglasie fanden wir ein bequemes Versteck, von dem aus wir die abgeernteten Felder und einen den Gebäuden vorgelagerten Obstgarten überblicken konnten. Die Sonne stand tief; es wurde schon kühl. Ich zerrieb ein Tannenzweigchen zwischen den Fingerspitzen; es roch nach Apfelsine. Fichtennadeln riechen nach Weihnachten. Am schönsten duften Wildrosenblätter; irgendwie nach Sauberkeit und Freude.

Als es dämmrig wurde, kam ein dicker Mann mit einem Gewehr aus dem Garten heraus. Ein dicker Hund bummelte hinterher. Ger sah unverwandt durch das Fernglas. Seine Backenmuskeln spielten; vor Aufregung knirschte er mit den Zähnen.

Der dicke Mann ging zu einem schilfverwachsenen Teich und verschwand im Randgestrüpp. Nur ab und an sah man seine komische Mütze zwischen den Zweigen. „Entenschießen", sagte Ger. „Der Onkel ist in Ordnung."

„Wenn er der einzige ist", sagte ich.

„Das wird sich finden. Von hier aus kannst du alles bestens übersehen."

„Ich soll hier bleiben, wenn du den Hirsch schießt?"

„Was sonst?"

Das Alleinsein, die Verlassenheit und die Angst würden also von neuem über mich herfallen. Ich schauderte zusammen, widersprach aber nicht, weil ich einsah, dass ich Ger oben an der Schonung nicht helfen konnte. „Und wenn jemand kommt?" fragte ich nur.

„Dann sagst du mir Bescheid."

„Und wenn einer schnell mit dem Auto kommt oder mit einem Motorrad?"

Ger stand auf und trat ins Freie. Er kniff die Augen halb zusammen. „Der muß erst drüben bis zu dem großen Baum fahren, vielleicht ist es ein Birnbaum. Von da aus geht der Weg zur Waldspitze. Dann packt er seine Klamotten aus. Wenn du spurtest, bist du vorher bei mir."

„Ich muß aber das Glas behalten."

Ger überlegte. Er war jähzornig und schlug schnell zu, manchmal zu schnell. Wichtige Fragen entschied er aber erst nach reiflichem Bedenken. Endlich sagte er: „Du kannst es haben. Das Zielfernrohr reicht für mich."

Am Abend holte Ger Vatis Büchse aus dem Koffer, um alle Teile von dem anhaftenden Fett und Öl zu reinigen. Ich brachte den Schalldämpfer an, der bei mir in einem Karton unter einem Wust von ausrangierten Strümpfen versteckt lag.

Ger sah durch den spiegelblanken Lauf. „Nächste Woche hab' ich Frühschicht." Er fuhr zu dieser Zeit in die Bärendorfer Holzverarbeitungsfabrik, die ein paar Kilometer außerhalb der Stadt lag. „Um drei Uhr bin ich zurück. Bis vier haue ich mich hin. Punkt Viertel fünf holst du mich ab. Sag mal, O. R. wird doch nicht verrückt spielen?"

„Ich denke, daß ich im guten mit ihm einig werde." Seit Ostern war ich bei ihm Hausgehilfin. — Am nächsten Vormittag bat ich ihn, mehrere Tage kurz nach vier Uhr fortfahren zu dürfen.

Er legte sein Buch auf das Rauchtischchen, ohne wie sonst das Lesezeichen zwischen die Seiten zu schieben. „Mehrere Tage? Mit wem? Du hast einen Liebsten?" Seine Hände zitterten. Mit der Rechten umspannte er die drei mittleren Finger der anderen Hand; vielleicht tat er es in der unbewußten Absicht, das Zittern zu verbergen.

Ich lehnte an der offenstehenden Schiebetür zur Diele. „Ich habe keinen Liebsten", sagte ich und sah ihm fest in die Augen. Oft fällt es mir schwer, andere Menschen anzusehen; es ist mir zuwider, sie anzusehen. Dem Blick von Onkel Rudolphis großen, grauen Augen wich ich nicht aus.

Er nickte ein paarmal mit dem Kopf. „Keinen. Nein. Ich vertraue dir völlig." Das murmelte er vor sich hin, dann sagte er zu mir: „Weswegen willst du dann fort, Maria?"

„Ich möchte es nicht sagen."

„Es ist etwas Verbotenes?"

„Ja."

„Dein Bruder ist dabei?"

„Ich möchte auch darüber nicht sprechen."

„Und ich?" O. R. riß an seiner Linken, als wollte er ein Schwert aus der Scheide ziehen. „Und ich?" Ich sitze hier und sorge mich." Plötzlich hob er den Kopf und sah mich scharf an. „Ist es etwas mit Geld? Soll ich dir mehr Geld geben, damit du nichts Verbotenes zu tun brauchst?"

Ich wehrte ab und versicherte ihm, daß es mit Geld nichts zu schaffen habe. Er machte eine ratlose Bewegung. „Ich kann dich nicht halten. Niemals sollst du dich als Gefangene fühlen. Aber denke daran, daß ich nicht eher ruhig bin, bis du heil und gesund zurück bist."

Während ich nachher in der Küche das Gemüse putzte, hörte ich ihn im Herrenzimmer hin- und hergehen, mindestens eine Viertelstunde lang. Er tat mir leid, und gleichzeitig war ich stolz, daß mir zum ersten Mal in meinem Leben ein Mensch gehörte, einer, der sich bedingungslos in meine Hand gegeben hatte. Wenn es auch nur ein alter, kranker Mann war, so verdankte ich ihm doch das herrliche Gefühl, endlich einmal die Stärkere, die Überlegene zu sein. Habe ich meinen Sieg auszunutzen versucht? Ich glaube nicht.

Frederic hatte Besuchserlaubnis beantragt.
Als Anni davon erfuhr, verlor sie vollkommen die Fassung. „Der gute Junge, mich nicht in der Patsche sitzen zu lassen! Er ist wohl verrückt? Statt sich rauszuhalten, macht er sich verdächtig. Aber so ist er, so himmlisch, daß er nie an sich denkt. Genau wie an meinem letzten Geburtstag. Da brachte er mir einen Blumenstrauß, rote Nelken, die mindestens 15 Mark gekostet hatten. Etwas so Unpraktisches zu kaufen! Schätzchen! Wenn du ihn sehen würdest, du wärst hin. Aber ich habe nichts anzuziehen, und zum Friseur kann ich auch nicht. Verfluchte Sauwirtschaft! Wenn er mich so zerfleddert sieht, wird er mich nicht mehr mögen. Hätte er den Unfug nur nicht angefangen, hier in diese Bruchbude kommen zu wollen! Ich werde die ganze Nacht kein Auge zutun, so wahnsinnig freue ich mich, daß er noch an mich denkt, der Goldjunge. Schätzchen, ich ... Schätzchen, er ..." So redete sie eine Ewigkeit durcheinander; dazwischen lachte sie und weinte auch mal ein bißchen.

Es war unmöglich, auf ihre Ausrufe und Fragen einzugehen, sie erwartete es auch nicht. Wenn ich manchmal nickte und manchmal den Kopf schüttelte, wie es einigermaßen paßte, genügte es durchaus.

Dieses Mädchen, das es ohne Bedenken mindestens mit drei Männern gleichzeitig hielt, liebte einen anderen. Ich vermochte den offensichtlichen Widerspruch nicht zu begreifen. Genausowenig, wie ich mich in ihren Studenten hineinversetzen konnte. Er schloß sie in die Arme, obwohl sie vielleicht eine Stunde zuvor neben einem anderen gelegen hatte.

Als sich Anni gegen Abend beruhigt hatte, bat ich sie vorsichtig, ohne sie zu verletzen, mir diese Absonderlichkeit zu erklären. „Du bist ein süßes Schäfchen", sagte sie mit überlegenem Auflachen „Nimm mal an, ein armes Mädel heiratet einen reichen Kerl. Er setzt sie in eine hübsche Wohnung, bezahlt ihr Essen und Trinken und kauft ihr Klamotten und alles andere, was sie braucht. Er ist auch nett zu ihr, und sie ist ihm dankbar. In Ordnung, ja?"

„Gewiß", sagte ich zögernd. Ich wußte nicht, wo hinaus sie mit ihrem Beispiel wollte.

Anni erzählte so fließend weiter, als hätte sie die Geschichte nicht erst in diesem Augenblick erfunden. „Sie hat ihn genommen, weil es bequemer war, als sich die Nerven in einer Fabrik oder in einem Büro zu ruinieren oder als Verkäuferin Krampfadern zu bekommen. Plötzlich lernt sie einen kennen, einen Jungen, der … der richtig romantisch ist. In ihn verknallt sie sich so, daß sie einfach hin ist.

Was soll sie anfangen? Mit ihm durchbrennen, das geht nicht. Er hat nichts, sie hat nichts. Also muß sie ihr Geld weiterverdienen, und alles bleibt beim alten; ich meine, nach außen hin. Ihr Mann bekommt, was er braucht und was er für sein Geld verlangen kann. Der Junge, der Romantische, bekommt auch alles oder sogar noch mehr, als er sich erhofft hat. Und sie? Schätzchen! Das ist doch zweierlei, die Liebe und der tägliche Unterhalt, zu dem du eine Aufwartefrau und eine Urlaubsreise hinzurechnen kannst. Verstehst du denn das nicht? Meinst du, daß ich schlechter bin, wenn ich ohne Heiraterei mein Geld verdiene, als unser Frauchen, die sich ihren Obersekretär mit Standesamt und kirchlicher Trauung geangelt hat?"

„Ich bin nicht vom Gericht", sagte ich. „Die wissen, was gut und schlecht ist; ich nicht."

„Was bedeutet es schon Großmächtiges, weswegen sie zu mir gelaufen kommen?! Mit Liebe hat es doch wahrhaftig nicht viel zu schaffen."

„Was bedeutet es schon …" wiederholte sie ihre Worte. Jahrelang hatte ich es bei einem Mädel für das Allergrößte gehalten, eine mit sieben ehernen Schlössern verschlossene, mit siebenundsiebzig roten Siegeln gesicherte Kostbarkeit, deren wahrer Inhalt verborgen ist. Und dann habe ich mich weggeworfen, nicht weggeschenkt, sondern weggeworfen, um an Ger Rache zu nehmen. Ein Irrtum war es, ein Irrsinn, ein Verirren in einer finsteren Einöde, aus der mich Fratzen anstarrten, die hämische Worte flüsterten.

„Wer ist schlechter?" bohrte Anni weiter, „die reizende kleine Frau, die jeden Donnerstagnachmittag ihr Damenkränzchen gibt, oder das Flittchen, das zufrieden ist, wenn ihr einer am Donnerstag 'nen Zwanzigmarkschein in die Handtasche steckt?"

„Frag den Landgerichtsrat!" Ich wußte keine andere Antwort. –

Dieses Gespräch fand vor drei Tagen statt. Gestern wurde Anni zum Besuchtermin geholt. Als sie zurückkam, war sie geistesabwesend; so muß man es wohl bezeichnen.

„Wie war es?" Das ist immer unsere erste Frage.

Sie nickte nur flüchtig. „Er hatte das lila Hemd an, das ich ihm im letzten Sommerschlußverkauf ausgesucht habe. Es war gut geplättet; sehr gut sogar."

Lange Zeit sagte sie nichts weiter. Ich wunderte mich im stillen, daß sie es anscheinend für das Wichtigste hielt, welches Hemd ihr Freund getragen hatte. Vielleicht wollte sie über den Besuch nicht sprechen; deswegen tat ich, als läse ich in dem Buch, das wir aus der Gefängnisbibliothek haben. „Soll und Haben" von Gustav Freytag. Es ist entsetzlich langweilig, so langweilig, daß man nur Eingesperrten zumuten kann, solch ein Buch zu lesen. Wenn der Held in einem Roman schon Anton heißt!

Dann fing Anni doch an zu erzählen. Zuerst nur in halben Sätzen, die von langen Pausen unterbrochen wurden, bis sie sich den nächsten abrang. Nach und nach kam sie in Fahrt, bis sich ihre Worte zum Schluß geradezu jagten.

„Eine Schinderei ist es! Da sitzt man sich nun an einem Tisch gegenüber, und am Nachbartisch sitzt die Swardowski, die Schreckschraube, und macht ein Gesicht, als müßte sie Mottenkugeln lutschen.

Man getraut sich kaum, den anderen anzugucken, weil man sich so geniert; kein Make-up und ohne Friseur.

Man weiß nicht, was man reden soll.

Ja, es ist letzte Woche sehr heiß gewesen. Und das Essen schmeckt. Oder soll man sagen, daß es einem schon hochkommt, wenn man genau weiß, die Nudeln sind zu dick gekocht und das Sauerkraut riecht nach alter Matratze.

Vielleicht würde man bald rauskommen; nein, bestimmt sogar.

Ob er die gemusterte Bluse herbringen und unten bei der Wache abgeben wolle? Nicht die bunte, sondern die schwarzweiße. Dabei ist es doch ganz egal, was man hier in diesem Stall anzieht, wo man von niemand gesehen wird.

So geht das die ganze Zeit. Man denkt immerfort, ob nicht bald Schluß ist, und hat auch wieder Angst davor.

Er sitzt genauso blöde da.

Ja, es geht ihm gut. Mit dem Geld kommt er hin. Die „Mundus" hat eine Zeichnung von ihm gebracht und sogar verhältnismäßig anständig bezahlt. In den Ferien will er wieder arbeiten. Er weiß aber noch nicht genau, wo. Es wird sich schon etwas finden. Und Georg ist jetzt bei der WIPA, ab in die Industrie, und Sigrid hat ein Stipendium gekriegt, ein Jahr Paris. Man muß es ihr gönnen; schließlich kann sie allerhand. Und überhaupt und so ...

Er sitzt dir gegenüber an einem kleinen Tischchen, auf dem 'ne Vase steht mit fünf Margeriten, die längst in die Mülltonne gehört hätten, und dreht an seinem Siegelring, dass einem ganz schlecht wird. Wenn er das früher, draußen, meine ich, gemacht hat, dann hab' ich ihm auf die Finger geschlagen: ‚Laß das Ding zufrieden! Es macht mich verrückt.' Aber in diesem Verein hier darfst du das nicht.

Und schon räuspert sich die Schreckschraube und sieht auf die Armbanduhr für 29,99 Mark. Gleich wird sie aufstehen und sagen, die Zeit wäre vorüber. Da hab' ich es gefragt." Anni schwieg. Sie hatte beide Ellenbogen auf den Tisch gestützt und die zu Fäusten geballten Hände gegen das Gesicht gepreßt. Sie sah mich nicht an, sondern starrte auf den gelblichen Fleck in der Tischplatte, der wie ein zertretener Maikäfer aussieht.

„Was hast du gefragt?"

Sie zuckte zusammen, dann flüsterte sie: „Wer ihm das Hemd geplättet hat, so tadellos geplättet. Er hat doch nicht genug Geld für die Wäscherei." Vorher hatte sie ziemlich laut gesprochen, jetzt flüsterte sie.

„Und?"

„Vera."

„Wer ist Vera?"

„Wer sie ist? Ha! Wer sie ist? Eine wie ich. Eine, die bis jetzt noch nicht auf die Straße zu gehen brauchte, weil ihr die Kundschaft vorläufig noch die Bude einrennt. Schwarze Haare hat sie. Natürlich sind sie gefärbt. Aber der kohlschwarze Putz ist doch 'ne Abwechslung, wenn ich blonde Zotteln habe und überhaupt nicht da bin. Schätzchen! Ist ja klar, daß er es nicht länger als ein paar Wochen aushalten kann. Das verstehe ich, nehme ich ihm auch nicht übel. Ich würde ja vielleicht auch nicht die trauernde Witwe spielen. Aber ausgerechnet Vera mit ihrem schwarzen Nissennest."

„Du, das ist ungerecht", sagte ich. „Schließlich ist er aus freien Stücken gekommen, um dich zu besuchen." Anni war so dumpf verzweifelt, daß ich irgend etwas Tröstliches vorbringen mußte.

Sie schüttelte nur den Kopf. „Wenn er 'ne Nacht bei ihr gepennt hätte, weil er es einfach braucht, dann würde ich keinen Ton sagen. Daß sie ihm aber schon, kaum ist man drei Wochen weg, die Wäsche in Ordnung hält, das … das …"

Anni warf sich über den Tisch und weinte so unbeherrscht, wie ich es bei ihr noch nie erlebt hatte.

Als wir abends auf unseren Pritschen lagen, fing sie noch einmal an. „Wenn ich jetzt wenigstens zu dir kriechen und mich anschmusen und ordentlich ausheulen könnte, dann wäre es leichter. Aber es ist streng verboten. Kriegt es die Weißgerber spitz, sperrt sie mich zu irgendeinem Weibsstück, vor dem man höchstens das Kotzen kriegt. Schätzchen! Das Leben macht keinen Spaß mehr. Das Hemd, das ich für ihn gekauft habe, plättet jetzt diese schwarzhaarige Schickse."

Heute will ich alles von unserem Damschaufler aufschreiben. Es ist, wenn ich es richtig überlege, eine gute Geschichte, eine, über die man sich in der Erinnerung nur freuen kann. Natürlich war es Wilderei. Aber durch uns wurde der Fehler eines Stümpers ausgeglichen. Vom Richter wird man dafür bestraft. Ich habe eingesehen, daß es sinnlos ist, sich dagegen auflehnen zu wollen. Trotzdem wird mir das Herz froh, wenn ich an unser Abenteuer denke. Am ersten Nachmittag hatten wir keinen Erfolg. Ger sah nur einen Fuchs und einen alten Hasen, den er mir bei der Heimfahrt so groß und dick beschrieb, daß er wahrhaftig der Hasenurgroßvater des ganzen Waldes gewesen sein mußte. Bei mir erschienen sieben oder acht Rehe am Feldrand, unter

denen ein leidlicher Bock war. Ich erkannte das Gehörn mit dem bloßen
Auge; im Glas sah es sogar recht beachtlich aus.

Kaum hatte ich jedoch anderntags eine Stunde gewartet und argwöhnisch das
Dorf beobachtet, als es hinter mir leise knackte. Erschrocken fuhr ich herum.
Da hörte ich, wie Ger unser Erkennungszeichen, den Pirolpfiff, flötete. „Ich
hab' geschossen!" stieß er hervor. „Er stand plötzlich auf dem Gestell."

„Und?"

„Er hat die Kugel, ist aber noch ins Holz geflüchtet."

„Wo hat er sie?"

„Ich denke, gut. Es war aber ziemlich weit, 80 oder 90 Schritt."

Ger zitterte vor Aufregung.

„Du hast ihn bestimmt richtig getroffen", sagte ich und legte möglichst viel
Überzeugungskraft in meine Worte. „Denk doch an das letzte Schützenfest,
als du mir mit zehn Schüssen acht Blumen runtergeholt hast. Was wollen wir
machen?"

„Nachsuchen."

„Wann?"

„Sofort."

„Beide?"

„Ja, dann geht es schneller."

„Und wenn keiner aufpaßt?"

„Wenn wir in der Schonung stecken und leise sind ..."

Wenige Minuten später umgaben uns die unzähligen Buchenschößlinge wie
eine zugewachsene, großmächtige, grüne Laube. Sie waren schon so hoch,
daß sie sich über unseren Köpfen schlossen. Draußen schien noch die Sonne,
hier in dem wundervoll nach Laubwald riechenden Dickicht herrschte ein
gedämpftes, geheimnisvolles Licht. Ich fühlte mich ganz sicher. Die hundert-
tausend jungen Bäume beschützten uns.

Vati hatte immer gesagt: „Mit viel Schweiß darf man bei der schwachen
Patrone nicht rechnen. Das ist ein erheblicher Nachteil. Einen Hund können
wir nicht mitnehmen. Jagd ohne Hund ist Stückwerk. Gewagte Schüsse ohne
Hund sind Aasjägerei. Wir müssen, um keine Zeit zu verlieren, sofort syste-
matisch nachsuchen, wenn das Stück nicht im Feuer liegt."

Als ich an Vatis Worte erinnern wollte, fuhr mich Ger an: „Weiß ich allein."
Ich konnte seine Aufregung nur zu gut verstehen und verübelte ihm die
Grobheit nicht.

Parallel zum Gestell, auf dem der Schaufler die Kugel bekommen hatte,
gingen wir in der Schonung auf und ab, fünfzig Schritt nach jeder Seite in
einem Abstand, daß wir uns gerade noch erkennen konnten. An den Umlen-
kestellen legten wir ein Taschentuch hin. Meistens konnten wir aufrecht
gehen; an manchen Stellen standen die Heister aber so dicht, daß man sie

mit den Armen zur Seite drücken mußte. Es war schwierig, die Richtung zu halten. Getrieben von der Furcht, es könnte dunkel werden, bevor wir den Hirsch gefunden hatten, wären wir am liebsten so schnell wie möglich vorwärts gehastet. Bei solchem Ungestüm lag aber die Gefahr, abzukommen, besonders nahe.

Nachdem wir einmal mehrere Minuten lang nach dem Taschentuch gesucht hatte, kam Ger auf einen guten Einfall. In geringen Abständen schnitt er eine der langen Buchenruten ab und legte sie quer über unseren Weg. Jetzt hatten wir sieben oder acht Orientierungspunkte, die bei jedem Wiederfinden einige Schritt weit zur Seite geschoben wurden.

Dann kam ich an eine kleine Birke, die einzige, die ich bemerkte. Sie war noch so jung, daß ihr Stamm bis dicht zum Erdboden weiß schimmerte. Auf der hellen Rinde fiel mir ein dunkler Fleck in die Augen. Ich fuhr mit der Hand darüber. Der Fleck fühlte sich klebrig an, meine Finger färbten sich schwärzlich-braun-rot. Schweiß. „Schweiß!" stammelte ich. „Ger! Schweiß!" Neben dem Birkenstämmchen war der Waldboden von dahinjagenden Läufen aufgerissen: dunkle Erde trat zutage. Auf den Knien rutschten wir weiter, um die Wundfährte nicht zu verlieren. So mögen Wölfe einem kranken Stück folgen, vor Gier zitternd, nur von dem einen Wunsch erfüllt, die ersehnte Beute zu erreichen. Freilich verfolgen sie ihr Wild witternd und werden vom Hunger getrieben, während uns die Leidenschaft beseelte.

„Hier Schweiß!"

„Hier ist er gestolpert!"

„Nichts da! Die Rinne ist alt. Dachs."

„Ria! Da drüben ist Schweiß, viel guter Schweiß!"

„Und da und da und da!"

Dann lag er vor uns, hell, groß, stumm, erhaben.

Wir lagen neben ihm. Ger hielt eine der Schaufelstangen umspannt. Lange Zeit lagen wir reglos.

Müßte ich einen Schulaufsatz schreiben, der als Überschrift nur das Wort „Glück" hätte, würde ich das Gefühl wiederzugeben versuchen, das mich damals einhüllte, als ich mit meinem geliebten Bruder Ger zusammen neben dem Damschaufler das Herabsinken der Nacht abwartete. –

Sehr viel kürzer und mit möglichst nüchternen Worten schilderte ich unser Erlebnis gestern Herrn Landgerichtsrat Schaller. Als ich zu Ende war, fragte er: „Was wurde aus dem Wildbret?" Es freute mich richtig, daß er die einfachsten Ausdrücke der Jägersprache schon gelernt hatte.

„Ger schaffte es noch in dieser Nacht fort. Ich blieb draußen, damit er im Finstern die Stelle wiederfinden konnte."

„Sie haben es also verkauft, vermutlich an den Abnehmer, den Sie nicht nennen wollen."

„Es bekam jemand, in dessen Schuld wir standen."

„Waren Sie sich im klaren, daß Sie eine strafbare Handlung begingen: erschwerte Wilderei zur Nachtzeit?"

„Nein, Herr Landgerichtsrat, oder auch beides. Wir wußten, daß es verboten war. Aber wir sahen nur auf den elend zerschmetterten Hinterlauf, mit dem sich das wunderschöne Tier wochenlang hatte quälen müssen. Der Jäger, der es so erbärmlich zuschanden geschossen hatte, war im Unrecht. Leider viel zu spät erst konnte Ger dem Hirsch den Fangschuß geben. Wir waren im Recht."

Herr Schaller drehte versonnen sein Monokel hin und her, wobei er das eine Auge halb zukniff. „Wenn man's so hört …," sagte er vor sich hin. Und dann zu mir: „Der Hirsch konnte ja ebensogut von einem Wilddieb angeschossen worden sein."

Diese Möglichkeit mußte ich zugeben. Trotzdem wehrte ich mich. „Dann war es eine Sünde und Schande, einen so herrlichen Wald ohne Aufsicht zu lassen. Ein richtiger Jagdläufer hätte das krankgeschlossene Stück, das ja zugewechselt sein kann, längst entdeckt und zur Strecke gebracht."

„Recht plausibel erklärt", sagte Herr Schaller, ohne daß seine Stimme restlos überzeugt geklungen hätte. „Wir wollen weitergehen. Die Folge dieses geglückten Unternehmens war dann eine Wiederaufnahme Ihres unrechtmäßigen Jagens?"

„Ja", sagte ich. Das Vertrauen, das ich ihm gegenüber gefaßt habe, zwang mich, noch etwas Erklärendes hinzuzufügen: „Herr Landgerichtsrat, Sie müssen das verstehen: Wir hatten wenig, worauf wir uns freuen konnten. Unsere Jagdabenteuer waren für uns das gleiche, als wenn andere übers Wochenende an die See oder ins Gebirge fahren." Ich gab mir redliche Mühe, es Herrn Schaller auseinanderzusetzen, wenn mir beim Sprechen die rechten Worte auch nur stockend zur Verfügung stehen. Ich denke aber doch, daß er mich verstanden hat. Manchmal denke ich sogar, daß er mich ganz gut leiden kann.

Herrn Rudolphi mochte ich besonders leiden, weil er peinlich sauber war. Er trug nur Anzüge aus gutem Stoff und Nachthemden aus feinem Leinen; der altmodische Schnitt störte nicht. Immer roch es um ihn herum nach einem herben Rasierwasser, und wohl zehnmal am Tag wusch er sich die Hände.

Nachdem ich meine Brote gegessen hatte, erzählte ich ihm alles, was am Abend und in der Nacht geschehen war. Mit starker Anteilnahme hörte er zu und fragte dazwischen, wenn er etwas nicht verstand; schließlich hatte er sich noch nie mit der Jagd beschäftigt. Zum Schluß bat er mich, ihm zu versprechen, nie wieder etwas so Gefährliches zu unternehmen.

Das könne ich nicht zusagen, erwiderte ich. Es sei wie ein Zwang. Man müsse der Stimme folgen, die einen in den Wald rufe. Die lockende Versuchung sei stärker als alle Bedenken.

Er war traurig und ganz angefüllt mit Sorge um mich. Dann merkte er, wie müde ich wurde. „Wir sprechen ein andermal weiter", sagte er. „Hol schnell die Bürste! Dein Hexenhaar ist fürchterlich verzottelt. Ich mach' es dir zurecht. Dann kannst du schlafen bis morgen mittag. Wir gehen zum Essen in den Kaiserkeller."

Behutsam kämmte er meine Mähne aus. Dann nahm er die weiche Bürste, die ich mir hatte kaufen müssen. Mein Körper war schon halb im Schlaf, und meine Gedanken arbeiteten nur noch träge. Er würde dich jetzt gern küssen, dachte ich. Vielleicht überlegt er sogar, ob er nicht sagen soll: „Das Bett ist breit genug. Leg dich neben mich! Ich verspreche dir, daß ich dich nicht anrühre."

Er sprach aber nichts dergleichen aus; nur zum Schluß, als mir die Augen schon ein paarmal zugefallen waren, so daß ich sie mit Anstrengung wieder aufreißen mußte, legte er sein Gesicht an mein Haar und sagte: „Jetzt duftet es: nach Wald, nach Heu, nach Mädchen, nach Sinnlichkeit. Maria, dein Feuerhaar duftet nach lauter Sinnlichkeit."

Ich lächelte nur stumm. Da schickte er mich schlafen. Obwohl meine Beine vor Müdigkeit stolperten, drehte ich mich an der Tür noch einmal um. „Seit Vatis Tod sind Sie der erste Mensch, der gut zu mir ist", sagte ich und versuchte, meine große Dankbarkeit in den Tonfall des einfachen Satzes zu legen.

„Wie sollte man zu einem Mädchen, das man lieb hat, anders als gut sein?" sagte er.

Damals hatte er mich noch kein einziges Mal geküßt.

Heute ist etwas Sonderbares geschehen. Als ich am Nachmittag noch ein wenig schreiben wollte, merkte ich sofort, daß der Bleistift kürzer geworden war, ungefähr um eine Daumenbreite kürzer.

„Hast du meinen Bleistift gehabt, Anni?" fragte ich. Die Vernehmung am Vormittag hatte reichlich zwei Stunden gedauert.

Sie verneinte meine Frage.

„Ich weiß doch genau, wie lang er war", sagte ich verwundert. „Er kann doch nicht von allein …"

Anni unterbrach mich und stritt so heftig, daß ich schwieg. Ich drehte den Bleistiftanspitzer hin und her. In ihm steckte ein bräunlicher Holzrest, gekrümmt wie ein welkes Blatt. Jedesmal, wenn ich ihn benutzte, reinigte ich ihn sorgfältig, lediglich aus Langeweile. Jetzt klemmte ein halbes Holztütchen unter dem Messer. Mit betonter Umständlichkeit entfernte ich es.

Natürlich merkte Anni meine Absicht, ihr die Schwindelei, deren Zweck mir unbegreiflich war, nachzuweisen. Hätte sie gesagt, daß sie in meiner Abwesenheit etwas geschrieben habe, von dem ich nicht zu wissen brauche, wäre die belanglose Angelegenheit erledigt gewesen. Statt dessen verschwor sie sich mit immer neuen Worten hoch und heilig, den Stift nicht angerührt zu haben. Endlich gingen ihre Beteuerungen in eine Sturmflut der Verzweiflung über: „Ich halte es nicht länger aus. Wenn ich nicht bald aus diesem Saustall rauskomme, tue ich mir was an. Morgens aufstehen zu müssen, wenn es der Bande gefällt. Bettenbauen. Margarinebrot und Kaffeejauche. Dressurakt unten im Hof. Rechts herum! Eintopf. Mittagsschläfchen verboten. Käfig! Käfig! Käfig! Und draußen scheint die Sonne. Die andern gehen auf die Kurfürstenallee oder ins Kino oder wenigstens auf den Strich. Aber sie tun genau das, was ihnen Spaß macht; manchmal wenigstens.

Ich will hier raus, sonst renn' ich mit dem Kopf gegen die Wand. Muß ich hier noch lange sitzen, gehe ich ein. Und nun behauptest du noch obendrein, daß ich mich an deinen dämlichen Sachen vergreife."

Sie weinte hemmungslos. Erst nach langer Zeit gelang es mir, sie zu trösten. Abgekämpft schlief sie im Sitzen ein.

Gestern fragte mich Herr Landgerichtsrat Schaller als erstes, ob ich einen Rechtsanwalt wünsche. Es käme jetzt einer der schwerwiegendsten Abschnitte der Anklage, die mir vorgeworfenen unerlaubten Beziehungen zu meinem Bruder, an die Reihe. Ich lehnte das Angebot ab, weil ich einen Rechtsanwalt nicht bezahlen könne und auch nicht glaube, er könne mir helfen. Herr Schaller hatte meine Antwort wohl halb und halb erwartet; ohne sich wie sonst zu bedanken, meinte er, sobald es meine Interessen erforderten, werde er vom Gericht aus einen Verteidiger anfordern.

Dann mußte ich erzählen, was sich an jenem Oktober-Mittwoch im letzten Jahr abgespielt hatte, als es uns beinah schlecht gegangen wäre. Herr Schaller unterbrach mich häufiger als sonst, um einen Begleitumstand so genau wie möglich zu klären; dabei gebrauchte er mehrfach den Ausdruck: „Ihrer Darstellung nach". Ich kann ihm sein Mißtrauen nicht verargen. Die meisten Angeschuldigten, mit denen er zu tun hat, fürchten sich vor einer Verurteilung; deswegen schwindeln sie; deswegen glaubt ihnen vor Gericht niemand. In der Schule hatten wir auch immer Angst und logen bei jeder Gelegenheit. Hier im Gefängnis brauchte ich nicht zu lügen; es genügte, Dinge, die nur mich etwas angehen, zu verschweigen; und letzten Endes ist es ziemlich unwichtig, ob man mir glaubt oder nicht.

Damals im Oktober war am Schalldämpfer eine Verschraubung überdreht. „+++" wollte den Schaden ausbessern. Da er aber grippegeschwächt im Bett lag, sollten wir einige Tage auf die Reparatur warten.

Der ewig ungeduldige Ger wollte aber unbedingt hinausfahren. Das Abenteuer mit dem Damschaufler lag über ein Jahr zurück. Sechs- oder sieben-, höchstens achtmal waren wir draußen gewesen. Ger hatte zwei Böcke, einen guten und einen falschen geschossen sowie ein Kaninchen und einen Fuchs. Der tat uns hinterher leid, weil wir keinen verläßlichen Gerber wußten. Im Sommer fraßen schwarze Käfer aus dem prachtvollen Balg ein großes Stück heraus. Da warf ich ihn in eine Mülltonne, die drei Straßenzüge von unserer Wohnung entfernt stand. Es war ein Jammer.

Einmal hatte Ger auch einen Bock vorbeigeschossen. Stand uns Wild gegenüber, vermochte Vati seine große Aufregung meistens zu beherrschen; an Ger flog alles; schließlich war er erst zwanzig Jahre alt. Es half wenig, daß ich ihm beim Hochheben des Gewehres beruhigende Worte zuflüsterte, zitterte ich doch genauso vor Jagdleidenschaft und Furcht. Wir konnten von Glück sagen, daß bisher kein Stück krankgeschossen worden war.

Als ich Ger bat, wir sollten lieber warten, bis der Schalldämpfer in Ordnung sei, zuckte er die Achseln und sagte, wenn ich Angst hätte, solle ich zu Hause bleiben; er gehe auf die Jagd.

„Dann komme ich mit!"

„Ria!" sagte er und lachte. „Ria!" Er versetzte mir einen ziemlich derben Boxer auf den Oberarm. Ich schlug genauso scharf zurück. „Ria!" sagte er zum dritten Mal. „Du bist doch ein prima Mädel."

„Ger!" Nur seinen Namen nannte ich. Fast alle Menschen waren gegen uns; aber wir beide hielten wie zwei wunderbare Kameraden zusammen. Nein! Besser noch als die besten Kameraden. So dachte ich damals. –

Am Lindenhofer Waldrand stand das Auto der Pächter. Wir ärgerten uns und überlegten, was unternommen werden könne. Ich schlug vor, auf die staatliche Kultur zu gehen, auf der Vati damals den Überläufer geschossen hatte. Ger lachte mich aus. Die Bäumchen seien inzwischen bestimmt so groß wie wir geworden. Ob wir da etwa auf Eichkater passen wollten. Dann warf er den Kopf zurück, wie er es immer tat, wenn er zu einem Entschluß gekommen war: „Abfahrt! Zehn Minuten von hier ist der große Windbruch vom vorvorigen Jahr; nebenan liegt die Fichtenschonung. Da muß es jetzt richtig sein."

„Staatlich?" fragte ich.

„Natürlich."

„Was ist da für ein Förster?"

„Ach, irgendein alter Wackelkopp." Gers Worte klangen aber nicht überzeugend. Ich hörte heraus, daß er nur meine Einwände beiseite schieben wollte. Ich widersprach nicht, weil es mich genau wie ihn drängte, an einem stillen Fleckchen zu hocken und zu lauschen.

Auf der ehemaligen Windwurffläche gefiel es mir auf den ersten Blick; jetzt war die sanft gehügelte Fläche mit Kiefern angepflanzt. In unserem Rücken, aber so weit entfernt, daß wir nicht überrumpelt werden konnten, lag Altholz; vor uns, auf doppelte Büchsenschußdistanz, zog sich die Schonung den Hang hinauf, von der Ger gesprochen hatte. Wir fanden einen stubengroßen Fleck älterer Kiefern, unter denen es schon ziemlich licht war. Sie gaben uns gute Deckung.

Nur um mein Gewissen zu beruhigen, sagte ich: „Schieß lieber nicht! Es ist auch so schön."

„Blödsinn!" sagte Ger. „Wenn was kommt …"

Ich wußte genau, wie der Schluß des Satzes lauten sollte.

Zuerst erschien eine Ricke mit zwei Kitzen; ein Schmalreh folgte und zum Schluß ein leidlicher Bock. Sie blieben aber alle außer Schußentfernung.

Mit einem Male sahen wir einen Hasen. Vermutlich hatte er die ganze Zeit über in unserer Nähe gesessen; zumindest war uns sein Heranhoppeln entgangen. Ger griff vorsichtig nach der Büchse, die rechts neben ihm lag. Seine Hand kroch so langsam darauf zu, daß die Bewegung nicht auffiel.

„Lohnt nicht!" hauchte ich. Ich fürchtete mich vor dem lauten Knall, den ich jahrelang nicht mehr gehört hatte. Er lastete in meiner Erinnerung wie das Donnerkrachen eines Elefantengewehres.

„Schnauze! Hab' noch keinen geschossen", flüsterte Ger zurück.

So entsetzlich laut war der Schuß gar nicht. Der Hase schnellte in die Höhe, schlug wild mit den Läufen um sich, verschwand im Gras und rührte sich nicht mehr. „Waidmannsheil!" flüsterte ich hingerissen. Meine Bedenken waren verflogen. Ger hatte seinen ersten Hasen erlegt, ich war dabeigewesen, alles würde gut abgehen.

Es ging nicht gut ab.

Selbstverständlich saßen wir mucksmäuschenstill, wie wir es nach dem Schuß immer hielten, und beobachteten die Umgebung. Es mochten ungefähr zehn Minuten vergangen sein, als Ger sagte: „Da kommt einer! Da, im Graben!" Quer durch die Kultur zog sich ein alter, trockener Wasserriß hin, der einige Deckung bot. Er führte an unserem Versteck vorbei. Beim Anmarsch hatten wir ihn benutzt.

„Förster!" sagte Ger noch. Mit fliegenden Händen nahm er das Gewehr auseinander. „Verduften!"

Als wir uns aufrichteten, um nach der entgegengesetzten Seite in der Fortsetzung des Geländeeinschnittes unterzutauchen, sahen wir dort eine zweite Gestalt, die vorsichtig auf uns zu kam. Auch sie war grün gekleidet und trug eine Waffe. In wenigen Minuten würden beide an unserem lächerlichen Versteck zusammentreffen. Wir waren verloren wie die Mäuse in der Drahtfalle.

„Bleib liegen!" befahl Ger. „Ich lauf' zur Schonung. Wenn es ganz finster ist, bei den Rädern …" Drüben im Gemeinderevier waren sie sicher versteckt.

„Nein!" sagte ich. „Sie werden schießen!"

„Vorbei!" sagte Ger. Er war schon aufgestanden.

Ich klammerte mich an ihn. „Ich laß dich nicht allein. Dann lauf' ich mit."

„Du bleibst liegen, sonst …"

„Nein!"

„Verdammte Dreckkröte! Laß mich los!"

„Ich laß dich nicht los."

Die Forstbeamten mochten jetzt noch hundertfünfzig Schritt entfernt sein; da kam mir der rettende Gedanke: „Wir spielen Liebespaar."

Ger schüttelte wild den Kopf. „Das nehmen sie uns nicht ab!

„Bestimmt!"

„Unfug!"

Ich hörte gar nicht auf seine Einwände, sondern ließ mich fallen und riß ihn zu mir herunter. Die Arme hatte ich um seinen Hals geschlungen. Unter keinen Umständen durfte er über die deckungslose Kultur laufen, sonst schossen sie auf ihn wie auf ein flüchtendes Kaninchen.

„Das ist doch Mist", keuchte Ger und versuchte sich loszureißen. Selbstverständlich war er stärker als ich, trotzdem gelang es ihm nicht, mich abzuschütteln. „Nur Idioten würden uns das glauben."

„Sie glauben es uns!" sagte ich mit der Überzeugungskraft der Verzweiflung.

„Paß auf!" Ich ließ ihn einen Augenblick los, streifte meine Schuhe ab und zog mit wildem Ruck den Schlüpfer aus. Ich warf ihn neben mich auf den Waldboden. Als hellblauer Fleck lag er dort. „Jetzt glauben sie es uns", stieß ich triumphierend hervor. „Los, du Kaffer, du mußt den Arm um mich legen!"

Ger grunzte. Es war ein Ton halb aus Furcht entstanden; denn in dieser Bedrängnis fürchtete er sich auch und wäre es nur meinetwegen; halb galt sein kurzes Gelächter dem blauen Ding, das uns retten sollte.

Als sie uns entdeckt hatten und mit schußfertigen Gewehren herankamen, spielten wir Theater. Ich schrie ein bißchen auf und zog die Beine so weit wie möglich unter den Rock. Ger setzte sich mit abgewinkelten Armen hin, als wollte er mich verbergen.

„Aufstehen!" kommandierte der ältere Förster. Der Befehl war viel zu laut. Ger erhob sich. „Meine Braut kann nicht", sagte er. „Sie ist doch …" Wie meistens ließ er den Satz unvollständig und wies statt dessen auf mein Höschen.

„Was macht ihr hier?" Schnauzte uns der jüngere Förster an.

„Schlaue Frage", sagte Ger. Er beherrschte sich aber so weit, daß seine Antwort nicht frech, sondern eher lustig klang.

„Habt ihr jemand gesehen?" fragte der Ältere; er hatte sich jetzt gefaßt und schrie nicht mehr so.

„Ja!" sagte ich eifrig. „Jawohl! Einen Mann mit einem Fahrrad und einem kurzen Stock oder einem zusammengewickelten Regenschirm unter dem

Arm drüben an der Schonung. Er ist in den Querweg eingebogen. Das Rad hat er geschoben." Ich sagte „Querweg", obwohl es Gestell oder Schneise heißt. Es kam mir aber unverdächtiger vor, wenn ich Städterausdrücke gebrauchte.

Ich mußte den Mann genau beschreiben. Das war eine Kleinigkeit. Einen langen Mantel gab ich ihm und eine dunkle Brille. Über die hätte ich mich jetzt im Herbst besonders gewundert, sagte ich.

Die Förster wechselten einen Blick, dann sagte der eine zu uns: „Verschwindet auf dem schnellsten Weg und laßt euch hier nicht ein zweites Mal blikken!"

„Ist denn das verboten?" maulte Ger.

„Sei still!" fuhr ich ihn an, so als hätte ich zwischen uns zu bestimmen. Und zu den Förstern: „Entschuldigen Sie bitte! Wir kommen auf keinen Fall wieder." Die beiden hatten sich schon umgedreht und strebten mit langen Schritten der Schonungsecke zu. Wahrscheinlich wollten sie die Abteilung umschlagen.

Bis hierher erzählte ich Herrn Landgerichtsrat Schaller die Geschehnisse wahrheitsgemäß. Mehrere Male mußte ich eine Pause einlegen, während der er in einem Aktenstück las. Ich erriet, daß er die Aussagen der Revierförster, die sich als Zeugen gemeldet hatten, mit meinen Angaben verglich. Ob er mir Glauben schenkte, blieb ungewiß.

Was sich an dem Abend noch ereignete, verschwieg ich. Es ist das Recht jedes Angeklagten, Belastendes zu verheimlichen. Niemand verlangt von ihm, daß er sich selbst bezichtigt, am Tode eines Menschen schuld zu sein. Aber nicht die Furcht vor Strafe verschloß mir den Mund. Es war ... mein Geheimstes geht nur mich etwas an. –

Als die grünen Gestalten mit den bedrohlichen Gewehren kleiner und kleiner wurden, merkte ich erst, wie rasend schnell mein Herz schlug. Der ausgestandene Schrecken wich dem Jubel, daß meine List uns gerettet hatte. Ger ging es genauso. Er redete lauter Unsinn durcheinander: „Meine geliebte Braut! Meine Allergeliebteste! Zehn süße Kinderchen sollst du mir schenken, alle so schlau wie ihre Frau Mama." Er warf mich auf die Erde, packte mich fest und küßte mich. Bis zu diesem Tage hatten wir uns noch nie geküßt. Wild und ungeschickt küßte er mich auf den Hals und ins Gesicht und auch auf den Mund. Ich ließ mir in meinem Glückstaumel alles gefallen und erwiderte seine Zärtlichkeiten. Der Rausch der überstandenen Gefahr raubte uns jede verständige Überlegung.

Er drängte sich dicht an mich. In mir erwachte das brennende Gefühl, das mich damals manchmal abends im Bett mit quälender Sehnsucht und bohrender Neugier überfiel; allerdings nie im Gedanken an meinen Bruder.

„Willst du?" stieß ich unter seinen Küssen hervor.

„Was?"

„Richtig."

„Ich … ich … ich weiß nicht." Mit einem Male stotterte er; mir gegenüber war das ungewöhnlich.

Ich zögerte drei Herzschläge lang oder auch fünf; ich weiß es nicht mehr, wie lange mein Zögern dauerte. Dann sagte ich:

„Lieber nicht."

Diese beiden Wörter entschieden über unser Leben. Sie machten mich zur Mörderin. Sie sind schuld daran, daß Ger ein dreiviertel Jahr später erschossen wurde und daß ich jetzt im Gefängnis sitze.

W enn wir beide raus sind, lade ich dich zum Kaffee ein, Schätzchen", sagte Anni heute. Ihre Niedergeschlagenheit war verflogen. Unablässig sang sie vor sich hin, Schlager, Volkslieder und Bruchstücke von Opernarien, die sie aus dem Radio kannte. „Es gibt Sahnebaisers und Schlagsahne extra, anständigen Kaffee – Mensch, war das heute morgen wieder eine Jauche! – und prima Likör. Du kannst dir aussuchen, was du am liebsten trinkst."

„Wenn wir raus sind", sagte ich. Mir war bei ihrer unerklärlichen Lustigkeit nicht ganz geheuer.

„Unke nicht! Heute ist der – warte mal – der 11. war Sonntag, 12. Montag, 13. Dienstag, heute muß der 14. sein. Noch in diesem Monat komme ich raus und du auch."

„Ich bin angeklagt, einen Menschen gewaltsam getötet zu haben."

„Na und? Von mir behaupten sie es doch geradeso. Ich hab' dem Pascha das Zeug nicht gegeben, und du hast den Förster nicht totgeschossen. Mit ihren Fingerabdrücken sollen sie sich nicht naß machen."

„Du sagst das so leichthin."

„Sie können uns hier nicht einpökeln. Beweisen sollen sie es uns! Beweisen! Das wird ihnen nie gelingen, nie im Leben. Aber ich werde ihnen das Gegenteil beweisen, so wahr ich … Paß auf, Schätzchen! In vierzehn Tagen essen wir beide Sahnebaisers, bis uns speiübel wird."

Dann erzählte sie eine ihrer verdrehten Geschichten, bei denen sie, wenn es auf die Pointe zuging, ihre Spottsucht kaum noch zu zügeln vermochte, so daß die unternehmungslustig nach oben gebogene Nase ganz kraus wurde.

„Kennst du die ‚Tolle Lita' der die ‚Weintraube' gehört? Natürlich nicht. Ich glaube wahrhaftig, du bist noch nie im Leben ausgegangen.

Lita ist Klasse; sie hat sogar bessere Schulbildung. Das Lokal ist auch gut; klein, ziemlich teuer, aber eigentlich immer voll. Nur weibliche Bedienung, hochanständige Mädels. Wer mal auf den Strich gegangen ist, kann da nicht landen.

War da im vergangenen Jahr ein Herr drinnen, keiner von der Stammkundschaft, vielleicht ein Reisender, der einen guten Abschluß unter Dach gebracht hat, was weiß ich. Provinzonkel. Es ist proppenvoll. Lita hilft also bedienen. Tat sie immer, wenn es die Mädels nicht schaffen können.

Als sie dem Reisenden, oder was er nun ist, seinen Happen bringt, streichelt er ihr recht zärtlich das Hinterteil. Es ist schon allerhand dran; das darfst du mir unbesehen glauben. Aber zu dick ist sie nicht, noch nicht. Lita sagt keinen Mucks.

Nachher stehen auf der Rechnung 20 Mark extra. Der Onkel fragt, was damit los sei.

Lita verzieht keine Miene: „Das kostet bei uns 20 Mark; was Sie da vorhin gemacht haben."

Sie sagt es absichtlich laut. Wir hören es drei Tische weit, um was es geht. Da sitzen lauter gute Freunde von ihr. Denn das ist das Komische: die Kerls sind natürlich alle in sie verknallt, aber wir Mädels finden sie auch erstklassig. Wir also mit todernsten Gesichtern: „Natürlich kostet das 20 Mark. Äußerst preiswert. Andernorts gibt es eine gescheuert, und dann fliegt man raus."

Der Onkel hat brav bezahlt. Wiedergekommen ist er vermutlich nicht. Aber darauf kann die „Tolle Lita" verzichten.

Die Gründe, weswegen ich von O. R. fortgegangen bin, schilderte ich heute in der Vernehmung der Wahrheit entsprechend. Um Herrn Schaller nicht nervös zu machen, erzählte ich natürlich nur das Wichtigste. Sobald keine Straftaten in Frage kommen, wird es unerheblich, wie man sich im Einzelfall verhalten hat.

Im Frühsommer, ein halbes Jahr nach dem Zusammenstoß mit den beiden Förstern, wollte O. R. für einige Tage verreisen. Seine ehemalige Schule feierte irgendein Jubiläum. In den letzten Wochen war es ihm nicht sonderlich gut gegangen. Wenn ich ihm durch die halb geöffnete Tür „guten Morgen" sagte, stand mehrfach das Tropfenfläschchen auf seinem Tisch. Ich bat ihn deswegen, die keineswegs dringliche Fahrt aufzugeben. Im allgemeinen hörte er auf meinen Rat. Diesmal blieb er bei dem einmal gefaßten Plan. Die Reise sei richtig und wichtig, wenn auch aus einem anderen Grunde, über den er im Augenblick noch nicht sprechen wolle.

Eine halbe Stunde, ehe ihn das Taxi zum Bahnhof bringen sollte, rief er mich ins Herrenzimmer. Mit seinem neuen blaugrauen Anzug aus bestem Kammgarn sah er sehr gepflegt aus. Wie immer war ein geringer Hauch des Rasierwassers zu verspüren.

„Komm, Maria, setz dich ein Weilchen zu mir!" sagte er. Ich setzte mich auf die breite Lehne des Sessels, wie er es gern mochte. Er legte den Arm um meine Hüfte. Ich verspürte ein schwaches Zittern.

„Bitte, unterbrich mich nicht, vor allem, antworte nicht auf den Vorschlag, den ich dir jetzt mache. Du sollst ihn in Ruhe überdenken können. Das ist der Hauptgrund für meine Fahrt."

Ich saß ganz still und bekam Herzklopfen.

„Du weißt, daß ich dich … sehr gut leiden kann. Ich … mag dich mit der Leidenschaftlichkeit, mit der ich alter Mann am Leben hänge. Du bist für mich mit dem Leben gleichbedeutend, den fünf oder zehn Jahren, an denen ich mich noch freuen kann, wenn das dumme Herz aushält.

Ich möchte dir einen Vertrag vorschlagen; um wie immer alle anspruchsvollen Worte zu vermeiden, sage ich: einen Vertrag. ich möchte dich bitten …"

Er schwieg eine Weile, als scheute er sich davor, das Nächste auszusprechen.

Ich saß reglos. In mir wuchs eine beklemmende Angst, als flösse eine dichte Nebelwand auf mich zu; sobald sie mich einhüllte, mußte ich mich verirren.

„Ich möchte dir vorschlagen, meine Frau zu werden." Nach diesem Satz, vor dem er sich wohl gefürchtet hatte, fiele es ihm leicht, mir die Einzelheiten auseinanderzusetzen. „Es geht jetzt darum, die Vorzüge und die Nachteile des Planes sorgfältig abzuwägen.

Mit den unguten Seiten will ich anfangen: Du wärest für Jahre – wir wollen sie auf fünf bis zehn schätzen – an einen alten Mann gebunden, mit dessen Gesundheitszustand es bergab geht. Du verzichtest demnach auf viele Freuden, die deine Jugend beanspruchen kann. Ein anderes Ehepaar tanzt zusammen, treibt zusammen Sport, unternimmt anstrengende Bergtouren oder schwimmt irgendwo. All das vermag ich dir nicht zu bieten.

Das ist noch nicht einmal das Wichtigste. Was ich jetzt sage, halte ich für bedenklicher oder wenigstens für bedenkenswerter: Eine junge Frau sollte ihren Mann, zumindest in der ersten Zeit, leidenschaftlich lieben. Leidenschaftliche Liebe kann ich von dir nicht erwarten. Und das Gefühl, das ich für dich empfinde … aber wir wollten ja große Worte vermeiden. Gewiß, es ist so stark und echt wie das eines dreißigjährigen. Trotzdem unterscheidet es sich von dem Ungestüm eines jungen Mannes. So bleiben manche Forderungen, die du an die Ehe stellen dürftest, unerfüllt."

Ich saß reglos neben ihm auf der Sessellehne. Sein Arm hielt mich in sanftem Druck umspannt. Das Pendel in der altmodischen Schreibtischuhr, die seiner früh verstorbenen Mutter gehört hatte, bewegte sich eifrig hin und her, als sei es für das leise Ticken des Gangwerks verantwortlich. Wenn er, um nichts Notwendiges zu vergessen, überlegend schwieg, klang es, als bemühte sich die Uhr, gegen die lastende Stille des großen Raumes anzukämpfen.

„Den nicht leicht zu nehmenden Verzichten stehen reale Vorteile gegenüber. Selbstverständlich mache ich dich zu meiner Universalerbin. Das klingt scheußlich gespreizt. Also, Maria, es braucht nicht großartig betont zu werden, daß du nach meinem Tode alles bekommst, die Wohnungseinrichtung und etliche tausend Mark Vermögen; Reichtümer sind nicht vorhanden. Ich habe aber rechtzeitig eine Versicherung abgeschlossen, die dich zeitlebens vor Not schützen würde. Das alles klingt entsetzlich nüchtern; es muß aber ausgesprochen werden."

Ich saß reglos. Ein beinah lächerliches Bild tauchte vor mir auf. Ich sah den hübsch gedeckten Frühstückstisch im kleinen Eßzimmer. Die Kaffeekanne steckte in der braunen Mütze, die ich zu Onkel Rudolphis Geburtstag gearbeitet hatte. Brötchen lagen im Silberkorb. In die Butter war ein gefälliges Muster gedrückt. Wurst, Schinken, Käse, Tomaten, Radieschen, verschiedene Marmeladen, Honig … nichts war vergessen. Zwei Gedecke standen bereit. Wie bei einem Trickfilm verschwand eins davon. Die vielen guten Sachen blieben aber auch dann auf dem Tisch stehen, als nur noch eine Tasse, ein Tellerchen und ein Besteck auf das Benutztwerden warteten.

„Jetzt kommt das letzte", sagte O. R. mit einer leisen Stimme, die nicht überreden wollte. „Du sollst dich völlig frei entscheiden, Maria. Nichts darf dich bestimmen, das mit dem landläufigen Begriff Dankbarkeit zusammenhängt. Du schenktest mir eine Zeit des Glückes, die nur von der Besorgnis getrübt wurde, wie lange sie andauern würde. Ich gab dir – ein gerechter Tausch – von der Sicherheit meiner Existenz ab und konnte dir dies und das mir wissenswert Erscheinende hoffentlich nicht allzu weitschweifig vorerzählen.

Du brauchst nicht einmal um meine Zukunft besorgt zu sein. Selbst wenn du meinen Vorschlag ablehnst und es dir unerträglich vorkommen würde, bei mir zu bleiben, wäre für mich gesorgt. Meine Cousine Adelheid ist pensioniert worden. Trotz ihrer Fünfundsechzig fühlt sie sich beneidenswert rüstig. Na, du kennst sie ja. Sie schrieb mir – das gab den Anstoß zu unserem heutigen Gespräch –, ob sie zu mir ziehen solle. Sie sei noch zu tatendurstig, um sich zur Ruhe zu setzen. Unseren gemeinsamen Haushalt würde sie spielend bewältigen. Keinerlei rücksichtsvolle Bedenken dürfen sonach deinen Entschluß bestimmen."

Immer noch saß ich reglos. Jetzt dachte ich an das Fräulein Adelheid, die Frau Studienrätin, die zu Pfingsten dagewesen war. Sie war mir wie eine resolute Bauersfrau vorgekommen, die sich in eine Stadträtin verwandelt hat, ohne die verläßlichen Eigenschaften ihrer Herkunft eingebüßt zu haben. Als sie abfuhr, gab sie mir drei Mark Trinkgeld.

O. R. zog mich ein wenig zu sich herunter, so daß er sein Gesicht in mein Haar legen konnte, mit dem er einen geradezu heidnischen Kult trieb. „Maria!" flüsterte er. „Meine Maria!"

Ich wagte mich nicht zu regen. Wenn er dich jetzt küssen würde, dachte ich, verrückt küssen, so wie Ger damals, als die Gefahr vorüber war, dann brauchtest du dich nicht drei Tage lang …

Mitten im Satz mußte ich mein Geschreibsel unterbrechen. Die Kiepen kam in die Zelle gewirtschaftet. Zwei rote Flecken brannten ihr im

Gesicht, als hätte sie sich mit Preiselbeersaft angemalt. „Schlamperei! Betten nicht richtig gebaut! Zwirnsfäden liegen überall herum! Kein Staub gewischt, mindestens seit drei Tagen! Sauwirtschaft! In einer Viertelstunde komme ich wieder; wenn dann nicht alles tadellos ist..." Schon knallte sie die Tür zu.

Wir lauschten. Nebenan bei der Siebenkirsch und Immchen ging das gleiche Theater los, und drei Minuten später in der großen Zelle, in der vier Frauen stecken, ebenso.

„Besichtigung", sagte Anni. „Vielleicht will uns der Herr Präsident seine Aufwartung machen. Ob er uns Blumen bringt? Meinst du, daß er einen dringenden Wunsch verspürt, den ich ihm erfüllen soll?"

Halb wider Willen lachend, machte ich mich daran, die läppischen Kleinigkeiten zu beseitigen, die der Kiepen aufgefallen waren.

„Spielt ja keine Rolle", sagte ich. „Wir haben Zeit. Sie ist ein armes Luder, daß sie solche Angst hat."

„Natürlich", sagte Anni friedfertig. „Tun wir ihr den Gefallen. Es gibt schlechtere als Sie. Sie schreit bloß mit uns herum, hat aber noch nie eine nach oben verpfiffen. Wenn sie gemein wäre, wüßte ich, was ich täte."

Ich sammelte die drei oder vier winzigen Fusseln zusammen, die auf den Fußboden gefallen waren, als ich mein auf dem Rücken aufgerissenes Nachthemd geflickt hatte. „Was wolltest du denn anstellen?"

„Den Kübel auskippen. Stell dir vor, die Tür wird aufgeschlossen, der Herr Präsident und ein halbes Dutzend andere Idioten kommen hereinspaziert und querüber stinkt die Brühe."

Ich sah Anni verblüfft an: „Die Dumme wärst doch nur du."

„Warum? Meinst du nicht, daß der Spaß acht Tage Arrestzelle wert ist? Mach kein so blödes Gesicht, Schätzchen! Ich tu's ja nicht und bin lammfromm. Wenn sie's verlangen, falte ich bei der Vorstellung sogar die Hände. Aber nur, weil ich so schnell wie möglich aus diesem Puff hier heraus will."

Alles Toben der Kiepen war gestern nur wieder Wind, wie so viele Aufregungen im Gefängnis. Niemand ist gekommen, um unsere Zelle zu begutachten. Wir waren einmal öfter die Angeführten; die Kiepen aber bestimmt genauso. Ihre Nervosität muß echt gewesen sein. –

Jetzt, wenn das Mittagsgeschirr abgeholt ist, genießt man die stillste Stunde des Tages. Um diese Zeit wurden wir noch nie gestört. Anni schläft im Sitzen. Wenn sie dann die halbe Nacht auf der Pritsche hin- und herwirft, darf sie sich nicht wundern. Ich will da weitererzählen, wo ich gestern unterbrochen wurde.

Vati hat mal zu mir gesagt: „Es gibt Leute, die laufen ins Wirtshaus, sobald sie mit sich uneins sind. Die sind zu bedauern. Andere gehen zu ihrem Pfarrer. Sie haben es gut. Der nimmt ihnen das Grübeln ab. Ich fahre hinaus, irgendwohin, wo man allein ist; im Wald ist es schön, aber auch weite Wiesen wirken beruhigend und ein großes Kornfeld ebenso."

Daran mußte ich denken, nachdem O. R. abgereist war. Ich wusch ab, verschloß die Wohnung und radelte an die Beetze. Auf dem hölzernen Wehr kann man bequem sitzen. Das Wasser scheint stillzustehen. Man muß schon hineinspucken, um zu sehen, nach welcher Seite es fließt. Libellen sirrten geschwind und Wasserjungfern tändelnd langsam vorüber. Die großen Insekten, die wir als Kinder Schlittschuhläufer nannten, glitten auf der glatten Oberfläche des Flüßchens hin und her. Der zweite Wiesenschnitt stand hoch. Tausende von Blumen blühten um mich herum, gelbe, rote und weiße. Die Grillen zirpten so unaufhörlich, daß man ihr Schrillen minutenlang vergaß. Das Wasser roch warm und faulig.

Ich hatte Schuhe und Strümpfe ausgezogen und ließ die Füße baumeln. Über eine Stunde saß ich so da, um Ordnung in meine wirren Gedanken zu bringen. Halblaut sprach ich mit O. R.: „Ich wäre gern so wie bisher bei dir geblieben, weil ich mich in deinem Hause behütet wußte. Wäre ich ganz allein, würde ich wahrscheinlich sogar deine Frau werden. Denn ich mag dich sehr gern, deine selbstverständliche Anständigkeit und deine Sauberkeit, ich meine die des Herzens und auch dein gutes Rasierwasser. Aber sieh mal, O. R.; ich habe es doch Ger versprochen, nicht zu heiraten. Wir gelobten uns das beide gegenseitig. Du bist doch der Letzte, der mir zu einem Treuebruch raten würde. Ger würde an mir irre werden und wieder so schlimm stottern wie in der Schulzeit. Gerade jetzt ist es etwas besser geworden. Sollen ihn alle wieder so erbarmungslos aufziehen und auslachen? Obwohl er, weiß Gott, keinen Grund dazu hat, ist er schon lange auf dich eifersüchtig. Er will mich eben ganz für sich haben. Deswegen sagt er immer nur Höhnisches und Argwöhnisches, wenn er von dir spricht. Würde ich dich jetzt heiraten, bräche ihm das Herz.

Du weißt, was ich mit diesem Ausdruck meine; neulich erst hast du ihn mir beim Fernsehen erklärt, als Rosenquarz so schlecht im Großen Preis abschnitt. Du sagtest: ‚Rosenquarz ist ein gutes Pferd, aber nur Mittelklasse. Sie haben ihn jetzt zweimal gegen Spitzenpferde gestartet und ihm obendrein zu viel abverlangt. Er konnte nicht gewinnen und sollte doch wenigstens auf Platz laufen. Dadurch haben sie ihm das Herz gebrochen. Auch in einem leichten Rennen wird er so bald nicht wieder siegen, einfach weil er nicht will oder vielmehr, weil er überzeugt ist, den anderen unterlegen zu sein.'

Verstehst du, O. R., wenn ich dich heiratete, würde Ger glauben, er sei allein gelassen, er sei verraten. Dann würde er sich kein bißchen mehr anstrengen. Auch auf sein Äußeres gäbe er nicht mehr acht, und wäre es nur, um mich zu kränken. Bei allem, was ihm unangenehm ist, würde er sich vor seinem Gewissen entschuldigen: „Wozu soll ich mir Mühe geben? Es hat ja doch keinen Zweck. Ich kann nichts erreichen, zu nichts tauge ich etwas. Sonst hätte sie mich nicht verraten." Das meine ich, wenn ich sage, Ger würde das Herz brechen.

Ich nahm mir Papier und Kugelschreiber mit. Weil ich leichter schreiben als sprechen kann, erkläre ich dir meine Gründe jetzt in einem Brief. Wenn du ihn liest, bin ich schon fortgegangen. Das tüchtige Fräulein Adelheid wird dich besser versorgen als ich in meiner Unerfahrenheit. Und um mich brauchst du keine Sorge zu haben. Gegenüber von Gers Bude steht seit dem Ersten die Mansarde leer. Da ziehe ich hin und fange in der Schneidemühle an. Auf dem Holzplatz gibt es jetzt so viel Arbeit, daß sie sogar Mädels einstellen. Auf keinen Fall darfst du dich um sich sorgen.

Lieber O. R.! Da gibt es noch etwas, das ich dir gestehen müßte, ein Bild, nein, weniger als das, eine Einbildung. Ich treibe in einem reißenden Fluß auf das Brausen und Gischten einer Stromschnelle zu und schreie, als ich von den Wellen einmal halben Leibes aus dem Wasser gehoben werde: ‚Ho! Ho! Ho!‘ Mein sehr lieber O. R.! Ich möchte davon nichts schreiben, weil es dich insgeheim kränken würde."

Beim Zurückradeln heulte ich ein bißchen vor mich hin, daß diese dumme Pute, die Adelheid, gerade jetzt pensioniert werden mußte. Hätte sie mit ihrer Tatkraft nicht dazwischengefuhrwerkt, hätte O. R. vermutlich noch länger geschwiegen. Es ging mir eben zu gut in der letzten Zeit …

Dann gab ich mir aber einen Ruck; Ger wird sich freuen, wenn ich zu ihm ziehe. Er wird sich wahnsinnig freuen. Und Ger ist wichtiger als eine Stunde lang mit Brötchen und Schinken und gekochtem Ei und Morgenzeitung zu frühstücken.

Anni ist wie zerbrochen.

Als sie neulich so auffällig bestritt, meinen Bleistift genommen zu haben, schrieb sie einen dummen Zettel, den sie Schön-Rotraud, die am nächsten Tage entlassen werden sollte, zusteckte. Die wurde aber vorher noch überraschend gefilzt – so heißt es hier, wenn jemand genauestens untersucht wird –, und dabei fanden sie den „Kassiber". Die Jäger haben ihre Waidmannssprache; genauso gibt es hier im Gefängnis hundertundeinen besonderen Ausdruck. Sie sind allerdings meistens nicht allzu schön.

Siegesgewiß ging Anni heute zur Vernehmung, verzweifelt kam sie zurück. Nachdem sie sich leidlich gefangen hatte, erzählte sie mir die Wendung zum Schlimmen. „Jetzt ist alles aus. Sie haben meinen Zettel bei Rotraud gefunden. Ich hätte mir vorher sagen müssen, daß sie ein Kamel ist."

„Was stand drauf?"

„Er war für Frederic. Ich bat ihn, jemand zu besorgen, Millionen-Bubi oder den Fleischermeister; der sollte aussagen, daß er mir jedesmal 100 Mark gegeben hat. Wenn die sechshundert Mark hinter dem Spiegel belegt sind, können sie mir nichts nachweisen; gar nichts. Jetzt habe ich 'ne neue Sache am Hals; daß ich jemand zum Meineid verleiten wollte.

„Deswegen hast du dem Pascha noch lange nicht das Zeug gegeben. Darauf kommt es doch in der Hauptsache an."

„Schätzchen, es ist lieb von dir, mich trösten zu wollen."

„Ich sage nur, was ich denke."

„Aber vor Gericht bist du wie ein neugeborenes Kind."

„Weswegen?"

„Es geht doch um meine Glaubwürdigkeit."

„Glaubwürdigkeit?"

„Was denn sonst? Ich höre schon, wie der Staatsanwalt diese Mistsache in seinem Plädoyer ausschlachtet: ‚Die Angeklagte ist so verlogen, so skrupellos verlogen, daß sie nicht davor zurückscheute …' Wetten, daß er sagt: ‚skrupellos'? Und die Geschworenen wackeln mit den Glatzköpfen."

„Anni! Sie können dich nicht für etwas verurteilen, das du nicht getan hast."

„Sie können nicht! Sie können nicht! Schätzchen, weißt du, was ein Indizienbeweis ist? Da kommt ein reicher Geschäftsmann zu mir, der nachweislich so leichtsinnig war, sich kurz zuvor über 1 000 Mark einzustecken. Den findet man zehn Stunden später tot in seinem Auto. Kreislaufstörung, weil er Tabletten genommen hat, die er nicht verträgt. Diese Tabletten hat mir – mir! – der ‚Doktor', dieses Rindvieh, auf ein falsches Rezept besorgt; angeblich, weil ich Zahnschmerzen hatte. Wer nimmt mir das ab? Beim Schwurgericht niemand. Die tausend Mark sind futsch. Such' einer den großen Unbekannten, der den Pascha schon vor den Schichtarbeitern fand und die Unverfrorenheit hatte, ihn auszunehmen! Bei mir versteckt, graben sie später sechshundert aus. Und die Schuhe und das Kostüm. Schätzchen! Wenn du Geschworene wärst – Weiber sitzen manchmal auch dabei; die benehmen sich gegen unsereins zehnmal giftiger als die Kerle, weil sie denken: Das sind die Verworfenen, zu denen unsere Männer laufen. – Schätzchen! Würdest du ‚schuldig' oder ‚nicht schuldig' abstimmen? Beschwindele mich nicht!"

„Man kann dich nicht verurteilen, wenn du nichts Schlechtes getan hast." Es gelang mir nicht, Überzeugungskraft in meine Antwort zu legen.

Anni zuckte resigniert die Schultern. „Also bekomme ich wegen Körperverletzung mit Todesfolge drei Jahre; wenn sie rabiat sind, sogar vier oder fünf. Tja, könnte ich mir einen von den berühmten Rechtsanwälten leisten, von denen die feinen Damen rausgeangelt werden. Reden wir nicht davon! Das gibt es nur für die Großen."

„Ist es denn so schlimm im Gefängnis?" fragte ich vorsichtig.

„Schlimm, Schätzchen schlimm?" In Annis Augen flackerte ein gefährliches Feuer auf. Sie glich einer Katze, die von einem starken Hund bedrängt wird.

„Wenn ich länger Knast schieben soll, werde ich verrückt. Ich habe mir längst abgewöhnt, übertrieben viel vom Leben verlangen zu wollen. Aber mal ins Kino und mal 'ne Nacht durchschwiemeln und mal mit einem richtigen Kerl im Bett liegen, das will ich haben, das brauche ich einfach und das wollen mir diese Hunde drei Jahre lang verweigern oder vier oder …" Sie konnte nicht weitersprechen.

In den ersten Wochen des neuen Lebens war ich beinah' glücklich. Die Arbeit bei Blaser & Co. ließ sich aushalten. Wenn wir am Gatter geschnittenes Holz abnehmen mußten, gab es allerdings keine Pause zum Verschnaufen. Auch wenn Brennholz auf hohe gummibereifte Wagen geladen wurde, glaubte ich manchmal, es gänge nicht weiter, ich müßte schlapp machen. Vor den anderen Mädels konnte ich mich aber jedesmal noch zusammenreißen. Mit der Zeit bekam ich Muskeln wie eine Diskuswerferin, da brauchte ich mich nur noch halb so viel anzustrengen wie am Anfang. Außerdem kamen immer Stunden, ja halbe Tage dazwischen, an denen wir den Platz aufräumen oder Sägemehl fortschaffen mußten. Dabei hatten wir viel Zeit, alberten herum und paßten nur auf, daß der Meister uns nicht überraschte.

Um halb fünf pfiff es Feierabend. Es ist viel wert, wenn man von einer bestimmten Zeit an sein freier Herr ist. Es gab keine Aufsicht, nicht einmal die rührend gut gemeinte von O. R.

Sehr vorsichtig fuhr ich mit Ger auf die Jagd. Das Erlebnis mit den beiden Förstern hatte uns eindringlich gewarnt, wie schnell etwas schiefgehen kann. Genau wie Vati legten wir lange Pausen zwischen die einzelnen Unternehmungen ein. Bei unseren unbewaffneten Radtouren kundschafteten wir die Gelegenheit aus, wo ein begehrenswertes Stück Wild stand und es mit der Aufsicht haperte. Hatte Ger geschossen, wechselten wir das Revier. So kam uns keiner auf die Sprünge.

Wildern ist ein Unrecht. Ich finde es aber schlimmer, wenn jemand stiehlt oder gar einbricht. Er macht es einzig in der Absicht, sich zu bereichern; meistens wenigstens. Natürlich gibt es auch Sammler, die etwas aus einer Kunsthandlung oder einem Museum mausen; auf ehrliche Art können sie sich ihren Herzenswunsch nicht erfüllen. Um uns stand es ähnlich; oder, gerecht betrachtet, war es wenigstens zur Hälfte vergleichbar. Ich gebe zu, daß wir uns über einen Rehbock auch deshalb freuten, weil er 30 Mark einbrachte und obendrein einen Braten, der uns eine halbe Woche lang die Ausgabe für das Abendbrot ersparte.

War das aber der Hauptgrund, der uns immer wieder zu unseren heimlichen Fahrten bewog? Was bedeuteten schon dreißig Mark! Hätten wir beide statt dessen Überstunden gemacht, wäre mehr abgefallen.

Heute glaube ich, daß der Triumph das Wichtigste war, endlich einmal mit den Satten, den Zufriedenen Ameise spielen zu können. In ihren kostbaren

Autos kamen sie angefahren, zogen Gewehre, die Tausende wert waren, aus den Lederfutteralen und setzten sich auf Hochsitze, die der Zimmermann aus dem Dorf so bequem und so töricht wie möglich in die Wiese gebaut hatte.

„Wenn sie da hocken, ihre dicken Zigarren rauchen und auf den Sechser warten, den wir ihnen vor drei Tagen mitten in seinem Einstand weggeknipst haben, möchte ich vor Vergnügen auf den Händen laufen", sagte Ger einmal zu mir.

„Diese Ameisen!"

„Für alles wird das Geld mit vollen Händen rausgeschmissen", fügte ich hinzu, „nur ein Jagdaufseher, einer, der was taugt, der ist zu teuer."

„Selber schuld!" sagte Ger und grinste mich an.

In der Schule mußten wir zweimal Michael Kohlhaas lesen, weil wir gerade in diesem Jahr sitzengeblieben waren. Die andern fanden die Geschichte lahm; Ger und mir gefiel sie wunderbar. Ihm wird Unrecht angetan, deswegen tut er Unrecht. Es kostet seinen Kopf. Trotzdem geht er guten Mutes auf das Schafott. Es hat seinen Willen durchgesetzt.

Zwei Kinder, mit denen in der Schule immer nur Ameise gespielt wurde, sollten eine Geschichte wie die von Michael Kohlhaas nicht kennenlernen. Kleist taugt nichts für sie.

Die Kiepen hat Anni schon wieder geholt. Das geht jetzt fast jeden Tag so. Wenn sie zurückkommt, ist sie erledigt. „Sie wollen mich fertigmachen", sagte sie gestern. „Auf dem Rummel hab' ich mal einen gesehen, einen Amateurboxer, der wurde in jeder Runde auf die Bretter gelegt, und jedesmal nach der Pause trat er wieder an. Es ging, wie sie vorher ausposaunt hatten, um 100 Mark. Du, Schätzchen, der Boxer bin jetzt ich. Ich lasse mich auch nicht k. o. schlagen, und wenn ich Blut spucke."

So bin ich meistens zwei Stunden allein, und nach der Vernehmung verschläft Anni noch den halben Nachmittag.

Jetzt kommt der Bericht von den schwarzen Wochen, die ich Herrn Landgerichtsrat Schaller verschweige. Zum Schluß müßte ich mich schuldig bekennen, den Tod von zwei Menschen verursacht zu haben. Ich denke, daß auch ein anderes Mädchen darüber nicht sprechen würde, nicht über die Qual dieser Wochen und nicht über die drei oder fünf entscheidenden Sekunden. Weswegen füge ich eigentlich Zeile an Zeile, um jedes Blatt peinlich genau zu zerschnipseln, bis man es auch in tagelanger Arbeit nicht zusammensetzen könnte? Vermutlich habe ich mich schon zu sehr an das Schreiben gewöhnt. Ein Tag, an dem ich mein winziges Gekritzel nicht zu Papier gebracht habe, kommt mir sonderbar leer vor. Es klingt erstaunlich, daß ein Tag im Untersuchungsgefängnis überhaupt einen Inhalt haben kann. Mein Schreiben-Dürfen hilft, dem grauen Einerlei Farbe zu geben. Fehlte mir diese Beschäftigung, würde ich wie Anni dumpf vor mich hinbrüten oder mich mit Klagen, Anklagen und Selbstanklagen zermürben. Ich las mal von irgendeinem Eingesperrten, der sich mit einer Spinne die Zeit vertrieb ...

Im Februar kam Ger einmal nicht zur gewohnten Zeit von seiner Baustelle zurück; er verspätete sich um mehr als eine Stunde. Ich fing schon an, mir über das ungewöhnliche Vorkommnis Gedanken zu machen, da hörte ich seine polternden Schritte auf der Treppe. „Betoniert; Überstunden gemacht", sagte er kurz. Sein Gesicht zeigte aber nicht den müden, verdrossenen Ausdruck, der es sonst nach Feierabend wie eine Maske bedeckte. In seinen Augen brannte der Jägerblick. Ich bilde mir heute wenigstens ein, schon an diesem ersten Tag ihr Leuchten bemerkt zu haben, obwohl sie mir auswichen. Ich kannte meinen Bruder so gut, wie ein Mensch den anderen nur zu kennen vermag.

Am nächsten Abend kam er wieder zu spät; Überstunden. Und so blieb es die ganze Woche über. Am Zahltag ließ er wie gewöhnlich die aufgerissene Lohntüte, aus der er das Geld genommen hatte, achtlos in seiner Arbeitsjacke stecken. Als er fortgegangen war, um unsere Bibliotheksbücher umzutauschen, kramte ich sie mit schlechtem Gewissen hervor. Niemals war ich auf den Einfall gekommen, ihm nachzuspionieren. Jetzt aber verleitete mich meine Unruhe dazu. Sein Arbeitsverdienst entsprach genau dem der vergangenen Wochen. Er hatte mich belogen.

„Sag mal, was ist das mit deinen Überstunden?" fragte ich ihn geradezu.

„Laß mich zufrieden! Meine Sache." Er sah mich wütend an, als hätte ich ihn bei einem Unternehmen ertappt, dessen er sich schämen mußte.

Ich hatte keine ruhige Minute mehr. Was trieb Ger hinter meinem Rücken? Politik? Nein, die kümmerte ihn nicht. Fing er gar mit dem Trinken an? Unsinn, das hätte ich sofort gemerkt. Karten spielen? Niemals würde er sich einträchtig mit anderen zusammensetzen. Mädchen? In meiner Brust krampfte sich etwas zusammen.

Als wir anderntags Feierabend machten, fuhr ich nicht nach Hause, sondern durch die Anlagen zu Gers Baustelle; die lag am Rande des Stadtparks. Ein Stück davor versteckte ich das Rad hinter Fliedersträuchern. Es war der erste Vorfrühlingstag. Ich setzte mich auf eine Bank, von der aus ich das halbfertige Mietshaus, das auf einem Ruinengrundstück gebaut wurde, beobachten konnte. Von dem Wipfel einer hohen Fichte aus sang eine Schwarzdrossel. Es war mir unmöglich ihr Lied so zu bewundern, wie ich es sonst getan hätte. „Ger!" mußte ich in einem fort denken. „Ger! Drei kleine Mädchen spielten neben mir Himmel und Hölle. Sie stritten sich häßlich.

Dann kam ein Kontormädel, eine aufgedonnerte Schwarzhaarige. Ich achtete nicht weiter auf sie. Von dieser Sorte laufen so viele herum, daß man sie nur mit Mühe auseinanderkennt. Sie wartete auf irgend etwas. Warum auch nicht?

Jetzt kamen sie vom Bau. Die Maurer und auch etliche der Hilfsarbeiter fuhren mit Autos oder Motorrädern, nur zwei oder drei hatten es nicht weiter als bis zu Fahrrädern gebracht. Ich sah Ger sofort. Wenn er auch nur Hilfsarbeiter war, wirkte er doch am besten von allen, groß, breitschultrig und – ich weiß nicht – irgendwie anders. Beim letzten Wort überlegte ich, ob ich ‚feiner‘ oder gar ‚vornehmer‘ schreiben sollte. Beide Ausdrücke, besonders auf Äußerlichkeiten bezogen, wären nicht richtig gelegen. Sein Arbeitszeug und die abgeschabte Aktentasche unterschieden sich in nichts von den Sachen der anderen. Außerdem hätte ein anspruchsvolles Wort eingebildet geklungen; worauf sollten wir eingebildet sein? Vielleicht kann man es so ausdrücken, daß Ger wie ein heimlicher Prinz aussah, wie Paris, der unerkannt zwischen Hirten aufwächst. Ob das nun weniger anmaßend klingt, will ich nicht entscheiden.

Ger steuerte sofort auf die Schwarzhaarige los. Sie schüttelten sich die Hand. Die Schwarze lachte. Ich sah auch Gers Zähne blitzen. Wir beide haben kerngesunde Zähne, beinah ein Raubtiergebiß. Ger ging mit dem Mädchen in einen Seitenweg der Anlagen hinein.

Sobald sie glaubten, unbeobachtet zu sein, küßten sie sich. Mir kam es vor, als ob sie sich minutenlang küßten. Als sie endlich aufhörten, legte Ger seinen rechten Arm um ihre Schulter, mit der linken Hand schob er das Rad. Sie umschlang ihn ebenfalls.

Wie oft hatten wir uns über Liebespaare lustig gemacht, die sich auf diese Art umklammerten! „Doppelclinch. So unbequem wie möglich. Aber sie sind so vernarrt, daß ihnen alles egal ist. Hauptsache, daß sie sich gegenseitig betatschen können", hatte Ger immer gespottet; und jetzt machte er es genauso. Die Amsel sang unentwegt ihr Liebeslied. Ich haßte sie deswegen. –

Am nächsten Tag fragte ich Karin, ob sie die Schwarzhaarige kenne. Karin wohnt in der Neubaugegend und weiß über alle Mädel Bescheid. Wir mußten Giftbrühe auf das Unkraut des Lagerplatzes gießen; überall dort, wo nicht gefahren wurde, bildete es einen zartgrünen, dichten Urwald, der meterhoch wuchern würde, wenn wir ihn nicht vernichteten.

„Eine kleine Schwarzhaarige, toller BH, hohe Absätze – die trägt sie auch bloß, damit sie ein bißchen größer aussieht –, ganz gute Beine; aber in den unmöglichen Schuhen knickt sie natürlich alle nasenlang um. Rosa Pullover, enger Rock und wüst parfümiert. Stimmt das?"

„Gerochen hab' ich sie nicht", sagte ich. „Es ist aber die Richtige."

„Sie heißt Silvia. Was ist mit ihr los? Hat sie mal wieder was angestellt?"

„Ach wo. Ein Junge, mit dem ich früher mal zusammengearbeitet habe, fragte nach ihr."

„Er soll bloß die Finger von ihr lassen. Zuerst ist sie mit einem aus ihrer vorigen Firma gegangen, einem Verheirateten. Als es Stunk gab, flog sie raus. Er durfte bleiben. Gehobene Stellung: Prokurist oder so was. Dann kam einer von der Post dran, ein guter Junge. Von dem hat sie sich alles mögliche kaufen lassen. Dann war der lange Dieter der Dumme, weißt du, der im VfL in der zweiten Handballmannschaft mitspielt. Dann einer von Garson, der da Herrensachen verkauft; ich weiß aber nicht, wie er heißt. Und jetzt soll sie einen vom Bau haben, einen Ungelernten, aber Eva sagt, er sieht toll aus." –

Ich schrie es Ger ins Gesicht, daß ich alles von seinen Überstunden wisse. Er saß auf dem alten Sofa, auf dem er auch schläft. Ich stand vor ihm.

„Na und?" sagte er.

„Wenn du dich schon mit einem Mädchen abgibst, dann such' dir wenigstens eins aus, das dich nicht bloß ausnehmen will."

„Ausnehmen? Wer behauptet das?" Ger zog sein Taschenmesser hervor und spielte abwechselnd mit der Säge und der großen Klinge, die er auf- und zuschnappen ließ.

„Vier oder fünf andere hat sie vor dir gehabt."

„Gelogen! Oder ... es war nichts dran." Er hielt das Messer jetzt so, als wollte er es einem Gegner in den Hals rammen.

„Zuerst hat sie sich mit einem Verheirateten abgegeben, dann mit einem von der Post, dann hat sie sich mit einem herumgetrieben ..."

„Schluß!" Ger unterbrach mich. Er brüllte nicht los, wie es eigentlich seine Art war, sondern sprach leise, flüsternd. „Mit keinem hat sie sich herumgetrieben. Das war alles bloß ... bloß Spielerei. Wir beide ... mit uns ist das ganz anders. Und zu Ostern verloben wir uns."

„Ger! Du kannst dich doch nicht mit einer verloben, die mit achtzehn schon ein halbes Dutzend Männer ..."

„Raus! Hau ab, eh' ich ... Raus!"

„Stoß zu!" schrie ich. „Stoß doch zu!"

Er warf das Messer auf den Fußboden, daß die Klinge in den morschen Dielen steckenblieb, packte mich am Arm und drängte mich zur Tür hinaus. Als ich auf dem Flur stand, hörte ich, wie er abschloß. Mein Bruder Ger schloß die Tür ab, damit ich nicht zu ihm konnte! „Du machst alles falsch", sagte die Palsen immer, als sie in der Sechsten meine Klassenlehrerin war. „Auch später im Leben wirst du vermutlich alles falsch machen." –

Damals auf der staatlichen Kultur:

„Willst du?"

„Was?"

„Richtig."

„Ich ... ich weiß nicht."

„... Lieber nicht."

Alles im Leben mache ich falsch.

Weswegen habe ich zu Ger nicht gesagt: „ Komm!" Weswegen nur?

Darüber mußte ich in vielen Nächten, in denen ich nach unserem Zerwürfnis nicht einschlafen konnte, nachgrübeln, bis die Kopfschmerzen kaum noch auszuhalten waren.

Hätte ich seinem und meinem stummen Wunsch nachgegeben, wäre ich „straffällig geworden", wie es hier im Gefängnis heißt. Ihre Gesetze verbieten es genauso, wie sie es Vati verwehrten, in seinem Revier auf die Jagd zu gehen.

Bei den alten Ägyptern mußten sich im Königsgeschlecht die Geschwister heiraten; mehrere tausend Jahre lang galt dieses Gesetz. Ich las ein dickes Buch darüber. Unsere Gesetze bestimmen das Gegenteil. Die Kinder aus solchen Verbindungen werden von körperlichen oder seelischen Erkrankungen befallen. Verschiedene Namen wurden dafür gebildet; der häßlichste steht in dem Paragraphen, gegen den ich verstoßen haben soll.

Als ich sagte: „Lieber nicht", dachte ich nicht an die Bestimmungen des Strafgesetzbuches, von denen ich damals nur eine undeutliche Vorstellung besaß. Woran dachte ich dann? Wie oft fragte ich mich das an den langen Abenden, die ich allein in meiner Mansarde saß, oder an denen ich wie eine Verrückte mit dem Rad herumfuhr; hoffte ich doch, so müde zu werden, daß ich schlafen konnte.

Seitdem ich mich nach dem sehnte, was der vor Jubel verrückte Ger ein paar Augenblicke lang von mir haben wollte, hielt ich es bei einem Mädel für das Wichtigste auf der Welt. Ob es sich nun um eine Prinzessin handelt, keine aus dem Märchen, sondern eine richtige Königstochter, deren Vater ein modernes Land regiert, oder um das Kind eines Bankiers, das 10 Millionen Mark Mitgift bekommt, oder um eine aus der Sonderschule, bei der zu Hause Armut und Unordnung herrschen, für alle gilt: Sagst du zum ersten Mal zu einem Mann: „Komm!" dann fällt eine Tür hinter dir ins Schloß, die sich nie wieder öffnen läßt. Man kann fünfmal heiraten und sich zwischendurch immer wieder scheiden lassen; das ist nur eine Frage des Geldes. Aber das Wagnis: „Komm!" ist einmalig, unwiderruflich, rückweglos.

Deswegen träumte ich davon, es müßte etwas Gewaltiges sein, bei dem man nicht zagend fragt: „Sollst du, oder sollst du nicht?" Dabei muß es mich packen – so stellte ich es mir vor –, als wäre ich in einen reißenden Fluß gefallen, dessen Wassermassen auf eine Stromschnelle zujagen. Mit knapper Not vermag ich mich an der Oberfläche zu halten; kein Gedanke, ans Ufer schwimmen zu können. Ich sehe die Stelle rasend schnell auf mich zukommen., an der die Felsen auf beiden Seiten das Wasser zusammenpressen. Weißer Gischt kocht. Ohrenbetäubendes Brausen übertönt alle anderen Geräusche. Mit einemmal weiß ich, daß ich dem Strudel verfallen bin; es gibt kein Entrinnen – und würde ich an den Felsen zerschmettert. Da hebe ich einen Arm empor und schreie in den Aufruhr hinein: „Ho! Ho! Ho!" Schon hat es mich herumgewirbelt, daß mir die Sinne vergehen.

Natürlich sind das nur Hirngespinste. Niemals machte ich einem anderen gegenüber auch nur eine Andeutung über meine Phantastereien. Alle Mädel, mit denen ich zusammenarbeitete, sprechen offen über diese Dinge, wenigstens die meisten von ihnen, als handelte es sich ums Essen, Trinken, Tanzen und ins Kino gehen. Höchstens daß sie bei diesem Lieblingsthema zu flüstern anfangen und geziert lachen. Mit spöttischem Verziehen des Gesichtes und geringschätzigem Schulterzucken rettete ich mich immer vor ihren unbegreiflich plumpen Fragen. Wie kann man darüber sprechen?!

Damals mit Ger bin ich die Vernünftige geblieben – oder die Feige – weil ich das Brausen der Stromschnelle nicht hörte. Das war, so glaube ich heute, entscheidend. Vor dem Strafgesetzbuch blieb ich unschuldig.

„Auch später im Leben wirst du vermutlich alles falsch machen."

Und wenn ich „Komm!" gesagt hätte? Mein Gott! Wie sollte es denn weitergehen? Wollte ich Ger wirklich für mein ganzes Leben an mich fesseln? Durfte ich es? Wäre es mir überhaupt gelungen, oder hätte es ihn vor mir geekelt? Nutzloses Grübeln, quälende Fragen, die zu spät auftauchen.

Anni ist immer noch zurück; aber ich mag nicht mehr schreiben.

„Mein Vater war Lehrer in einem Nest bei Salzwedel", fing Anni gestern abend zum ersten Mal an, von ihrer Kindheit zu sprechen. „Es heißt Waltersdorf. Da bin ich geboren. Meine Mutter war bloß die Tochter von einem Pferdeknecht oder Gespannführer, wenn du es feiner ausgedrückt haben willst. Ihre ganzes Leben lang hat sie wohl gedacht, daß Vater ihr wunder was angetan hat, als er sie nahm. Blödsinn. Verknallt war er in sie; weiter nichts. Anfangs wenigstens. Später ist er 364 Tage im Jahr rumgelaufen, als ob wir aufstehen sollten und einen Knicks machen, wenn er in die Stube kommt. Nur wenn Schulrat-Visite war, sah er jämmerlich aus, so als ob ihm ein Malheur in die Hose passiert wäre. Geschwister hatte ich keine.

Mit mir war er sehr streng. Ich sollte um jeden Preis Lehrerin werden. Er gab mir Nachhilfestunden, und Klavierspielen sollte ich auch lernen. Hat alles nichts geholfen.

Die schönste Zeit meines Lebens war, als er im letzten Kriegsjahr eingezogen wurde; vorher war er stets u. k. gestellt worden. Da durfte ich endlich aufatmen. Meiner Mutter ging es wahrscheinlich genauso. Sie hat aber nie etwas Schlechtes über ihn gesagt; selbst dazu hatte sie zu großen Respekt.

Nach dem Krieg wurde er als ehemaliger Ortsgruppenleiter eine ganze Weile eingesperrt. Mit Mutter und mir sah es belämmert aus. Man hatte uns in eine elende Bruchbude gesteckt, und das Essen war knapper als knapp. Hast du schon mal hungern müssen?"

Ich sagte, daß ich eigentlich immer satt geworden sei, manchmal allerdings nicht ganz satt.

„Sei zufrieden! Ich habe monatelang gehungert. Damals kannte ich einen, der sich als Grenzgänger durchschlug. Die Grenze ging dicht hinter unserem Dorf entlang. Er führte die Leute rüber, die nach drüben wollten, und brachte andere zurück. Ich fragte ihn, ob ich nicht mitkommen dürfte, Westware hucken. Ich war erst vierzehn, aber schon so groß und stark, daß ich wie sechzehn aussah. Hätte ich in diesen Jahren so essen können, wie ich wollte, wäre ich eine Maschine geworden. Ganz gut, daß alles so knapp war. Wegen des Essens wollte ich überhaupt zur Grenze. Ich dachte, dann könnte ich mich wenigstens jedesmal drüben an guten Sachen vollfuttern.

Unser Geschäft ging eine ganze Weile gut. Einmal haben mich die Iwans geschnappt und drei Tage in den Keller gesteckt. Schließlich ließen sie mich aber, ohne mir etwas getan zu haben, wieder laufen. Das war im Herbst 46, als schon mehr Ordnung herrschte.

Vier Wochen drauf nahmen sie mich drüben hopp. Ich wurde von den Amis verhört.

Schätzchen! Zwei Männer habe ich im Leben kennengelernt, zwei Männer nur … Von Frederic weißt du. Er läßt sich jetzt die Hemden von dieser Schickse waschen. Aber was soll er schließlich anfangen? Der andere war der Captain, dem ich in diesem Grenzkaff vorgeführt wurde.

Schätzchen! Wir sahen uns beide nur an. Du mußt nicht denken, daß er wie ein Herzensbrecher wirkte. Kein Gedanke! Häßlich war er, aber gut gewachsen und für meine damaligen Begriffe sagenhaft gepflegt. Du, der war von einer Häßlichkeit, die man nach fünf Minuten überhaupt nicht mehr merkte. Und ich? Fünfzehneinhalb, wie Milch und Blut und alles dran. Angst hatte ich auch, was sie mit mir anfangen würden. Vielleicht machte mich die Angst besonders rührend.

„Sie brauchen nicht so zu zittern", sagte der Captain. Er sprach ein sehr gutes Deutsch; ich verstand fast alles.

Ich sah ihn immer nur bittend an. Verstehst du, ich hab' ihm keine schönen Augen gemacht; so raffiniert war ich damals noch gar nicht. Ich guckte ihn nur an, wie … na, vielleicht wie'n Lamm einen, der es am Strick hält. Es denkt: Wird er mich nun vor den Kopf schlagen und mir die Gurgel durchschneiden, oder bindet er mir eine hellblaue Schleife um den Hals und läßt mich auf einer fetten Weide laufen?

Er fragte alles mögliche. Nachdem er festgestellt hatte, daß ich eine lachhaft harmlose, kleine Grenzgängerin war, schickte er die zwei, die am Nebentisch herumlümmelten, raus; nur der Sergeant blieb im Zimmer. Das war der größte Kerl, den ich jemals kennengelernt habe. Ich hab' ihn später besser kennengelernt.

Der machte den Aktenschrank auf und stellte sich hinter die Tür, so daß man ihn nicht mehr sah. Es war fast, als ob er auch verschwunden wäre.

‚Ich will dir helfen', sagte der Captain. Er nannte mich mit einem Male ‚du'.

‚Ja', sagte ich. Mein Zittern wurde immer schlimmer.

‚Versteh mich nicht falsch! In jedem Falle würden wir dich heute oder morgen laufen lassen; abschieben. Ich möchte aber mit deinem dummen Grenzgehen Schluß machen. Weiß der Kuckuck, wann dir doch mal etwas Dummes zustößt. Willst du dir von mir helfen lassen?'

‚Ja', sagte ich. Mehr als das blöde Wort bekam ich nicht heraus.

Ich mußte ‚ja' sagen, und wenn er mir vorgeschlagen hätte, wir wollten uns zusammen vor den nächsten Zug werfen. Ich mußte einfach. Ich war wie verhext.

Dann sprach er mit dem Baumlangen eine ganze Weile in Englisch.

Ich verstand kein Wort. Der sagte bloß immer: ‚Yes, Sir!' Mindestens zwanzigmal mit eiserner Miene; nur ganz zum Schluß lachte er ein bißchen und sagte: ‚O. k., Sir.'

In einem Jeep brachte er mich in ein Nest zwanzig Kilometer westwärts. Da wurde ich in einem Gasthof einquartiert. Er bezahlte im voraus. Du, es war sogar 'ne anständige Wirtschaft!

Am Abend kam der Captain. Er … Schätzchen, ich mag dir das nicht alles erzählen. Von der ersten Stunde an hat er mich geliebt, und ich habe ihn von der ersten Stunde an geliebt. Ich war nicht verrückt auf ihn, ich hab' ihn geliebt. Und weil er der erste Mann in meinem Leben war, deswegen, ja, deswegen kann ich nicht drüber sprechen. Von den anderen würde ich dir alles erzählen, wenn du nicht so 'ne dumme Pute wärst, Schätzchen, aber von ihm … nein.

Das Beste war vielleicht, daß er mich nie belogen hat, kein einziges Mal. Er sagte mir vorher, was er von mir will; und er sagte mir vorher, daß er verheiratet ist. Ach, Schätzchen …

Drei Wochen hat das Glück gedauert. Zwei neue Kleidchen. Schuhe; richtige Westschuhe! Wäsche. Gutes Essen. Und an jedem zweiten oder dritten Abend kam er und blieb die halbe Nacht. Man möchte heut' noch heulen vor Dankbarkeit, so schön war es.

Dann kam er einmal ganz langsam die Treppe rauf. Ich kannte doch seinen Schritt! Sonst nahm er immer zwei Stufen auf einmal; an dem Abend schlich er richtig. ‚Was ist?' dachte ich. ‚Was ist passiert? Hat er sich was getan?'

Sein Gesicht war ganz grau und verfallen. Er sei versetzt worden, so weit fort, daß wir uns nie wiedersehen würden. Der lange Sergeant würde für mich sorgen. Ach, Schätzchen, was ist das Leben?!

Du darfst schlecht von mir denken. Ein paar Tage später habe ich's dem langen Laban nicht mehr abgeschlagen. Er bat so demütig, daß es mich ganz stolz machte. Schließlich war ich doch halb und halb in seiner Gewalt. Und später hielt ich es mit einem Leutnant. Aber geliebt, nein, geliebt hab' ich keinen von beiden.

Plötzlich kam meine Mutter angereist. Sie schaffte es tatsächlich, mich loszueisen. Ich bin mit ihr in die Ostzone zurückgegangen. Ob's gut war, weiß ich nicht. Vielleicht wäre ich im Westen, wenn ich so weitergemacht hätte, vor die Hunde gegangen. Vielleicht hätte mich einer geheiratet. Wer kann's wissen? Schätzchen! Aber eins war mir klar geworden: Daß die Männer auf mich verrückt waren und ich auf sie. Dann hat es ein armes Mädel nicht leicht.

Gestern mußte ich alles erzählen, was an dem Tage geschah, als der Förster und Ger sich gegenseitig erschossen.

Vorher fragte mich Herr Schaller noch einmal, ob ich einen Rechtsanwalt wünsche. Wir kämen jetzt zu dem schwerwiegendsten Teil der mir zur Last gelegten Straftaten. Da sei es seine Pflicht, mir jede im Gesetz vorgesehene Möglichkeit, meine Unschuld zu beweisen, zugänglich zu machen.

Ich lehnte das Angebot ab, weil ich mich davor scheue, einem neuen Menschen Rede und Antwort stehen zu müssen, einem, der mich für beschränkt oder verkommen hält und in einem fort nach der Uhr schielt, wie lange ich ihm seine kostbare Zeit stehle. Diesen Grund meiner Weigerung konnte ich Herrn Schaller natürlich nicht nennen. Er hörte sich meine lahmen Ausreden eine Weile mit an, dann entschied er genau wie beim letzten Mal, er werde mir einen Offizialverteidiger zu dem Zeitpunkt stellen, an dem er sein Mitwirken für notwendig halte.

Als ich die Ereignisse des 19. Mai schilderte, hielt ich mich an die Wahrheit, weil ich nicht gewußt hätte, an welcher Stelle sich eine Lüge gelohnt hätte. Nur das verschwieg ich, daß ich für einige Sekunden, für zwei oder drei oder höchstens fünf Sekunden zur Mörderin an zwei Menschen wurde, von denen einer völlig unschuldig war.

Nach unserem Zusammenstoß sprach Ger viele Tage lang kein Wort mit mir. In der Folgezeit beredeten wir nur das Notwendigste. An jedem Abend kam er um Stunden zu spät nach Hause. Manchmal blieb er auch die halbe Nacht fort. Dann wälzte ich mich auf meinem Bett hin und her. Ich peinigte mich damit, mir in allen Einzelheiten auszumalen, was er jetzt mit seiner Stadtpuppe triebe. Alle Qualen der Eifersucht erlitt ich, wie sie keine liebende Frau entsetzlicher um einen ihr verlorenen Mann verspüren kann.

Dann tat ich etwas, das mir noch vor wenigen Wochen undenkbar vorgekommen wäre. Ich gab E. nach, der mich schon lange mit seinen bettelnden Hundeaugen verfolgte. Warum gerade ihm? Vielleicht erinnerte er in seinem schüchternen, verkrampften und dann auch wieder aufbrausenden Wesen an Ger. Heute kann ich diesen Entschluß nicht mehr verstehen. Um Ger zu kränken, gab ich mich mit einem Jungen ab, der ihm entfernt ähnelte. Ich muß vor Eifersucht halb wahnsinnig gewesen sein. Dann besuchte ich St., dem die Frau vor kurzem fortgelaufen war. Obwohl er meine Not nicht kannte, hoffte ich, bei ihm Verständnis zu finden. Kein brausender Fluß. Keine gischtende Stromschnelle. Kein Versinken und Vergessen. Enttäuschung. Abscheu. Ekel. –

Schließlich fiel Ger mein schlechtes Aussehen auf. „Was, zum Teufel, ist los?" blaffte er mich endlich einmal wieder in seinem alten kameradschaftlichen Ton an. „Siehst ja aus wie das heulende Elend."

Mir schossen sofort die Tränen in die Augen, so daß ich nicht zu antworten vermochte. Ger schlug mir vor, nach Feierabend in den Wald zu fahren. Seit Wochen waren wir nicht mehr zusammen draußen gewesen.

„Und ... das Mädchen ... deine ...?" stammelte ich.

„Silvia ist verreist."

Mir war zumute, als preßte eine harte Hand erbarmungslos meine Brust zusammen. Bloß weil die andere verreist war, erinnerte er sich an mich. Trotz meiner Enttäuschung brachte ich es nicht über mich, seinen Vorschlag abzulehnen. Zu schmerzlich sehnte ich mich danach, endlich einmal wieder neben ihm aus der Stadt zu radeln, an seiner Seite im Wald zu warten und mit ihm zusammen das Herzklopfen der Jagdleidenschaft zu verspüren. Nur um mein Gewissen zu beschwichtigen, warnte ich ihn, so kurz nach dem Aufgang der Bockjagd sei es leicht möglich, daß wir mit einem Jäger zusammenstießen. Ger winkte ab. „Blödsinn. Am Freitag ist noch nie jemand draußen gewesen."

Ich zuckte die Schultern. Mochte kommen, wer wollte, wenn ich nur mit meinem verlorenen Bruder zusammensein durfte. –

Am Lindenhöfer Grenzwall stand das Jagdpächterauto. „Die Idioten!" knurrte Ger. „Dann nicht ... Wir fahren nach Torfhütte." Das war ein Schutzbezirk des Forstamtes Ramsthal. Im vergangenen Jahr hatten wir dort eine Ricke und ein andermal einen Hasen geschossen. Vom Revierbeamten war nichts zu bemerken gewesen. Er sei alt und stehe kurz vor der Pensionierung, wußte Ger von einem Arbeitskollegen.

Wir suchten uns einen günstigen Beobachtungsplatz am Rande des Hochholzes. Vor uns lag eine zweijährige Fichtenkultur, an die sich ein dichter Mischwald anschloß. Es war noch heller Tag. „Nachher gehen wir fünfzig Schritt vor bis zu dem einzelnen Ahorn", sagte Ger. „Dann lange ich bis an das dichte Zeug ran. Jetzt ist es noch zu ..." Ich kannte den Sinn des fortgelassenen Wortes; „gefährlich" oder „gewagt" hieß es. Er konnte es ruhig verschlucken.

Plötzlich fing er an in leisem, aber leidenschaftlichen Ton von Silvia zu sprechen. Sie sei immer vergnügt und tanze blendend, und nie sei sie Spielverder-

berin, niemals. Von ihr könne er alles haben. Ich solle mich doch nicht mehr sträuben. Schließlich hätte ich jetzt ja auch einen Schatz. Ja, er wisse alles über seine mit einem Mal so lebenslustige Schwester. Tolle Sache das!
Ich hatte ihn tödlich verwunden wollen, indem auch ich meinen Treueschwur brach. Statt dessen war jetzt das Gegenteil erreicht; unvorstellbar naiv machte er sich meinen Verrat zunutze.
„Das Vernünftigste sei", fuhr er eifrig fort, „wenn wir mal zu viert ausgingen. Dann würde ich einsehen, welch wunderbares Mädchen er in Silvia gefunden habe."
In mir war alles kalter Haß.
Vorsichtig zog Ger ein paar Fotos heraus, die er mir auf den Schoß legte. Wir saßen bequem an einen alten, dicken Stamm gelehnt. Es war angenehm warm. Hinten im Laubwald rief ein Kuckuck ein ums andere Mal. Ich warf nur einen kurzen Blick auf die Bilder. Silvia! Silvia! Silvia in ihrem neuen Kostüm. Silvia an Gers Rad gelehnt. Silvia auf einer Stadtparkbank mit lächerlich übereinandergeschlagenen Beinen.
In mir war alles kalter Haß. Ich haßte das Mädchen; viel grauenhafter aber noch haßte ich Ger. Nur deswegen hatte er mich in den Wald gelockt, daß ich ihm nicht wie zu Hause weglaufen sollte, wenn er mich umzustimmen versuchte.
„Ger", sagte ich. „Ich kann nicht." Ohne Rücksicht, ob sie beschmutzt würden, fegte ich die Bilder von meinem Schoß.
Ger sammelte sie auf. „Gans!" sagte er so scharf, wie er es früher niemals übers Herz gebracht hätte. „Dumme Sau!"
Wir schwiegen lange verbissen. Als die Sonne im Untergehen begriffen war, sagte er: „Ich gehe jetzt zum Ahorn. Du bleibst hier und ..."
„Warum soll ich nicht mitkommen?"
„Von hier aus kannst du besser beobachten, wenn was ..."
„Vorhin hast du aber gesagt ..." Wie in der Schulzeit verständigten wir uns wieder mit den scheußlich abgehackten Sätzen.
„Gar nichts habe ich gesagt. Du bleibst hier und pfeifst, wenn jemand kommt." Seine Stimme klang eiskalt.
Ich blieb zurück. Vor unserer Auseinandersetzung hatte Ger es für selbstverständlich gehalten, daß ich bei ihm blieb. Jetzt, nachdem wir uns zerstritten hatten, war ihm meine Nähe unerträglich. „Haß!" dachte ich. „Haß! Haß!"

Ein Brief für mich! Ich bekam einen Brief von O. R.
Durch Frau Sievers habe er gehört, was mir widerfahren sei.
Er sei fest von meiner Unschuld überzeugt. (So weit überwand sich der peinlich korrekte O. R. mir zuliebe, daß er eine offensichtliche Unwahrheit zu Papier brachte). Deswegen müsse ich bestimmt bald freigelassen werden. Er

fordere mich auf, in sein Haus zurückzukommen. Für seine nimmermüde Kusine werde sich ein anderer Wirkungskreis finden lassen.

Der Vorschlag, den er mir seinerzeit gemacht und der mich veranlaßt habe, fortzugehen, möge aus unserer Erinnerung gestrichen werden. Er sei damals in einem egoistischen Irrtum befangen gewesen. Das gegenseitige Verhältnis solle genauso unbeschwert fortgesetzt werden, wie es vor der bewußten Unklugheit bestanden habe.

Es gehe ihm gesundheitlich nicht zum besten. Das sei aber im Augenblick unwichtig; es komme vielmehr nur darauf an, daß ich wisse, ich würde von ihm erwartet. –

Vier knusprige Semmeln und drei Hörnchen im silbernen Korb. Die Butter in der Meißener Dose mit dem langweiligen Zwiebelmuster. Honig, verschiedene Marmeladen, Bohnenkaffee …

Die alten Gespräche voll warmer Herzlichkeit: „Was hast du nachher vor, Maria?"

„Wenn ich in der Küche fertig bin, wollte ich das weiße Oberhemd zu Frau Baluweit bringen. Die Manschetten sind ein wenig durchgestoßen. Ich glaube, sie hat noch etwas Stoff da."

„Tu das. Und wenn du bei Triebels vorbeigehst, laß doch zwei Parkettplätze, zehnte bis sechzehnte Reihe, für das Konzert am Samstag notieren."

„Zwei, O. R.?"

„Dummchen! Du glaubst doch wohl nicht, daß ich allein hingehen werde?"

„Du bist viel zu gut zu mir."

„Am Samstagvormittag mußt du dir dein Feuerhaar mit Kamillen waschen. Alle Leute sollen sich nach dir umdrehen."

Als Anni heute von der Vernehmung gebracht wurde, fiel mir sofort eine seltsame Veränderung auf. Sonst tobte oder heulte oder triumphierte sie, und manchmal zeigte sie eine tiefe Niedergeschlagenheit. Heute kam mir ihr Gesicht erschreckend leer vor, als wäre jedes sonst so leicht von ihm abzulesende Gefühl fortgewischt.

„Was ist?" fragte ich hastig. Sie hatte sich noch nicht einmal auf den Schemel gesetzt.

Hilflos zuckte sie die Schultern. „Aus ist es. Ich habe schlapp gemacht. Alles gestanden. In der Zeitung nennen sie es immer: ‚Unter der Last der Beweismittel brach die Angeklagte zusammen.'"

„Mein Gott! Was hast du gestanden?"

„Alles. Wie es gewesen ist."

„Erzähl'!"

Mit monotoner Stimme begann sie: „Dem Pascha ging es an dem Abend nicht gut, an diesem Abend. Im Geschäft und zu Hause hatte er Ärger gehabt. ,Wir wollen nicht drüber reden', sagte er. ,Schließlich ist hier bei dir der einzige Ort, an dem man den ganzen Krempel mal vergessen kann. Ich hab' nur verdammte Kopfschmerzen. Gib mir von deinen Tabletten; die sind besser als meine Zuckerplätzchen.'

Ein paar Wochen vorher hatte ich ihm das Zeug vom ,Doktor' gezeigt. Damals war ihm schon nach einer Tablette besser geworden. Er nahm jetzt – an diesem Abend – zwei. Ich sagte, zwei auf einmal wären zu viel. Er hörte nicht auf mich. Dann trank er ein paar Glas Bordeaux. Er hatte ihn mir geschickt.

Anschließend legte er sich auf die Couch. Er wolle zehn Minuten schlafen, sagte er. Nachher wäre er wieder obenauf. Ich sollte ihn wecken.

Sein Jackett hing über der Stuhllehne. Ich sah die Brieftasche hervorgucken. Ohne aufstehen zu müssen, konnte ich sie herausnehmen.

Schätzchen! Ich tat's aus purer Neugier. Du mußt mir das glauben.

Wie oft hab' ich den Jungens die Brieftasche rausgezogen, meinetwegen in einer Tanzpause, weil sie meist ulkige Bilder versteckt haben, von ihren Bräuten oder so.

Beim Pascha fand ich einen Packen Hundertmarkscheine. Als ich sie sah ...

Ich bin eben nur ein Stück Dreck. Da sagt einer, daß er sich eigentlich nur bei mir richtig wohl fühlt. Er hat das Vertrauen, sich hinzulegen und zu schlafen. Und ich nehme ihm sein Geld weg. Dreck!"

Ich versuchte, etwas Begütigendes zu sagen, Anni wehrte aber mit einer heftigen Handbewegung ab. „Laß mich weiter erzählen! Natürlich war es dumm, saudumm. Der Verdacht mußte ja auf mich fallen. Ich bekam die Polizei auf den Hals, und mit seiner Freundschaft war es auch zu Ende. Mach einer was dagegen! Als ich die Scheine sah, neu von der Bank, noch nicht einmal geknickt, da konnte ich nicht anders. Sie knisterten so ...

Fast eine Stunde ließ ich ihn schlafen. Dann weckte ich ihn mit Zittern und Zagen. Lange Zeit konnte er nicht richtig wach werden. Schließlich sah er auf die Uhr und bekam einen Schreck. „Ich muß schleunigst fort", sagte er vor sich hin.

,Was machen die Kopfschmerzen?' fragte ich. Ich plapperte alles mögliche durcheinander, damit er nicht an die Brieftasche denken sollte.

,Die haben nachgelassen', sagte er. ,Gib' mir bitte deine Pillen!'

,Auf keinen Fall die ganze Schachtel', sagte ich. ,Wenn ich wieder Zahnschmerzen bekomme, sitze ich da. Und du kannst dir doch verschreiben lassen, was du haben willst. Bei mir macht das immer einen großen Aufstand.'

Er sah es ein und nahm sich nur vier oder fünf Stück, die er in ein leeres Fach seiner Geldbörse schüttelte. ,Ich zeig' es Dr. Habermehl', sagte er. ,Der kann mir ein Rezept schreiben; dann bekommst du sie zurück.'

‚Sag aber nicht, wo sie herstammen', sagte ich. ‚Weil sie hintenrum besorgt sind.'

Er versprach es und ging hastig fort.

Was später geschehen ist, weiß ich nicht. Wahrscheinlich nahm er noch mehr Tabletten. Sie haben mir nicht gesagt, wie viele noch gefunden wurden. Dann muß ihm schlecht geworden sein. Es gelang ihm gerade noch, den Wagen in die Seilergasse zu lenken, wo kein Verkehr ist. Und dann erst ... fanden ihn morgens die Männer, die zur Frühschicht gehen."

„Du hast alles ausgesagt?"

„Alles. Es steht im Protokoll, und ich habe unterschrieben."

„Was wird nun?"

„Schätzchen, was soll groß werden? Daß ich ihn ermorden wollte, wird wohl nicht mal der Staatsanwalt behaupten. Ich hab' das Geld genommen. Rückfalldiebstahl. Ein Jahr oder zwei Jahre. Was kommt es schon bei mir drauf an? Ich bin ja doch bloß ein Stück Dreck."

„So darfst du nicht reden, Anni", widersprach ich. „Sieh mal, er war einer von den Großen, den Reichen, und doch ist er am liebsten zu dir gekommen."

Anni hob in einer hoffnungslosen Gebärde die Hände. „Zum Dank dafür hab' ich ihn bestohlen." Dann weinte sie.

Drei Tage lang kam ich nicht zum Schreiben. Ich mußte mich um Anni kümmern, damit sie mit ihrer Verzweiflung fertig wurde. Dann besuchte mich diese sonderbare Fürsorgerin und Hundezüchterin. Da fehlte mir die Ruhe, die man dazu braucht, um das Vergangene in gekritzelte Buchstaben zu verwandeln. Heute am Sonntag ist es im ganzen Bau so still, daß ich wohl mit dem Bericht vom Unglückstag fertig werde.

Ich lehnte an dem dicken Stamm im Schutzbezirk Torfhütte. Ger hatte sich fünfzig Schritt vor mir unter dem Ahorn verkrochen. Es begann zu dämmern. Am Ende des sehr langen Gestelles, dort wo hohe Bäume die Kronen zusammensteckten, stieg leichter Nebel auf. Ich saß mit verkrampften Händen. In mir fraß der Haß.

Da bemerkte ich im Altholz, an dem wir uns versteckt hatten, eine Bewegung. Etwas, das ich zuerst nicht erkennen konnte, kam genau auf Gers Stand zu. Dann wurde mir klar, daß es ein Mensch war, ein Förster.

Sofort hätte ich pfeifen müssen, um seine Aufmerksamkeit auf mich zu lenken und um Ger zu warnen.

Ich tat es nicht.

Wie gelähmt saß ich da.

Der Schreck hatte mich gelähmt, und der Haß schrie in mir:

‚Das ist die Strafe für deine Treulosigkeit!'

Drei oder fünf Sekunden mag meine Erstarrung gedauert haben.

Durch dieses drei oder fünf Sekunden währende Zögern wurde ich zur Mörderin. Halt! Was ich eben schrieb ist ungerecht. Der Haß und der Schreck waren es, die mich nicht handeln ließen. Wer kann entscheiden, welches Gefühl stärker war, welches den Ausschlag gab? Auch bezeichnen die Juristen noch längst nicht jeden als Mörder, der den Tod eines anderen verursachte. Was geht mich aber die Rechtsprechung an, wenn ich mit mir selbst ins Reine kommen will? Anklage und Verteidigung. Zwei Stimmen eifern in mir gegeneinander. Auf welche soll ich hören? Und einer war ganz unschuldig.

Endlich kam ich zu mir und pfiff gellend. Aber da war es schon zu spät. Der Förster hatte Ger bemerkt. „Hände hoch! Gewehr fortwerfen! Hände hoch, oder ich schieße!"

Ich schrie auch; ich weiß aber nicht mehr, was ich schrie.

Ger war aufgesprungen. Er hielt das Gewehr waagerecht in beiden Händen. Ich wußte genau, daß er es nicht fallenlassen würde. Dazu war sein Trotz zu groß. Er stand da und rührte sich nicht.

Der Förster schrie unentwegt. Ger warf sein Gewehr nicht fort. Ich lief auf ihn zu. Dabei wurde er mir durch einen herabhängenden Zweig halb verdeckt. Was er in diesem Augenblick tat, kann ich nicht angeben. Vielleicht hob er das Gewehr, vielleicht brachte er es sogar in Anschlag.

Da schoß der Förster.

Der Schuß aus seiner Büchse, die natürlich keinen verbotenen Schalldämpfer hatte, wirkte auf mich wie eine Explosion, die mich in Stücke riß. Während des Laufens schrie ich wie eine Wahnsinnige.

Ger sank zusammen. Ein kleiner Baum stützte ihn.

Der Förster lud nach, es klapperte laut, als er eine neue Patrone in den Lauf schob.

Ger lehnte sich gegen das Stämmchen. Er hob sein Gewehr. Ich vernahm nichts von dem durch den Schalldämpfer verschluckten Knall.

Der Förster fiel vornüber auf das Gesicht.

Als ich neben Ger kniete, lebte er noch. „Nimm das Gewehr! Lauf fort!" flüsterte er. Blut floß aus seinem Mund. „Nimm das Gewehr!" Er konnte nicht mehr sprechen und sah mich nur mit einem flehenden Blick an. Ich nahm es, obwohl der Befehl sinnlos war.

Dann war Ger tot. Plötzlich war der zweite Förster da. Ich tat alles, was er anordnete. Ich war halb ohne Besinnung und sah nur das Blut, das einen nassen Fleck auf Gers Bluse bildete, der immer größer wurde. Man müßte das Blut stillen, dachte ich; und dann durchfuhr es mich, daß alles zwecklos sei. Ger war tot.

Der andere lag auf einem Pürschpfad, der sich quer durch das Holz schlängelte. Die Kugel hatte ihn genau zwischen die Augen getroffen. Es blutete kaum. Trotzdem war auch er tot; er, der Unschuldige.

Man führte mich dann zur Försterei ab. Ich weiß nichts von dem Weg; auch heute noch nicht. Ich erinnere mich nur daran, daß ich im rechten Halbschuh einen kleinen Stein hatte, der drückte. Ich wagte aber nicht, ihn zu entfernen. Etwas so lächerlich Nebensächliches behält man, wenn es um Leben und Tod geht.

Ich wurde in den Holzstall eingesperrt. Dort versuchte ich, mir die Pulsadern zu öffnen. Als der Förster mich nach Waffen untersucht hatte, war ihm mein kleines Taschenmesser nicht aufgefallen.

In der Krankenabteilung des Gefängnisses kam ich zu mir. Alle waren freundlich zu mir, der Arzt, der mit seinen kurzsichtigen Augen hinter den Brillengläsern immer lustig zu zwinkern versuchte, die Wärterinnen, von denen mich die unheimlich große einmal abends in den Arm nahm, und der Pastor; er besuchte mich zweimal; seine gute Absicht war rührend. In den ersten Tagen bekam ich viel Medizin. Sobald ich sie eingenommen hatte, schlief ich tief und fest. Nachdem die Schnitte verheilt waren, kam ich ins Untersuchungsgefängnis. Die Narben werde ich mein Lebtag behalten. –

Alle diese Geschehnisse schilderte ich Herrn Landgerichtsrat Schaller der Wahrheit gemäß. Nur von meinem Haß sagte ich nichts; ich hätte ihn ja dann erklären müssen.

Hätte ich sofort gepfiffen, wären die beiden Schüsse möglicherweise auch gefallen. Niemals hätte Ger es über sich gebracht, freiwillig seine Waffe fortzuwerfen. Als er schoß, wird er wohl geglaubt haben, in Notwehr zu handeln. Ich halte diese Erklärung für wahrscheinlich, obwohl ich weiß, daß es Notwehr für einen Wilderer nicht gibt. Vielleicht wollte er mich auch verteidigen. Kann ein Schwerverwundeter wenige Augenblicke vor seinem Tode überhaupt noch klare Gedanken fassen?

In den nächsten Tagen soll ein Lokaltermin stattfinden. Ich fürchtete mich davor.

Wir sind im Wald gewesen. Ich kann nicht darüber schreiben. –

Vor einer Stunde ist Anni entlassen worden, weil weder Fluchtverdacht noch Verdunkelungsgefahr vorliegen. Als sie damals in meine Zelle gelegt wurde, kam es mir schrecklich vor, nicht mehr allein sein zu dürfen. Dann ärgerte ich mich oft über sie, wenn sie dummes Zeug schwatzte oder mir Geschichten erzählte, bei denen ich vor lauter Scham nicht wußte, wohin ich gucken sollte. Jetzt bedrückt mich die ungewohnte Einsamkeit. Schon ein paarmal hob ich den Kopf, um zu sagen: „Du, Anni!" Dann erst merkte ich, daß mir niemand mehr gegenübersitzt.

Morgen vormittag werde auch ich entlassen. Ich habe das Gefühl, daß Herr Landgerichtsrat Schaller meinen Aussagen Glauben schenkt. Zumindest hält er es für unbeweisbar, daß zwischen

Ger und mir verbotene Beziehungen bestanden haben sollen. Was die verschiedenen zu diesem Punkt der Anklage vernommenen Zeugen ausgesagt haben, weiß ich nicht; Belastendes ist wohl nicht vorgebracht worden. Ähnlich steht es um die Frage, wer den letzten Schuß abgab. Der zweite Förster kam allerdings dazu, als ich das Gewehr in der Hand hielt; aber dieser Umstand hat nicht genügend Beweiskraft, um für eine Verurteilung auszureichen.

Als wir vorgestern zum Ortstermin im Wald waren, sprachen mehrere Herren, die ich nicht kannte, lange Zeit miteinander. Ich mußte so weit von ihnen entfernt warten, daß ich nichts verstehen konnte. Mehrfach kam einer von ihnen zu mir und fragte nach Einzelheiten, die ich schon mindestens zehnmal angegeben hatte. Ich konnte nur immer wieder das gleiche wiederholen. Wenn man die Tatsachen nicht verdrehen will, ist es einfach, zu antworten. –

Ich bin so unruhig, so in meinem Innern aufgewühlt, daß ich pausenlos schreiben möchte. Wie werde ich ohne die Geborgenheit des Gefängnisses auskommen? „Alles im Leben machst du falsch." Habe ich mich wieder falsch entschieden?

Zu O. R. gehe ich nicht zurück. Ich schrieb ihm aber, daß ich in jeder Woche einmal zu ihm kommen will.

Fräulein von Sibar besuchte mich heute zum zweiten Mal. Durch irgendeinen Fürsorgeverein erfuhr sie von mir. Anni erzählte mir, daß es eine Stelle gäbe, die sich um entlassene Strafgefangene kümmert; wahrscheinlich wollten sie auch mir helfen. Annis Spott kannte keine Grenzen: „Du wirst zu einem Landpastor gesteckt, der 17 Kinder sein eigen nennt. Morgens gibt es Magermilchsuppe mit Roggenmehlklütern. Nur der Herr bekommt etwas extra, weil er der Hausherr ist, und der älteste Junge bekommt extra, damit er Abitur machen kann, und die Frau Pastor nascht in der Küche, sobald sie glaubt, daß es keiner sieht. Mittags essen sie Durcheinandergekochtes. Abends wird es aufgewärmt, bis es aufgegessen ist. Um das Haus herum liegt ein großer Garten. In dem hast du deine Beschäftigung, damit du nicht auf dumme Gedanken kommst. Niemand von der ganzen Familie darf auf dumme Gedanken kommen, so gern er es auch möchte; dafür sorgt Frau Pastor. Sie ist klein und dürr und sehr fromm. Der zukünftige Abiturient ist eine ulkige Nudel. Nachts klopft er ganz zaghaft an deine Kammertür. Barbeinig steht er draußen und bibbert. Und wenn's rauskommt, daß du mit ihm Erbarmen gehabt hast, dann fliegst du als abscheuliche Verführerin der Unschuld." Anni beschrieb das ländliche Idyll, das sie nie mit eigenem Auge gesehen hat, noch eine Viertelstunde lang.

Weswegen halte ich mich nur mit diesem Unsinn auf? Scheue ich mich davor, von meinem fragwürdigen Entschluß zu berichten?

Fräulein von Sibar sieht wie eine Beeren- oder Pilzfrau aus, die man in verwaschenes Khaki gesteckt hat. Ihre Art, das Gespräch zu führen, ist unbekümmert zupackend bis hin zur Grobheit.

„Du wolltest dir das Leben nehmen, einfach mir nichts, dir nichts Schluß machen. Ich sage ‚du' nicht bloß deswegen, weil ich deine Mutter sein könnte; aber vor zwanzig Jahren habe ich den gleichen Blödsinn gemacht. Sieh mal, ich bin so drüber weg, daß ich davon sprechen kann. Auch vorbeigeglückt. Mir half damals keiner, mich zurechtzufinden. Die Menschen haben keine Zeit, sich um unfähige Selbstmordkandidaten zu kümmern. Ist auch nicht nötig. Mitleid ist die schlechteste Medizin. Übel wird einem danach, wenn man sie schlucken muß. Magst du Tiere leiden?"

Ich bejahte die Frage mit gutem Gewissen.

„Hunde?"

Ich sagte, wie schmerzlich wir es bedauert hätten, nach dem Krieg keinen Hund besessen zu haben. Vati sagte immer, man dürfe keinen Jagdhund in eine Etagenwohnung einsperren, wenn man nicht regelmäßig mit ihm ins Revier könne.

„Dein Vater hatte recht. Ich züchte Hunde, Jagdterrier, seit zwanzig Jahren; ungefähr seit der Zeit, als mich die schlauen Menschen daran hinderten, Schluß zu machen. Zwanzig Jahre stimmt nicht ganz; es sind wohl erst achtzehn. Spielt keine Rolle.

Ich brauche jemand, der mir hilft. Du müßtest alle Arbeit mitmachen, im Zwinger, im Haushalt und auf dem Hof. Ich betreibe eine winzige Landwirtschaft, weil ich von der Hundezucht allein nicht leben kann. Dann müßte man irgendeine Moderasse züchten. Liegt mir nicht.

Gehalt … Natürlich mußt du Gehalt bekommen. 100 Mark im Monat. Auf einer anderen Stelle würdest du das Doppelte verdienen, vielleicht sogar das Dreifache. Kann ich nicht bezahlen. Dafür stehen wir im Sommer oft um vier auf, wenn die Hunde draußen gearbeitet werden müssen oder einer der Jäger um Hilfe ruft. Krankschießen können sie, einen brauchbaren Hund abführen, das können sie nicht; na, das ist schließlich unser Geschäft. 100 Mark sind ein Bettel. Aber ich wüßte beim besten Willen nicht, wie ich mehr zusammenkratzen sollte."

Fräulein von Sibar setzte mir das in aller Ruhe auseinander. Ihre Stimme grollte, fast als hielte sie mir eine Strafpredigt, aber ihre großen Augen blickten mich bezwingend warm an.

Ich bat um einen freien halben Tag in jeder Woche, um O. R. besuchen zu können. Ich erklärte ihr genau, wie dankbar ich ihm sein müsse und wie sehr ich ihm verbunden sei.

„Kein Wort weiter!" sagte sie. „Hausgehilfinnen haben heute Anspruch auf geregelte Freizeit, 44- oder 48-Stunden-Stunden-Woche. Ich habe keine

Ahnung, was im Tarif steht. Wir – wir beide – müssen 60 oder im Sommer manchmal 70 Stunden nicht nur arbeiten, sondern sogar schuften. Du darfst deinen O. R. alle Woche einmal besuchen. Ist alles klar? Bist du einverstanden oder willst du dir meinen Vorschlag noch überlegen? Würde ich dich heute drängen, mit dem Erfolg, daß du mir in vierzehn Tagen fortläufst, haben wir beide nur Ärger.

Ich sagte, daß ich zu ihr wolle.

Sie nickte zufrieden. „Ich dachte es mir gleich, als ich dich sah, Ria. Ich freue mich schon drauf, dir den Wurf von Stizchen zeigen zu können. Im Stammbaum heißt sie natürlich ganz anders. Fünf Stück nur, aber allererste Klasse … Ich darf nicht davon anfangen, sonst quassele ich mich fest. Morgen um zehn hole ich dich mit dem Wagen ab. Bilde dir von ihm nichts Falsches ein: Vorkriegsmodell. Wir fahren zu deiner Bude. Sie ist natürlich längst weitervermietet; ich habe mich drum gekümmert. Deine Sachen stehen auf dem Oberboden. Wir suchen raus, was du mitnehmen mußt. Also, auf Morgen, Ria!"

„Wenn ich aber später … Ich meine, es ist doch möglich, daß ich zu einer Gefängnisstrafe verurteilt werde, die ich ab … die verbüßt werden muß."

Fräulein von Sibar machte eine wegwerfende Handbewegung: „Später! Später! Das wird sich später finden, Ria."

Sie hatte schon in Erfahrung gebracht, daß ich von Vati und Ger immer Ria genannt worden war. Die Vergangenheit wurde lebendig. Beinah hätte ich die Fassung verloren.

Neun Uhr morgens. In einer Stunde!
Weswegen bin ich nicht zu O. R. zurückgegangen? Darüber muß ich unablässig nachgrübeln. Würde ich das bedrückende Gefühl nie abschütteln können, seine unbegrenzte Liebe immer um das einzige betrügen zu müssen, das er sich allen Beteuerungen zum Trotz insgeheim erhofft? Vielleicht ist das der ausschlaggebende Grund. –

Reue? Was bereue ich? Das Wildern? Meinen Haß? Mein sekundenlanges Zögern? Ja, ich …

Die Kiepen spricht im Flur mit der Swardowski. Werde ich schon eine halbe Stunde früher …?

Stiftung Siebeneschen

Dr. Veneuchens Leiche trieb in der Esche. Das sonst harmlose Flüßchen führte infolge der vorangegangenen schweren Herbstregen Hochwasser. Die eiligen Wellen drehten den toten alten Mann in schauerlichem Wirbel, zogen ihn in einen Strudel oder stießen ihn an die Oberfläche, als empörten sie sich gegen die ihnen aufgezwungene Last. Dann sahen die verglasten Augen blicklos auf das zartgraue Gewölk am Himmel, das neuen Regen verhieß. Der Kiefer des Toten war gebrochen. Dadurch wurde der beklemmende Eindruck erweckt, als ob der Mund grinse: traurig, sarkastisch, verbittert, herrisch, unbarmherzig und irgendwie schadenfroh; so, wie er sich im Leben oft und oft verzerrt hatte.

Eine der Mühle zustrebende Krähe hatte die ungewöhnliche Fracht des grünlichgelb dahinhastenden Wassers entdeckt. Sie flatterte schräg aufwärts, als wäre sie in der Luft an ein unsichtbares Hindernis gestoßen. Dabei schlug sie sehr schnell mit den breitgespreizten Flügeln. Dann, nachdem sie die Ungefährlichkeit des toten alten Mannes erkannt hatte, gab sie ihm mit rauhem Ruf das Geleit. Einmal hatte es fast den Eindruck, als winke er ihr mit schlaffer Hand zu. Aber der kraftlose Arm war nur für einen Augenblick in einem sperrig abgebrochenen Ast hängengeblieben. Trotzdem schien etwas Gemeines die beiden zu verbinden, den toten Dr. Veneuchen und den schwarzen Vogel.

Ungefähr zehn Minuten später fielen auf Botho Siedewinds Stand die letzten drei Schüsse dieses in anderen Jahren sehr erfolgreichen Treibens. Siebeneschen, reichlich 4000 Morgen Eigentum, außer einigen Hangwiesen fast ausschließlich Wald, und daneben eine beträchtliche Fläche dazugepachteter Schutzjagden, besaß einen Rotwildbestand, den Fachleute für zahlenmäßig zu hoch hielten. Aber Dr. Veneuchen hatte alle Liebe, der er noch fähig war, dem Wild geschenkt. Seine übertriebenen Hegewünsche setzte er, wie vieles andere, durch, indem er Widerstand nicht diplomatisch abbog, sondern schroff beiseiteschob. Immer noch ist Geld eines der wirkungsvollsten Mittel, anderen seinen Willen aufzuzwingen. Einem zwischen den Kriegen entwickelten Verfahren zur preisgünstigen Herstellung einer haltbaren Textilfaser verdankte er seinen Reichtum.

Kurz nachdem Bodo Siedewind dreimal geschossen hatte, wurde weit oben, jenseits vom Stande des Jagdherrn, das Treiben abgeblasen. Eva Veneuchen, die am Talanfang, an der ihr befohlenen Stelle, wie ein gefangenes Raubtier auf und abgelaufen war, atmete auf. Geschmeidig, nur mit zu ungeduldigen Schritten, stieg sie den Pürschpfad hinauf, auf dem als erster der Neffe ihres Mannes stand.

„Was hast du geschossen, Botho?" fragte sie. Ihr Atem ging schnell. Mit beiden Händen strich sie das starke, auf Spannenlänge geschnittene, tiefbraune Haar unter die leichte Kappe. „Du hast sehr schnell geschossen."

„Vorbei. Ein einzelnes, vielleicht vom Rudel abgekommenes Schmaltier. Es kam nicht zu ungünstig. Und trotzdem: unglaublich vorbei."

„Das verstehe ich nicht, Botho. Du schießt doch sonst mit Kugel fast so sicher wie ... wie er."

„Ich bin eben völlig ... Am liebsten würde ich ... Eva! Mir ist zumute, als hätte mir jemand mit einer Axt vor den Kopf geschlagen!"

„Wie unsinnig, sich so aufzuregen."

„Das sagt sich leicht. Nach dem, was du mir vor einer Stunde erzählt hast."

„Welche von den beiden Neuigkeiten bringt dich nun so durcheinander? Daß er es gemerkt hat von uns beiden? Oder seine Drohung, dich nicht mehr nach Siebeneschen einzuladen und dir den Monatswechsel zu sperren?" Eva Veneuchen schloß die Augen zu einem schmalen Spalt. Dadurch glich sie auch im Gesichtsausdruck einer schönen, gefährlichen Raubkatze, aber nicht, wenn sie behaglich ausgestreckt in der Sonne blinzelt, sondern beim Erspähen einer Beute.

Botho Siedewind fuhr auf. „Ich weiß, daß du mir überlegen bist, Eva! In allem. Trotzdem darfst du nicht so sprechen. Auch ein Wissenschaftler darf mit seinem ... seinem Versuchstier nicht so sprechen, vor der Vivisektion."

„Ein hübscher Vergleich. Du darfst ihn aber nicht auf mich anwenden. Er hat uns alle in seiner Gewalt. Er! Dich, mich, den untadligen Enzio und die züchtige Ilse. Wir liegen gelähmt vor ihm auf dem Operationstisch und warten hilflos, ob er zum Skalpell greifen wird oder uns eines seiner Gifte injiziert."

„Wenn er endlich ..."

„Ja, wenn er doch endlich tot wäre! Ja! Ja!" Eva Veneuchen knirschte die letzten beiden kurzen Worte zwischen den Zähnen. Dann schüttelte sie sich mit einer Bewegung, die Überdruß und Ekel ausdrückte. Mit veränderter Stimme sagte sie: „Komm! Das Treiben ist zu Ende. Wir müssen gehen. Müssen uns, gehorsamst wartend, hinter seinem Stand versammeln, wir, die Hofschranzen."

Botho Siedewind, groß, schlank, mit fast zu ebenmäßigen Zügen, nahm Büchse und Jagdstuhl. „Ja, wir müssen", sagte er finster.

Auch während des kurzen Weges zum verabredeten Treffpunkt sprach Eva Veneuchen halblaut weiter: „Hofschranzen ... Warum lassen wir es uns gefallen? Sklaverei ist schon lange abgeschafft, und Leibeigenschaft auch."

„Weil er uns mit seinem verfluchten Geld gekauft hat."

„Richtig. Verflucht ist es aber nur, wenn man es nicht selbst hat. Enzio hängt als Forstmensch von ihm ab. Erst in fünf oder zehn Jahren wird er eine Anstellung bekommen."

„Sein Fehler. Warum hat er eine so aussichtslose Sache angefangen? Warum geht er nicht in die Industrie? Holzbranche?!"

„Idealist ..."

„Ilse Dark könnte sich als erste freimachen. Eine passable Sekretärin findet überall Arbeit."

„Sie hält's aus, um in der Nähe des Herzallerliebsten zu sein. Hält's vorerst noch aus."

„Wie spöttisch du das sagst, Eva: Idealist und Herzallerliebster."

„Vor dir brauche ich mich doch nicht zu verstellen. Wenn ich die beiden beobachte! Hah! So ... so voll schöner Beherrschung."

„Anders als ... andere Leute."

„Weißt du, Botho, schöne Beherrschung liegt mir nicht." Eva versetzte einem faustgroßen Stein einen Stoß, daß er ein Stück weit den Hang hinabkollerte. Dann sagte sie: „Übrigens, könnte man nicht versuchen, unsere Misere objektiv zu betrachten, sich – theoretisch – auf seinen Standpunkt zu stellen? Ein alter, kranker, schwerreicher Mann hat sich eine junge Frau gekauft, die sich kaufen ließ ..."

„Jetzt wühlst du in den eigenen Wunden."

„Ich wollte doch die Kehrseite ... Plötzlich stellt er fest – wahrscheinlich wurde ihm zugetragen –, daß sich sein Eigentum mit dem ebenfalls ausge ... unterstützten Neffen so weit eingelassen hat, wie ..."

„Eva! Ich bitte dich!"

„Sonderbar. Man darf es tun, ohne Gewissensbisse zu verspüren. Aber aussprechen ..."

„Das ist auch schlimmer."

„Gut. Ich werde dein zartes Gemüt schonen. Er ist also hellhörig geworden. Früher, ein paar Jahrhunderte zurück, hätte er vermutlich grausame Rache genommen: die untreue Frau getötet, irgendwie häßlich getötet, den Vermessenen – ausgerechnet den eigenen Neffen! – ebenfalls umgebracht oder irgendwie noch häßlicher ..."

„Bitte sei jetzt still! Das ist doch alles Absicht von dir, es so ... so ... ekelhaft nackt auszudrücken. Du denkst, ich bin schwach und willenlos. Und da willst du mich aufstacheln. Eva! Ich kann ohne alle Hemmungen ..."

„Leere Worte. Noch einmal: Bitte rege dich nicht unnötig auf!" Die Frau im schlichten, fast schmucklosen, jagdgrauen Kostüm sah starr vor sich hin. „Er macht es anders als ein in seiner Ehre gekränkter Renaissancefürst. In beherrschtem Flüsterton, auf der Wildjagd, teilt er seiner Frau mit, er habe alles durchschaut. Der undankbare Neffe würde fallengelassen. Die undankbare Frau aber im Käfig behalten, zur weiteren ... Vivisektion. Dann schickt er sie, angeblich aus jagdlichen Gründen, zur Straße zurück, damit kein Wild durchbrechen soll. Lächerlich. Er weiß, daß sie bei dem nichtsahnenden Neffen vorbeigehen muß ..."

„Er will sich jetzt an unserer Angst weiden. Er hat mich niemals geschlagen, als ich noch klein war. Und doch, die Angst ... Ist das nicht teuflisch?"

„Teuflisch oder gerechte Rache?"

„Eva! Wir wollen ihm seinen Bettel hinwerfen und zusammen fortgehen! Ich …"

„Du kleiner Phantast! Wir werden nicht. Du wirst es nicht tun, mit deinem noch nicht halb beendeten Studium. Und ich werde es nicht tun."

„Du bist feige!"

„Nein! Oder meinetwegen: ja. Ich bin feige. Ich war zehn Jahre lang, nach diesem verfluchten Krieg, unten. Kein Geld. Nichts gelernt … Er bot am meisten. Schließlich ist es gleich, an wen man sich verkauft. Der eine ist widerlich …"

„Eva!"

„… der andere grauenhaft. Reden wir nicht weiter. Du weißt das ja alles."

„Wenn er plötzlich … tot wäre …"

„Auf den Knien würde ich dem Schicksal danken! Wenn's einer täte, ich würde ihm …"

Der Stand des Jagdherrn war eine der Felsenkanzeln, von denen man einen weiten Blick, über die Esche hinweg, auf die sich an den Gegenhang schmiegende, langausgedehnte, stellenweise lückige Schonung hatte, die von den wenigen Treibern soeben abgeriegelt worden war. Nach der Rückseite war diese Nische von einem dichten, jede Sicht hindernden Rottannenhorst umrahmt. Gut hundert Schritt von ihm entfernt, dort, wo der Pürschpfad abzweigte, wartete Enzio Kranefeld mit den vier Treibern. Sie hatten das Flüßchen auf der neuen Brücke überschritten, an der die Dickung endete. Auch Ilse Dark war bei ihnen. Es wurde in Siebeneschen für selbstverständlich gehalten, daß die Damen, ohne selbst ein Gewehr zu führen, bei allen wichtigen jagdlichen Veranstaltungen anwesend waren. Wie schon im Vorjahr hatte sie, ein Stück unterhalb der Brücke auf der Straße stehend, beobachtet, ob sich Wild auf der unbesetzten schmalen Front in Sicherheit bringen würde.

„Du hast recht gehabt, Enzio", sagte sie zu ihrem Verlobten. „Ein Fuchs kam ganz zu Anfang. Und zum Schluß drei Stück Rotwild in mächtiger Fahrt. Man wäre nicht fertig geworden. Also war es gut, nur die lange Flanke abzustellen, wo man sie sich in Ruhe aussuchen kann. Wie schön, daß du den lauflahmen Sechser bekommen hast."

„Beim Doktor fiel kein Schuß."

„Wer weiß, warum er nicht geschossen hat. Er liebt sein Wild …"

„Und haßt die Menschen."

„Du bist verbittert, Enzio. Seit gestern. Ich kann es so gut verstehen."

„Verbittert ist kein Ausdruck … Da kommt Botho. Frau Veneuchen ist bei ihm. Komisch. Sie war doch auf dem Stand von Dr. Veneuchen."

Die beiden gingen den anderen einige Schritte entgegen. Der Forstassessor sagte: „Wie ging's, Herr Siedewind? Sie haben geschossen? Ihren Mannlicher kennt man genau."

„Vorbei. Auf ein einzelnes Schmaltier glanzvoll vorbeigeschossen."

„Schade. Ist das auch sicher? Müssen wir sofort nachsuchen? Oder genügt es, wenn ich morgen früh mit Frigga ...?"

„Unbedingt. Ich sah es nach dem Schuß, ich meine, nach dem letzten, noch über zwei Wasserrisse flüchten, dann, links hangaufwärts, abbiegen und gesund über den Kahlschlag ziehen."

„Wir werden morgen trotzdem nachsehen. Zur allgemeinen Beruhigung."

„Gewiß. Aus Prinzip. Ich komme mit."

Enzio Kranefeld wandte sich an die Frau seines Chefs. Irgendwie fühlte er sich ihr gegenüber unsicher. Er bedauerte sie nicht sonderlich. „Sie hat es sich selbst zuzuschreiben", pflegte er zu seiner Braut schulterzuckend zu sagen. „Sie sind nicht bei ihrem Gatten geblieben, gnädige Frau? Es war doch verabredet."

„Mein Mann glaubte, der Wind würde sich nach Süden drehen. Er schickte mich, bevor angeblasen wurde, nach unten zur Blitztanne. Zurückwechselndes Wild sollte mich wittern. So sagte er wenigstens ... Er ist immer noch nicht hier. Ob man ..."

Unentschlossen sahen sich die vier Menschen an. Sie dachten an das gleiche. Im Vorjahr stand der Jagdherr beim Mühlentreiben auf dem Rückwechsel. Als er sich hinterher erheblich verspätete, ging Enzio Kranefeld beunruhigt zu ihm. Dabei vertrat er einen alten Abschußhirsch, der, halbverdeckt, die ganze Zeit über vor dem Schützen in einem Gebüsch verhofft hatte. In der Feistzeit hatte ihn eine unter schwierigen Umständen abgesandte Kugel nicht erreicht. In der Brunft war er unsichtbar geblieben. Jetzt, bei dieser einmaligen Gelegenheit, kam der ahnungslose Forstverwalter dazwischen. Dr. Veneuchen sagte nichts. Er lachte nur leise auf, als wollte er sich selbst verhöhnen. Das traf schlimmer, als hätte er sich in polternden Vorwürfen Luft gemacht.

Die Treiber, alterfahrene Waldarbeiter, standen im Schutz einer breitschirmigen Wetterfichte. Sie rauchten und erzählten sich halblaut, was sie beobachtet hatten.

Botho Siedewind klappte den Jagdstuhl auf. „Willst du dich nicht setzen, Eva? Unter Umständen kann es lange dauern."

Die Angeredete zuckte zusammen, als wären ihre Gedanken weit fort gewesen. „Danke", sagte sie kurz. „Ich stehe lieber ..." Nach einer Weile fügte sie, ohne jemand anzusehen, hinzu: „Ich weiß nicht, wenn ich nur fünf Minuten stillsitzen müßte, würde ich vielleicht etwas Wahnsinniges tun, meinetwegen auf einen der Bäume mit den Fäusten ..."

Der Student zuckte stumm die Schultern.

Auch Enzio Kranefeld wußte nichts zu erwidern. Zwischen seinen dunklen Brauen stand eine steile Falte, als er aufmerksam den Brand seines leichten Zigarillos betrachtete.

Die Sekretärin dachte verwirrt: „Mein Gott! Sie ist ja mit den Nerven völlig am Ende. Daß sie sich nicht einmal vor uns zusammennimmt." Laut sagte sie: „Ich fange an, mich zu sorgen. Als ich … ja, ich erzähle es! Als ich am Sonnabend zum Diktat kam, saß Herr Doktor mit geschlossenen Augen auf dem Schreibtischstuhl … also, heut vor acht Tagen, reglos, mit ganz … ganz flachem Atem. Mindestens drei Minuten stand ich neben ihm, ohne dass er sich rührte. Ich hatte richtig Angst. Es sah wie eine Ohnmacht aus. Gerade wollte ich zu Ihnen gehen, gnädige Frau, da merkte ich, daß er mich ansah, aber noch abwesend. Dann richtete er sich auf und flüsterte: ‚Nachgedacht. Nur intensiv nachgedacht. Wünsche nicht, dass darüber geredet wird.'" Unwillkürlich ahmte Ilse Dark die abgehackte Sprechweise Dr. Veneuchens nach. „Ich hätte auch jetzt nicht davon angefangen, wenn ich mich nicht wirklich sorgte. Es könnte Herrn Doktor wieder …"

Zwischen den beiden Frauen bestand kein herzliches Verhältnis. Dazu waren sie zu grundlegend verschieden. Jede sah überdeutlich die Schwächen und Fehler der anderen und neidete ihr ihre Vorzüge, möglicherweise, ohne es einzugestehen. Aber es bestand zwischen ihnen ein stummes Übereinkommen, sich das mühsame Ausharren in Siebeneschen nicht noch unnütz zu erschweren.

Eva Veneuchen hatte mit zusammengekniffenen Augen zugehört. Jetzt sagte sie: „Nach der letzten Untersuchung meinte Professor Mitschich vertraulich zu mir, daß ihm mein Mann gar nicht gefalle. Besonders der Blutdruck. Er müsse sich sehr schonen."

Enzio Kranefeld machte eine resignierende Handbewegung. „Herr Doktor und sich schonen …"

„Sich und andere …" murmelte der Student zwischen den Zähnen, jedoch laut genug, um verstanden zu werden.

Ohne auf den Einwurf zu achten, sagte der Forstassessor mit einem Blick auf seine Armbanduhr: „Es ist kurz vor 12 Uhr. Also haben wir schon eine reichliche halbe Stunde Verspätung. Ich gehe nachsehen; ganz vorsichtig natürlich, damit nicht wieder eine ähnliche Dummheit vorkommt wie damals."

„Ich bewundere Sie", sagte Eva Veneuchen. Anerkennung und Ironie hielten sich die Waage.

Der Student sagte langsam vor sich hin, als läse er einen Zeitungsbericht vor: „Eine herbstliche Wildjagd im engsten Kreise, harmonisches Beisammensein gleichgestimmter Waidmänner, erwartungsfrohes Hoffen in jeder Brust …"

„Still, Botho!" unterbrach ihn Eva Veneuchen wild. Ihre braunen, ausdrucksvollen Augen loderten. „Ich bitte dich ein für allemal!"

Der Forstassessor blieb verwunderlich lange fort. Dann kam er in schnellem Schritt zurück. Sein Gesicht war verstört. „Der Herr Doktor ist nicht da! Es sieht so aus … Ich glaube fast, daß etwas passiert ist."

Alle umdrängten ihn. Auch die Holzhauer waren herangekommen. Fragen schwirrten durcheinander. Niemand gab sich noch Mühe, die Stimme zu dämpfen. Eva Veneuchen blieb äußerlich am ruhigsten: „Wenn mein Mann nicht mehr da ist …, deswegen braucht doch nichts vorgefallen zu sein."

„Gnädige Frau! Es hat keinen Zweck … sie müssen es ja doch erfahren: Es sieht nach einem … einem Unglücksfall aus."

„Wie kommen Sie darauf?"

„Die Büchse ist da. Der Hut liegt auf der Erde. Und, das … das Bedenklichste: Das Geländer zur Esche ist zerbrochen."

Jetzt eilten alle den gewundenen Pfad hinauf, als gebe es einen Wettlauf, wer sich zuerst mit eigenen Augen von der Richtigkeit der unglaublichen Nachricht überzeugen könnte. Dem alten, herrischen Mann sollte etwas zugestoßen sein, von dessen tyrannischem Willen die Existenz jedes einzelnen irgendwie abhing. Allein die Möglichkeit einer solchen Katastrophe schaltete, für Minuten wenigstens, jedes vernünftige Denken aus.

Ungefähr zehn Schritt vor dem Steilhang, der an die fünfzig Meter senkrecht zum Fluß hinabfiel, war ein zimmergroßer freier Fleck, den doppelt mannshohe Fichten umrahmten. Hier stand eine bequeme, aus Naturholz angefertigte Bank. An ihr lehnte die einläufige Büchse.

Vor der Leere des allen bekannten Platzes verstummten unwillkürlich die nutzlosen Fragen und wilden Vermutungen, als hätte ein Gespenst mit knochiger Hand Ruhe geboten.

In die lähmende Stille hinein schrillte Eva Veneuchens Stimme: „Ich glaube es nicht! Es ist einer seiner grauenhaften Scherze! Er beobachtet uns von irgendwo! Ich fühle es! Deutlich!"

Tatsächlich richteten sich alle Blicke auf die Fichtendickung, als ob dort im nächsten Augenblick die wohlbekannte und von den meisten insgeheim gefürchtete Gestalt des Verschwundenen auftauchen könnte.

„Unmöglich, gnädige Frau," sagte Enzio Kranefeld schließlich. „Die Büchse … Seine Büchse hätte Herr Doktor niemals stehen lassen; nicht so … so endgültig stehen lassen."

Jedem in seiner Umgebung hatte Dr. Veneuchen ein genau umrissenes Arbeitsgebiet übertragen: Dem Forstassessor die Verwaltung der Waldbestände, Ilse Dark den umfangreichen Schriftverkehr der Begüterung, seiner Frau die leitende Aufsicht in Haus Siebeneschen. Aber die kostbaren Waffen im Gewehrschrank durfte keine fremde Hand berühren. Und nun stand die schlichte, aber aus erlesenem Material von Meisterhand hergestellte Büchse wie unachtsam gegen das rauhe Holz der Bank gelehnt.

Jetzt setzte ein allgemeines Bemühen ein, den rätselhaften, in hohem Maße verdächtigen Vorfall zu klären. Haumeister Riedemann, ein ruhiger, schon Jahrzehnte in Siebeneschen wohnhafter Mensch, fand unter einer kümmernden Weißtanne den mit einer Gummizwinge versehenen Krückstock des Verschwundenen. „Ich kenne den Herrn Doktor nun schon so lange, wie er hier ist. Und ich könnte mich nicht daran erinnern, dass er jemals ohne den Stock gegangen wäre. Weil er doch vom ersten Weltkrieg her den Schuß ins Bein gekriegt hat. Und ich sage es frei raus: Da ist was passiert, wenn der Doktor seinen Stock hat liegen lassen!" Der Mann sprach, entgegen seiner sonstigen Art, laut und aufgeregt.

„Hier hängt grüne Wolle", sagte Ilse Dark gepreßt. Ihre dunkelblauen Augen waren schreckhaft geweitet, der Mund verzerrt, als scheue sie sich, Grauenhaftes aussprechen zu müssen. „Hier, an dem Zweig. Es ist die feine grüne Wolle vom Schal, den Herr Doktor heute morgen umgebunden hat."

Enzio Kranefeld trat vorsichtig an die Stelle heran, an der die schützende Fichtenstange mit Gewalt zerbrochen war. Er hielt sich am nächsten Pfosten fest und beugte sich so weit wie möglich über den Abgrund. Ungefähr zehn Meter unter dem Plateau zog sich ein schmales Band am Felsen hin. Wo sich auf ihm ein wenig Erdreich ansammeln konnte, wucherte genügsamer Pflanzenwuchs: herbstfahle Gräser, dürres Gekräut und sogar hier und da einige geringe Sträucher. Senkrecht unter dem zerstörten Zaun war ein reichlich armlanger Birkenheister halb herausgerissen worden, so dass man, selbst von hier oben aus, ein Stück der waagerechten, braunen Wurzeln erkannte. Die Spitze des Bäumchens schien abgebrochen zu sein. Jetzt war jeder Zweifel ausgeschlossen. Hier hatte ein herabstürzender Mensch vergebens nach einem Halt gegriffen.

Gerade wollte der Forstassessor den anderen seine furchtbare Entdeckung zurufen, als Botho Siedewind auf ihn zutrat. „Was wir tun ist Irrsinn, Herr Kranefeld. Sämtliche Spuren des Verbrechens haben wir restlos zerstört."

„Des Verbrechens?"

„Mein Onkel ist mit Gewalt in die Esche gestürzt worden! Oder meinen Sie etwa, ein … ein Lebensmüder zerbricht ein Geländer, über das er leicht drübersteigen kann?"

„Riedemann! Bitte lassen Sie nicht mehr weitersuchen. Es ist zwecklos. Wir müssen die Polizei benachrichtigen." Es war, als besänne sich der sonst so klar denkende Forstverwalter erst jetzt auf seine Pflichten. Zum Neffen des Verschwundenen gewandt, fuhr er leiser fort: „Sie sagen, der Doktor wäre hinabgestürzt worden. Um Himmels willen, wer soll denn das getan haben?" Der Student zuckte die Schultern. Seine leicht vornübergebeugte Gestalt straffte sich: „Wenn ich das wüßte! Ich habe nicht einmal einen Verdacht. Auf jeden Fall wird die Kriminalpolizei uns beide am schärfsten …"

„Uns beide?"

„Herr Kranefeld! Das Treiben hat über eine Stunde gedauert. Sie standen ein paar hundert Meter oberhalb, ich ungefähr ebenso weit unterhalb der Unglücksstelle, oder meinetwegen, des Tatortes. In aller Bequemlichkeit konnte man nicht nur einmal, nein zwei-, dreimal hin und her gehen. Reizende Aussichten!"

Die beiden Damen hatten die letzten Sätze mit angehört. Ilse Dark sagte ohne zu zögern: „Ich konnte Herrn … meinen Verlobten von unten aus beobachten. Er hat seinen Stand nicht verlassen. Ich kann es beschwören." Ihr Gesicht flammte.

Eva Veneuchen trat neben den Studenten. Sie lächelte spöttisch. „Mein Mann hat mich an die Blitztanne geschickt. Ich bin aber bei Botho geblieben. Es war mir … es war mir einfach zu langweilig allein … Also kann ich es auch beschwören." Sie sagte es langsam, abwägend, beinahe hinterhältig.

„Einen Augenblick!" Botho Siedewind hob abwehrend die Hand. Er zog die Stirn in tiefe Querfalten, als bemühte er sich krampfhaft, im Kolleg oder Gerichtssaal Gelerntes in sein Gedächtnis zurückzurufen. „Einen Augenblick, Eva! Wir müssen überaus vorsichtig … Ich meine, es ist unzweckmäßig, wenn wir uns von vornherein festlegen. Die Hauptsache ist, dass wir uns gegenseitig so weit wie möglich entlasten. Uns alle …"

Der Forstassessor hatte nicht mehr zugehört. „Wir müssen jetzt sofort die Gendarmerie benachrichtigen, möglichst auch die Kriminalpolizei."

Die Waldarbeiter erhielten den Auftrag, das Gelände abzusperren, bis die Polizei kommen würde. In verstörtem Schweigen ging die kleine Jagdgesellschaft so schnell wie möglich der Talstraße zu, wo die beiden Autos standen, mit denen man am Morgen hinaufgefahren war.

Einmal nur sagte der Student: „,Ermittlung gegen Unbekannt', so heißt es."

„Oder gegen mich", sagte Eva Veneuchen hart. „Schließlich bin ich die Letzte gewesen, die meinen Mann gesehen hat. Mit Ausnahme des … des Unbekannten."

Die drei anderen widersprachen heftig. Eva antwortete nicht mehr. Sie hob nur ein paarmal in starker Erregung die Schultern.

Nachher flüsterte Ilse Dark ihrem Verlobten zu: „Du, Enzio! Müßte man nicht etwas sagen? Ich meine, zu ihr. Etwas Tröstliches oder doch Anteilnehmendes?"

Der schüttelte den Kopf: „Noch ist alles fraglich. Wir wissen ja noch gar nicht, was dem Doktor zugestoßen ist. Und selbst wenn … Mir fällt nichts Passendes ein."

An den Wagen angekommen, blieb Eva Veneuchen einen Augenblick geistesabwesend stehen. „Ich möchte schreien", murmelte sie. „Ich … möchte … schreien!"

Ohne ihre Worte zu begründen, setzte sie sich in ihr Kabriolett und ließ den Motor anlaufen. Noch einmal, auf der viel zu schnellen Fahrt nach Siebeneschen, stieß sie die drei Worte hervor: „Ich möchte schreien!"

Botho Siedewind, der neben ihr saß, sagte: „Bitte jetzt in der Kurve nicht über 60! Ich beschwöre dich, Eva!"

Die Frau lachte verächtlich: „Wie feige ihr alle seid!"

Das Brautpaar fuhr mit dem Wagen, in dem Alfons wartete. Der ältliche Diener-Chauffeur hatte sich von einer schweren Kriegsverletzung am Kopf nie wieder ganz erholen können. Als er von Dr. Veneuchens Verschwinden erfuhr, schien er ganz verstört. Er fragte Sinnloses. Seine durch starkes Zigarettenrauchen verfärbten Finger zitterten so offensichtlich, dass sich der Forstassessor ans Steuer setzte. Ohne Widerspruch ließ es sich der gelblichblasse Mensch mit den unsteten Augen gefallen. Seine Lippen murmelten unablässig: „Ich habe es gefühlt! Aber ich konnte nichts … Es war stärker als ich … Die Schuld! Die Schuld! Die namenlose Schuld war stärker als ich."

In den nächsten Stunden verwandelte sich das sonst so ruhige Siebeneschener Revier in einen aufgestörten Ameisenhaufen.

Erster herbeigeeilter Gendarmeriewachtmeister: verärgert, mit dem leidenden Gesichtsausdruck des chronisch Magenkranken und der bohrenden Überlegung: konnte das nicht nach dem 1. Januar passieren? Dann wäre ich in Pension.

Zweiter Gendarmeriewachtmeister: zitternd vor Tatendrang, Befehlslust und Ehrgeiz.

Mordkommission und Staatsanwaltschaft; Kriminalbeamte und Juristen, mit einem Stab von Adjutanten, Spezialisten und Technikern.

In ihrem Gefolge schon die ersten Presseleute.

Und schließlich die Neugierigen, die erst vor einem schweren Regenschauer Reißaus nahmen. Der spülte auch jede Hoffnung hinweg, durch peinlich genaues Suchen neue Anhaltspunkte zu finden.

Kurz vor Einbruch der Dunkelheit Auffinden der Leiche am Wehr der Untermühle.

Vorläufiger Befund des Gerichtsarztes: Tod infolge Ertrinkens. Fraktur des Unterkiefers, hervorgerufen durch einen harten, stumpfen Gegenstand, mit dem ein wuchtiger Schlag ausgeführt wurde, oder gegen den ein Aufprall erfolgte. Zerreißungen, Prellungen, Blutergüsse und Hautabschürfungen an verschiedenen Körperteilen, von denen im einzelnen erst nach der Obduktion gesagt werden kann, ob es sich um Verletzungen bei einem Kampf oder beim Absturz handelt. Auch könne ein Teil davon nach eingetretenem Tod im Hochwasser des Flusses entstanden sein, durch das der Leichnam gegen Felsen, Baumwurzeln und schließlich gegen das eiserne Mühlenwehr gepreßt wurde.

Am nächsten Morgen, einem Sonntag, entwickelte sich aus dem anscheinend wilden Durcheinander der verschiedenen Untersuchungen ein planvolles Unternehmen, das an das Vorgehen einer kämpfenden Truppe erinnerte. Hauptquartier und Befehlsstand dieser Streitmacht war der linke Flügel von Haus Siebeneschen.

In einem ebenerdigen Zimmer mit dem Blick zum Gartenhaus hinaus hatte sich der vom Polizeipräsidenten mit der Aufklärung des Verbrechens beauftragte Kriminalkommissar Fiebig eingerichtet. Der noch nicht fünfzigjährige Beamte verdankte seinen schnellen Aufstieg zu einem bevorzugten Posten seines Ressorts der Enträtselung mehrerer verzwickter Fälle, mit denen zuvor weniger glückliche oder findige Kollegen nichts Rechtes anzufangen gewußt hatten.

Fiebig war weder groß noch hatte er einen massigen Körperbau. Er rauchte keine Pfeife und kaute an keinem unappetitlichen Zigarrenstummel. Nur ab und an gestattete er sich eine leichte Zigarette. Seine Gesichtsfarbe zeugte von zu häufigem Aufenthalt in ungastlichen Büroräumen. Die Lippen waren schmal und gern zu einem vieldeutigen Lächeln verzogen, hinter dem sich gleichermaßen überlegenes Wissen wie eine schwer deutbare heimliche Verlegenheit verschanzen konnte. In seinem Äußeren und gelegentlich auch im Wesen glich er einem Mathematiklehrer, dessen Leben zwangsläufig in Resignation einmündet, weil er es mit ungezogenen und hohlköpfigen Buben zu tun hat, anstatt sich der exakten Wissenschaft widmen zu dürfen. Am treffendsten aber läßt sich das Erscheinungsbild des Kriminalkommissars mit der Feststellung abrunden, daß er das genaue Gegenteil eines bevorzugten Frauenlieblings war.

Der kleine Reisewecker in braunroter Lederhülle, den er bei der Bearbeitung jedes schwierigen Falles vor sich aufstellte, gleichsam, um seine Fragen und Einwürfe an ihn zu richten, zeigte genau zehn Uhr, als er sich betont höflich und doch ein wenig linkisch von Frau Veneuchen verabschiedete. Die Unterhaltung, absichtlich war dieses unverfängliche Wort an Stelle des weit bedrohlicheren Vernehmung gewählt worden, hatte eine reichliche Stunde gedauert. Während die Hausfrau durch das Vorzimmer zur Diele ging, vorbei an einem jungen Kriminalmeister, der sich dort zur Abwehr jeder Störung aufhielt, öffnete Fiebig die nur angelehnte Tür zum rückwärtigen, bedeutend kleineren Nebenzimmer.

„Na, Mümmelmann! Wie ist der erste Eindruck?" sagte er zu dem nicht mehr ganz jungen Mädchen, das auf einem altmodisch bequemen Plüschsofa saß. Allen Gepflogenheiten seiner vorgesetzten Dienststelle zum Trotz hatte er es verstanden, seine gewohnte Mitarbeiterin nach jeder Beförderung bei sich zu behalten. So war Fiebig-Mümmelmann bei der Kriminalpolizei schließlich zu einem feststehenden, untrennbaren Begriff geworden, über den anzügliche Witze zu machen, man längst als hoffnungsloses Beginnen aufgegeben hatte.

„Ich bin als Sekretärin angestellt und nicht als Lauscher an der Wand."

„Diesen Vorwurf höre ich seit Jahren."

„Schlimm genug, daß sie meine Abhängigkeit immer wieder so häßlich ausnutzen."

„Sie sind seit einiger Zeit schon majorenn. Auch geschieht es nicht in unzüchtiger Absicht."

„Herr Kriminalkommissar! Ich muß sehr …"

„Ja doch, Mümmelmann. Ja doch … Sie wissen genau, daß es weniger befangen macht, wenn kein zweiter dabeisitzt. Tonbandgerät gibt's hier nicht. Und erst einbauen … Gerade die ersten Aussagen sind meist so aufschlußreich; bevor die Erfahrung der dritten oder fünften jedes Wort bestimmt. Zur Sache, Mümmelmann! Was halten Sie von unserer züchtigen Hausfrau?"

„Sie lügt."

„Sensationell! Ach, teures Mädchen! Wir beide sollten doch wissen, daß dies die unerfreuliche Gewohnheit aller … na, vorsichtig ausgedrückt, fast aller Menschen ist, mit denen wir uns dienstlich zu befassen haben."

„Sie wissen gar nicht, wie deprimierend mir das manchmal vorkommt. Man verliert allen Glauben, daß es auch noch Ehrliche gibt."

„Unsinn! Genauso geht es vermutlich der Sprechstundenhilfe beim Spezialarzt für …"

„Herr Kriminalkommissar!"

„Friedlich! … die bildet sich schließlich ein, daß es nur noch Kranke gibt. Warum reden Sie mich eigentlich jedesmal mit meinem umständlichen Titel an, wenn Sie glauben, empört tun zu müssen?"

„Ich tue nicht bloß so! Ich bin es!"

Immer wieder kam es zu solchen Plänkeleien, ohne daß sie dem guten Einvernehmen aber Schaden zufügen konnten. Die Sekretärin kannte die kleinen und mittelgroßen Schwächen ihres Chefs, auf die sie, mit echt weiblichem Einfühlungsvermögen, Rücksicht nahm. Im letzten Herzenskämmerchen schlummerte, bestimmt unausgesprochen bis zum Tage der Pensionierung und noch darüber hinaus, der heimliche Gedanke: Könnte er nicht, einmal wenigstens, merken, daß ich sehr einsam bin?

Der Kriminalkommissar wußte, daß seine Mitarbeiterin zu den ganz wenigen Vertrauten gehörte, mit denen er seine Zweifel, Bedenken, Sorgen, ohne Umschweife, ohne die berufsmäßige Maske, besprechen konnte. Nicht jedes Wort mußte vorsichtig abgewogen werden. Man durfte sich gelegentlich einmal gehen lassen, auf den ganzen Dienst schelten, lospoltern …

Im letzten Herzenskämmerchen schlummerte, bestimmt unausgesprochen bis zum Tage der Pensionierung und noch darüber hinaus, der heimliche

Gedanke: Könnte sie nicht, einmal wenigstens, merken, daß ich sehr einsam bin?

So etwas gibt es! Sogar bei klugen Menschen, die dicht nebeneinander arbeiten, und deren psychologischer Scharfblick gerühmt wird.

Fiebig zündete sich die erste Zigarette des Tages an. „Inwiefern meinen Sie, daß Frau Veneuchen gelogen hat?"

„Weil, unter anderem, ihre Behauptung, sie habe sich gestern auf diesem Schießstand in gutem Einvernehmen mit ihrem Mann getrennt, nicht stimmt. Die Notiz im Taschenbuch …"

„Mümmelmann! Dieses Taschenbuch macht mich noch vor der üblichen Zeit wahnsinnig! Wir haben es gestern abend trockengepustet und eine Stunde lang studiert. Nachher, zu Hause, habe ich's mir noch einmal vorgenommen, Seite für Seite. Ich verstehe es, wenn ein … sagen wir, ein sehr eigentümlicher und bestimmt schwerkranker Mensch sich verdrehte Notizen macht: ‚Manches jetzt bei Kafka verstanden'; ‚Nervenschmerzen, Vovapon genommen, wirkt wie Zuckerplätzchen'; ‚Zehnjähriger Platzhirsch beschlägt Schmalwild … oder Hirschtier … Dreimal in einer Stunde. Was geht dabei in ihnen vor? In beiden? Trieb? Nur Trieb?'"

„Herr Fiebig! War das nötig, diese … diese heikle Stelle extra zu zitieren?"

„Was Sie immer haben! Ich finde die Jägersprache, die ich hier endlich kennenlernen darf, beispielhaft dezent in ihren poetischen Umschreibungen … Also, das geht so in einem ganz gewöhnlichen Taschenkalender, wie ihn jeder von seinem Bankinstitut zu Neujahr verehrt bekommt, seitenlang weiter. Und dann findet sich unter Gleichgültigem oder höchstens menschlich Aufschlußreichem einiges, das dazwischengestreut ist, als wollte es uns mit der Nase draufstoßen: ‚Aufpassen! Wichtiger Fingerzeig!' Mümmelmann! Warum schreibt dieser Dr. Veneuchen zwischen Tierbeobachtungen und selbstgedrechselten Aphorismen von beißendem Sarkasmus vor 14 Tagen: ‚Alfons wird immer unheimlicher'? Warum vorgestern: ‚K. Kündigung angedroht'. Und, Mädchen, das schlägt dem Faß den Boden aus! Zehn Minuten vor seinem gewaltsamen Ende: ‚Zerwürfnis mit E. – B. sofort kaltstellen.' Mümmelmann! Ich frage Sie, warum?"

„Ein kranker Mensch …"

„Nicht so! Der Doktor war krank, zugegeben, aber nicht verrückt!"

„Ein schwer zu durchschauender Sonderling …"

„Ja doch! Ja doch! Wissen sie, welchen Verdacht … welchen schemenhaften Schatten eines Verdachtes ich habe? Passen Sie auf: Der Mörder oder, sachlicher ausgedrückt, der Täter hat's geschrieben, um uns arme Irre auf eine falsche Spur zu hetzen!"

„Diese Hypothese … Das wäre … Er hat einen der Ohnmachtsanfälle, von denen seine Frau so eindringlich sprach; fast zu eindringlich. Der Täter

kommt dazu. Macht die ihn entlastenden Eintragungen und steckt das Notizbuch in die Brusttasche des Opfers …"

„Sachte, Mümmelmann! Es wäre bestechend und hochinteressant. Aber wir
müssen mit beiden Beinen auf der Erde bleiben … Erstens halte ich die
Schrift für echt. Wenn es sich allerdings auch nur um wenige Worte handelt.
Und dann möchte ich den mal sehen, der aus dem Handgelenk heraus solche
Geistesgegenwart aufbringt. Nein! Nein! Schlagfertigkeit ist immer das, was
einem drei Stunden später einfällt. So ungefähr hab' ich's neulich irgendwo
gelesen."

„Herr … Fiebig …"

„Ich lausche! Jetzt kommt einer Ihrer goldenen Vorschläge."

„Wir müssen das Buch sofort zu Dr. Schultze schicken, damit er …"

„Ich hab's ja gewußt. Sie sind, zuzeiten, unbezahlbar. Bitte genau Obacht
geben: Während ich jetzt die Sekretärin verarzte, dieses Fräulein Durch …"

„Dark. Ilse Dark."

„Egal. Also, dieses Fräulein, machen Sie genaue Abschrift der auffälligen
Seiten. Sie wissen, welche ich meine. Betrachtungen über das Mikrobenle-
ben in einem Kubikzentimeter Waldhumus können wir uns sparen. Und
schicken Sie das Buch zum Schriftdoktor. Mit Kurier. Hachmeister kann
mit dem Motorrad … Begleitschreiben: Kalender aus der Brusttasche eines
unzweifelhaft Getöteten, der ca. 6 Stunden in der Esche schwamm. Unzweifelhaft von einem Kripobeamten aufgefunden und sichergestellt. Frage:
Sind alle Aufzeichnungen von der gleichen Person mit dem gleichen Bleistift, der in der Hülse steckt, gemacht worden? Besonderer Hinweis auf die
drei bewußten Stellen. Antwort ebenfalls durch Kurier erbeten. I. A. unter-
schreiben und schnellstmöglich … bitte!"

Bruchstück aus dem nächsten Gespräch, das noch nicht als Vernehmung
bezeichnet werden soll:

„Wenn ich Sie recht verstanden habe, Fräulein Dark, haben Sie sich mit Ihrem
Arbeitgeber korrekt, aber kühl gestanden. Daneben schwebten Sie in ständiger Angst, etwas falsch oder zumindest nicht in seinem Sinne auszuführen.
Er pflegte nie mit heftigen Worten, sondern mit kränkendem Spott zu tadeln.
Ich kann Ihre Unsicherheit gut verstehen. Wenn ich an meine Ausbildungszeit
zurückdenke. Na ja … Wie mag nun das Verhältnis zwischen Ihrem Verlobten
und Dr. Veneuchen gewesen sein? Wie standen sich die beiden Herrn?"

„Ungefähr so ähnlich."

„Sie meinen, mehr förmlich als herzlich?"

„Bestimmt. Der Herr Doktor war eine … eine Einsiedlernatur."

„Ist Ihnen irgend etwas über besondere Differenzen bekannt?"

„Gewiß gab es Meinungsverschiedenheiten, bei denen …"

„Die treten überall auf, wo zwei zusammenarbeiten, von denen sich keiner schweigend unterordnen mag. Solche Meinungsverschiedenheiten können sogar recht fruchtbar sein. Die meine ich nicht, sondern schwerwiegende, sagen wir mal: Zerwürfnisse."

„Ich habe … Ich bin niemals Zeuge solcher Zerwürfnisse gewesen."

„Aber Sie haben davon gehört? Ihnen wurde davon berichtet?

„Das wollte ich nicht sagen!"

„Mein verehrtes Fräulein Dark! Ich nehme an, daß auch Sie es mißbilligen, wenn Ihr Chef, mit dem Sie sich zwar kühl, aber korrekt, standen, von einem Unbekannten getötet wurde."

„Selbstverständlich!"

„Sehen Sie, in diesem Punkt sind wir beide uns also einig. Ich bin nun von meiner Behörde damit beauftragt, den Täter zu ermitteln. Wie üblich komme ich in ein mir völlig fremdes Haus. Seit Jahr und Tag leben dort mir unbekannte Menschen zusammen. Irgendwo in der Umgebung existiert der Verbrecher. Manchmal hinterläßt er am Tatort Spuren, die zu seiner Ermittlung dienen, vielleicht sogar zu seiner Überführung ausreichen. Manchmal aber ist alles so … so virtuos von einem schwachen Dutzend Menschen, pardon, zertrampelt, daß der nachfolgende Platzregen beinah überflüssig war, um alles zu verwischen."

„Wir waren eben so schrecklich aufgeregt."

„Ja freilich. Demnach müssen wir uns umso mehr auf Zeugenaussagen stützen. Ich wäre Ihnen daher besonders dankbar, mein Fräulein, wenn Sie rückhaltlos alle Ihre Beobachtungen oder auch nur Vermutungen aussprächen."

„Das tue ich doch, Herr Kommissar!"

„Wissen Sie, mein liebes Fräulein, wir sind wahrhaftig keine Hellseher. Aber wir fühlen es, ob jemand rückhaltlos spricht oder vorsichtig abwägend."

„Herr Kommissar!"

„Sch! Sch! Sch! Nicht ärgerlich werden! Zurück zur Sache: Hatten die beiden Herren in der letzten Zeit einen Streit?"

„Sie haben bestimmt keinen Streit gehabt. Das liegt beiden nicht; oder lag … In diesem Punkt waren sie sogar recht ähnlich. Daß sie ungern viele Worte machten …"

„Verehrtes Fräulein! Wir wollen hier keine tiefsinnigen Unterschiede über einzelne Wortbegriffe machen. Wenn ich sagte ‚Streit', dann kann es sich auch um eine schwerwiegende Differenz, vulgär ausgedrückt einen Krach, handeln. Es ist schließlich auch nicht so überaus wichtig. Ich dachte nur, Sie könnten mir da einen Fingerzeig geben. Ich nahm es eigentlich an."

„Ich kann Ihnen keinen Fingerzeig geben, Herr Kommissar."

„Gut. Dann zum nächsten und letzten Punkt: Sie standen unten an der Straße. Ich habe mir gestern nachmittag den Fleck kurz angeschaut. Und hier auf der Revierkarte ist ein kleines Kreuz hingemalt. Was haben Sie dort beobachtet? Diese Frage ist wichtig. Bitte sagen Sie mir alles, auch anscheinend belanglose Dinge."

„Ich sollte aufpassen, ob auf dieser Seite Wild über die Straße flüchten würde. Früher hat dort manchmal ein Schütze gestanden. Mein Verlobter war dagegen gewesen. Es sind …"

„Entschuldigen Sie! Eine Zwischenfrage. Ich möchte sagen, eine nicht kriminalistische, sondern rein menschlich interessierende Frage: Wenn nun dort Tiere fortgelaufen wären, hätten Sie das Dr. Veneuchen gemeldet?"

„Weswegen sollte ich nicht …?"

„Dann hätte Ihr Verlobter doch Unrecht gehabt."

„Ach so … Ja … Nein … Doch! Ein Fuchs kam und zum Schluß drei Stück Rotwild. Ich habe es gleich erzählt. Das Wild kam so flüchtig, daß keiner hätte schießen können."

„Da wird es Ihnen nicht schwergefallen sein, bei der Wahrheit zu bleiben."

„Ich lüge ungern, Herr Kommissar."

„Mein Fräulein! Das glaube ich Ihnen aufs Wort … Tja, Sie standen also ein Stück unterhalb der Brücke. Die ganze Zeit über? Oder verließen Sie Ihren Posten auch nur für einige Minuten?"

„Ich habe mich nicht weggerührt."

„Welche Schützenstände konnten Sie einsehen?"

„Nur Enzios Stand, den von Herrn Kranefeld, meine ich."

„Das sind … warten Sie mal … Maßstab 1:15 000 … vielleicht 250 bis 300 Meter Luftlinie. Wie lange haben Sie Herrn Kranefeld nicht gesehen. Wie lange ist er also fortgegangen?"

„Fortgegangen?! Während eines Treibens verläßt er seinen Stand nicht. Das wäre gegen alle jagdlichen Regeln."

„Die können in gewissen Fällen auch einmal zweitrangig werden. Ich wollte ja nur wissen, wie lange Sie sein Fortbleiben schätzen. Vermutlich haben Sie nicht auf die Uhr geschaut."

„Herr Kommissar! Ich muß da … ich muß mich da wehren! Kein Wort habe ich davon gesagt, daß Enzio weggegangen ist! Und sie unterstellen mir …"

„Friedlich, mein liebes Fräulein, friedlich! Ich unterstelle gar nichts; oder alles, einzig aus leidiger, beruflicher Neugier. Also, jetzt werde ich mal keine verfänglichen Fragen stellen, auf die Sie ja doch nicht hereinfallen. Bitte erzählen Sie mir mit Ihren Worten, was Sie in der Zeit zwischen 10.15 Uhr und 11.20 Uhr auf Herrn Kranefelds Schießstand beobachtet haben."

„Ungefähr in der Mitte des Treibens … ich meine, nach Ablauf der halben Zeit, schoß er. Nach etlichen Minuten noch einmal. Er hat zweimal auf den gleichen Hirsch geschossen. Der hat beide Kugeln. Die ganze Zeit über hat Enzio seinen Stand nicht verlassen."

„Das könnten Sie mit gutem Gewissen beschwören?"

„Das würde ich beschwören!"

„Solche ausgezeichneten Zeugen, die nicht umfallen, wie es bei uns heißt, wünscht man sich."

„Ich weiß nicht, wie Sie das meinen. Es klingt ... beinahe so, als wenn es von Herrn Dr. Veneuchen gekommen wäre.

„Was Sie nicht sagen! Und ich weiß nicht, ob das nun unbedingt schmeichelhaft für mich ist."

„Wie man es auffassen will."

„Sie sind sehr vorsichtig, mein Fräulein!"

„Mit der Kriminalpolizei ..."

„Auf jeden Fall freue ich mich über schlagfertige Gesprächspartner. Nun das Allerletzte: Haben Sie irgend etwas bemerkt, was darauf schließen läßt, daß sich ein Unbekannter, ein Fremder, zu Herrn Dr. Veneuchen geschlichen hat? Der dichtbewaldeten Umgebung wegen ist diese Möglichkeit durchaus ins Auge zu fassen."

„Nein. Leider nein."

„Ist denn die ganze Zeit über kein Mensch vorbeigekommen?"

„Doch, ja ... Auf der Straße sind vorbeigekommen: Das Neuhausener Milchauto; wie jeden Vormittag. Zwei, nein, drei Personenwagen. In dem einen saß unser Herr Pfarrer. Er winkte mir zu. Die Insassen der beiden andern kannte ich nicht. Angehalten hat aber niemand. Allerdings nur, so weit ich sehen konnte. Die Straße macht nachher eine Krümmung. Dann kamen noch zwei Radfahrer aus der Stadt. Sie fuhren also in entgegengesetzter Richtung."

„Schade."

„Ja, sehr schade."

„Warum eigentlich, mein Fräulein?"

„Weil dann der schreckliche Verdacht auf keinem ... auf keinem von uns mehr ruhen würde."

„Und das würden Sie wünschen?"

„Wirklich, eine sonderbare Frage!"

„Sie würden sich also freuen, wenn keiner im Hause belastet wäre?"

„Das ist doch wohl selbstverständlich!"

„Nicht in allen Häusern und bei allen Menschen, mit denen ich zu tun habe."

An dem im Vorzimmer in einer rosa Akte blätternden Wachtmeister ging Ilse Dark, flüchtig grüßend, betont langsam vorbei. Sobald sich aber die Tür zur Diele hinter ihr geschlossen hatte, so daß sie sich nicht mehr beobachtet wußte, beschleunigte sie ihre Schritte, um möglichst schnell das in einem Nebengebäude untergebrachte Gutsbüro zu erreichen.

„Gott sei Dank, dass du da bist, Enzio!" sagte sie heftig, als sie ihren Verlobten allein fand. „Ich fliege innerlich!"

„Ist doch Unsinn, Kerlchen. Du hast doch keinen Grund, dich aufzuregen. Ich meine, keinen besonderen Grund." Der Forstassessor saß an einem umfangreichen Tisch, auf dem ein Teil der Dinge, die zur innerbetrieblichen Führung eines großräumigen Waldgutes benötigt werden, nicht sonderlich geordnet standen oder lagen: Schreib- und Rechenmaschine, Bleistiftschälchen und Stempelhalter, Holzkladden, Verkaufslisten, Lohnabrechnungen, ein flacher, bastgeflochtener Behälter mit Briefen, die zur Unterschrift vorlagen, und ein ähnlicher, der die soeben angekommene Post enthielt. Enzio Kranefeld überflog das alles mit einem ärgerlich-nervösen Blick. Schreibkram war ihm verhaßt. „Verrückt könnte man werden", knurrte er bitterböse. „Kein Durchkommen. Der Einschlag hat angefangen, und nun noch diese verfluchte Geschichte."

Das Telefon summte aufdringlich; allerdings nicht der Fernsprechapparat, sondern die Hausleitung. Der Assessor meldete sich. „Ja bitte?" Der Ton allein besagte genug. Man brauchte nicht erst in das zu einer wütenden Grimasse verzogene Gesicht zu blicken.

„Ja ... ja ... Ich komme rüber ... Ja doch! Meinetwegen auch gleich." Der Hörer wurde unsanft auf die Gabel gelegt, die erfreulicherweise aus widerstandsfähigem Material hergestellt war.

„Was ist?" fragte Ilse Dark.

„Ich soll zu diesem Kaffern kommen."

„Enzio! Ich bitte dich ..."

„Bitte mich nicht! Ich habe keine Zeit! Hier der Kram! Was alles mit dem Tod zusammenhängt! Der schöne Botho will helfen, ist aber blöder als ein neugeborenes Mondkalb. Und nun der Polizeimensch! Ich werde ihm aber sofort zuflüstern: ‚Fasse dich kurz!'"

„Tu mir die einzige Liebe und beherrsche dich, Enzio! Der Mann ist gefährlich! Du darfst unter keinen Umständen ..."

„Gefährlich? Das wäre ja gelacht!"

„Laß mich doch bloß aussprechen! Ich habe ihm nichts von vorgestern gesagt. Daß der Doktor so abscheulich zu dir war!"

„Danach hat er dich gefragt?"

„Der fragt nach allem möglichen! Hintenherum!"

„Schnüffler! Und da hast du ... was?"

„Ich habe gesagt, daß du dich mit ihm kühl und korrekt standest. Aber daß es nichts zwischen euch gegeben hat. Keinen Ärger. Und vor allem nicht das Letzte!"

„Bist tu total verrückt? Warum schwindelst du denn?"

„Erstens solltest du nicht in einen irrsinnigen Verdacht kommen ..."

„Verdacht! Verdacht! Beweisen müssen sie! Mit Verdacht können sie mir den Buckel herunterrutschen!"

„Und dann braucht es keiner zu wissen. Frau Veneuchen schon gleich gar nicht! Wenn sie in Zukunft hier etwas zu sagen hat, braucht sie es am allerwenigsten zu wissen! Der Doktor ist tot. Ich bin doch nicht wahnsinnig, es ihnen auf die Nase zu binden!"

„Du meinst, ich soll es jetzt auch ...? Wie stellst du dir das eigentlich vor? Mit Protokoll?! Mit eidlicher Aussage?!"

„Enzio! Ich flehe dich an! Du machst alles immer tausendmal komplizierter, als es ist. Er hat nichts aufgeschrieben. Und von Eid schon gar nichts gesagt."

„Ich denke nicht daran, Tatsachen zu verschweigen, nur weil sie mir vielleicht unangenehm sind."

Der Hausapparat summte. Enzio Kranefeld macht eine Bewegung, als wollte er das unschuldige braune Kästchen mit einem Faustschlag zerschmettern.
„Raus!" sagte er, unwillkürlich leise. „Raus! Sollen sie drüben die Kurbel abdrehen!" Er schob seine Braut nicht gerade sanft zur Tür hinaus.

Die sagte mit zuckenden Lippen und trotzig blitzenden Augen, in denen es verräterisch glänzte: „Bitte, geh hin mit deiner fabelhaften Ehrlichkeit und sage allen, daß ich gelogen habe. Sage es ihnen recht ausführlich! Meinetwegen können sie mich verachten oder einsperren oder, was sie mögen! Und dir sollen sie einen Orden verleihen! Den silbernen Dickschädel am goldenen Bande!"

„Einsperren sollte man dich nicht! Aber den Po sollte man dir ... und nicht zu knapp!" Zum unentwegt schnurrenden Telefon: „Tüchtig! Tüchtig! Bis die Batterie zu Ende ist!" Zu der aufschluchzenden Ilse: „Feine Situation, in die du mich da gebracht hast!"

„Enzio! Ich hab's doch bloß getan, weil ich dich so ..."

Keineswegs sanfter Klaps auf ... na ja, auf eine junge blonde Dame, die verwunderlicherweise dies mit einem unter Tränen strahlenden Lächeln quittierte. Unentwegt sich mühende Telefonglocke. Zwei junge Menschen mit den betont gleichgültigen Gesichtern aus dem Gutsbüro tretend, die heimlich Verschworene zu allen Zeiten und an allen Orten vor der Außenwelt aufzusetzen pflegen.

In der gleichen Zeit aß Kriminalkommissar Fiebig, im verschwiegenen Hinterzimmer auf- und abgehend, belegte Brote und trank dazu den starken, schwarzen Kaffee, den seine getreue Mitarbeiterin immer zur rechten Zeit herbeizuzaubern verstand.
„Nun, Mümmelmann, bitte kurze Charakterisierung Ihrer ländlichen Kollegin!"
„Eine sympathische Lügnerin."

„Gegen das letzte Wort habe ich nichts einzuwenden. Aber warum sympathisch? Warum nicht: unmoralisch oder abgefeimt? Wenn wir uns schon – sozusagen privat – ein Werturteil gestatten wollen."

„Weil sie so tapfer für ihren Bräutigam schwindelt."

„Würden Sie das etwa auch tun?"

„Selbstverständlich! Wenn auch … Ich wette übrigens, daß sie jetzt bei ihm ist und alles haarklein erzählt."

„Bestimmt. Er wird schön spucken."

„Oder sie loben."

„Wohl kaum. Und warum lassen wir solche, die Ermittlung verwirrende Zusammenarbeit der Zeugen zu, Geschätzte?

„Weil wir von der Unschuld der beiden überzeugt sind, Herr Fiebig."

„Vorsicht. Mit dieser Überzeugung haben wir uns schon manchmal ganz hübsch geirrt. Nein, Mümmelmann, aus einem viel einfacheren Grunde: Weil wir's gar nicht verhindern können! Oder man müßte bei jedem neuen Fall sämtliche Beteiligten sofort einsperren."

„Ein zu umständliches Verfahren!" Das nicht mehr ganz junge Mädchen, dem es an den nötigen, ins Auge fallenden Reizen oder einer Portion Raffiniertheit gefehlt hatte, um sich einen Mann zu erobern, präsentierte den Frühstücksteller so, daß eine empfehlenswerte Zervelatwurstschnitte am bequemsten zu erreichen war.

Ganz beim Thema, nahm Fiebig, was im sorglich zugedacht war. „Und noch eins, Mümmelmann – übrigens: schönen Dank! – noch eins: sie sollen ruhig schwindeln. Ist ihr gutes Recht. Sie verheddern sich doch. Wir brauchen nur genau aufzupassen … Haben Sie zufällig noch einen Schluck Kaffee? Herzlichen Dank! Reichlich genug!"

Bruchstück aus dem Gespräch zwischen dem Kriminalkommissar und den Forstassessor:

„Das wäre dann wohl fürs erste alles, Herr Kranefeld. Ich sehe, wie's Sie zu Ihrer Arbeit zurückdrängt. Kann ich verstehen. Bloß noch einmal kurz rekapitulieren, ob wir auch nichts vergessen haben:

Ad 1: Sie haben Ihren Schießstand in der fraglichen Zeit nicht verlassen.

Ad 2: Die Täterschaft eines Wilddiebes halten Sie für ausgeschlossen, weil, wie bei allen Ihren Jagden, der Forstwart die übrigen Teile des Reviers inzwischen beaufsichtigte. – Alle Achtung! Das scheint mir eine ausgezeichnete Maßnahme zu sein.

Ad 3: Ihnen ist nichts bekannt von familiären Auseinandersetzungen, dienstlichen Zusammenstößen und dergleichen. Ich meine, Dr. Veneuchen könnte sich mit jemand in letzter Zeit überworfen haben, mit seiner Gattin, seinem Neffen, mit Ihnen …"

„Herr Kriminalkommissar! Ich habe bereits betont, daß ich Ihnen eine derartige Mitteilung nicht machen kann. Auch wenn sich Ihre Vermutungen anscheinend in dieser Richtung …"

„Gewiß. Ich habe verstanden … Also weiter. Bei Grabreden hört man sehr oft, ‚der Verstorbene hat keinen einzigen Feind gehabt'. Ohne dem Andenken des Doktors zu nahe treten zu wollen, aber bei ihm könnte man wohl fast das Gegenteil behaupten?"

„Er war ein schwieriger und bestimmt auch … nicht glücklicher Mensch. Da waren Neider, wie bei jedem, dem es äußerlich gut geht. Und Gegner und bestimmt auch … Feinde."

„Und wer käme für die Tat in Frage? Wohlbemerkt: Ich rechne nicht mit einem ausgeklügelten Mord. Eine Affekthandlung ist viel wahrscheinlicher. Sie wäre gesetzlich zu verurteilen, menschlich vielleicht zu begreifen. Wer kommt in Frage, Herr Kranefeld?"

„Keine der mir bekannten Personen."

„Schade. Gerade von Ihnen hätte ich einen wertvollen Hinweis erhofft … Dann hilft das eben nichts … Jetzt mehr aus Neugier heraus: Wie wird das Gut nun weiterbewirtschaftet? Haben Sie eine Ahnung, ob sich schon ein Testament oder eine Letztwillige Verfügung gefunden hat?"

„Ihr Beamter, der alles im Arbeitszimmer durchsieht, hat wohl noch nichts entdeckt. Er würde Ihnen vermutlich auch als erstem Meldung gemacht haben."

„Vermutlich. Und beim Rechtsbeistand der Familie?"

„Herr Siedewind hat heute morgen Justizrat Splettgiebel angerufen. Dort liegt kein Testament vor."

„So, so, Herr Siedewind … Er hat sicher ein begründetes Interesse an einem möglichst schnellen Überblick in puncto Hinterlassenschaft?"

„Ich glaube, daß ihn die gnädige Frau beauftragt hat."

„Natürlich … Hm … Wenn vorläufig nichts Schriftliches auffindbar ist, dann hat Dr. Veneuchen aber vielleicht gelegentlich etwas geäußert, eine Andeutung gemacht, was aus Siebeneschen werden soll, wenn er mal nicht mehr … Schließlich war er doch ein nüchtern denkender Geschäftsmann, der sicher nicht den Kopf in den Sand zu stecken pflegte."

„Siebeneschen … Er hat an ein Forschungsrevier gedacht und über seine Pläne oft und ausführlich gesprochen."

„Forschungsrevier? Ich bin Laie. Was muß man sich darunter vorstellen?"

„Herr Doktor lag besonders das Rotwild am Herzen. Es war bei ihm unumstößliche Überzeugung, daß seine angebliche Waldschädlichkeit von einseitig ausgerichteten Kreisen maßlos übertrieben wird. Unzweifelhaft schoß er über das Ziel hinaus. Aber er hatte es sich nun einmal vorgenommen, nicht in langatmigen Fachaufsätzen oder Broschüren, sondern drau-

ßen im Revier praktisch zu beweisen, wie man durch geeignete Hegemaß-
nahmen wüchsige Baumbestände mit einem hohen Wildstand vereinbaren
könnte."

„Teilten Sie die Ansicht Ihres verstorbenen Chefs?"

„Im Prinzip durchaus. Wenn ich auch glaube, daß vieles stark übertrieben
war. Aber schon mit der Hälfte von dem, was ihm vorschwebte, könnte man
Aufsehenerregendes beweisen."

„Fühlten Sie sich somit zufrieden in Ihrer Stellung?"

„Die Frage ist schwer zu beantworten … Ich möchte sagen, daß sich bei mir
der passionierte Forstmann und der passionierte Jäger dauernd in den Haaren
lagen. Immer wieder stand ich vor der Entscheidung: Darfst du etwas mitmachen, was eigentlich gegen dein Gewissen geht?"

„Kompromisse … liegen Ihnen nicht besonders, Herr Kranefeld?"

„Wo ich mit dem ganzen Herzen dabei bin, fallen mir bedenkliche Zuge-
ständnisse schwer; solche, die ich für bedenklich halte."

„Mm … Sie warten in Siebeneschen auf eine staatliche Anstellung? Das kann
noch einige Zeit dauern?"

„Einige Zeit ist gut gesagt. Jahre wird das noch dauern. Im ungünstigsten Fall
beinah ein Jahrzehnt."

„Nun, da möchte ich Ihnen persönlich wünschen, daß wir ein Testament
finden, in dem Sie zum Leiter dieser … dieser Versuchsanstalt eingesetzt
werden."

„Zu schön, um wahr zu sein."

„Auf jeden Fall haben Sie doch einen langfristigen Anstellungsvertrag?"

„Zu Ostern, als die vereinbarte Probezeit abgelaufen war, wurde eine halb-
jährliche Kündigungsfrist besprochen."

„Wenig, aber … Hoffen wir also das Beste. Jetzt will ich Sie aber wirklich
nicht länger aufhalten. Könnten Sie so liebenswürdig sein und mir den
Neffen des Hauses schicken?"

„Gewiß. Herr Siedewind wird drüben sein. Ich sage ihm Bescheid."

Sobald er allein war, schlüpfte Kriminalkommissar Fiebig ins Nebenzimmer. „Na, Mümmelmann, wie haben wir das gemacht?"

„Wenn Sie nicht von seiner Unschuld überzeugt wären, richtig gemein!"
Fiebig lachte herzlich. „Sie wissen ja gar nicht, ob ich ihn jetzt nicht für erheblich verdächtig halte."

„Das würde ich raushören."

„Woran denn?"

„An Ihrer Stimme. Am Ton der Stimme."

„Nur gut, daß mich die Verbrecher nicht so gut studiert haben wie Sie."
Fiebig ging mit schnellen kleinen Schritten auf und ab. Vor Jahren hatte ihm

ein befreundeter Arzt geraten, jede sich bietende Pause zu einer Bewegung des ganzen Körpers auszunutzen. Diese Übungen sollten allerlei Krankheiten vorbeugen, von denen Schreibtischarbeiter befallen zu werden pflegen. Dabei wurde die zweite Zigarette des Tages angezündet. Nach einigen Zügen, die übrigens keineswegs genießerisch, sondern ganz gedankenlos geraucht wurden, war der Faden der Unterhaltung wiedergefunden: „Sie sagen, Mümmelmann, weil ich diesen, diesen Forstadjunkten für unschuldig halte, wäre es nicht ,gemein' gewesen. Erlauben Sie mal, Verehrteste, bei einem Halunken dürfte man doch erst recht …"

„So meine ich es gar nicht, Herr Fiebig. Man muß aber immer wieder staunen, wie leicht sich manche aufs Glatteis führen lassen."

„Welches Glatteis denn?"

„Als ob Sie das nicht selbst am besten wüßten! Natürlich doch: Tatmotiv. Allerdings nur eines, das für minderbegabte Kriminalisten ausreicht."

„Zu denen zählen Sie uns beide hoffentlich nicht."

„Mich zähle ich überhaupt nicht. Völlig überflüssiger Horchposten."

„Das sehe ich nicht so."

Fräulein Ruth Mümmelmann fühlte, wie etwas heiß in ihr emporstieg und sich brennend vom Hals aus auf das Gesicht legte. Schnell ließ sie den Bleistift, mit dem sie sich ihre Notizen gemacht hatte, fallen, um ihn mit einigen Verrenkungen unter dem ovalen Tischchen hervorangeln zu können.

Ihr Chef, dem ein überragender psychologischer Scharfblick nachgerühmt wurde, bemerkte von ihrer Verlegenheit nicht das mindeste. Vergnügte kleine Rauchwölkchen paffend, nahm er eifrig die fünf Minuten für seinen gesundheitsfördernden Spaziergang wahr.

„Am spaßigsten ist", sagte er schmunzelnd, „wie Menschen, die sich wirklich einbilden, keine Zeit zu haben, plötzlich gesprächig werden, wenn man auf ihr Lieblingsthema kommt. Hätte ich ihn eingehender nach seinem Hirschwild und dem geplanten Tiergarten gefragt, säßen wir jetzt noch zusammen. Wirklich spaßig …"

Man kriegt ordentlich Minderwertigkeitskomplexe", sagte Kriminalkommissar Fiebig eine halbe Stunde später zu seiner Sekretärin, „wenn man mit einer ganzen Serie so vortrefflicher Menschen zusammenkommt. Dieser Herr stud. jur … ha! Ein kleines Lämmlein, weiß wie Schnee … Ha! Mittelloser Kriegswaise, reicher, gütiger Onkel, der Schule und Studium finanziert. Nicht sonderlich inniges Verhältnis, aber natürlich tiefempfundene Dankbarkeit. Die gütige Frau Tante, die vor dem Monatsletzten mit Futterpaketen aushilft, nicht sonderlich herzliches … Was ist da los, Mümmelmann?!"

Irgendein schwerer Gegenstand war mit Donnergepolter umgefallen. Hinterher klirrte Glas oder Porzellan, daß jeder Hausfrau der Atem stocken mußte.

Und schließlich gellten Schreie: „Sind Sie verrückt geworden? Wollen Sie wohl augenblicklich …! Polizei! Polizei! Polizei!" Das letzte klang Hilferufen verzweifelt ähnlich.

Die beiden aus dem kleinen Hinterzimmer stürzten durch die anschließenden Räume zur Diele, von wo der unbeschreibliche Lärm kam. Dort bot sich ihnen ein hochdramatischer Anblick, dessen unzweifelhafte Komik vor dem Blitzen eines gefährlich langen Tranchiermessers nicht zur Geltung kommen konnte.

Alfons, der ergraute Diener, drang mit diesem Messer in wilden Ausfällen auf Botho Siedewind ein. Zwischen beiden befand sich der Dielentisch, der wie ein Schiff bei hohem Seegang schwankte. Bald warf sich der Angreifer mit halbem Leib darüber, bald versuchte der Verteidiger ihn seinem Gegner vor die Brust zu rammen.

Alles, was vorher darauf gelegen oder gestanden hatte, eine zartgrüne Leinentischdecke, ein weißes Zierdeckchen, eine mit Blumen gefüllte Kristallvase und das altmodische Visitenkartenschälchen, deckte häßlich zerbrochen, zerrissen, zertreten, den Boden der Arena.

Grotesk hüpfte der Student hin und her, versuchte er doch immer wieder, mit einem veilchenbestickten Kissen die Stöße zu parieren und auf einer der beiden Seiten zu entschlüpfen. Doch jedesmal warf sich Alfons so ungestüm dazwischen, daß der Waffenlose in die schützende Enge hinter dem Tisch zurückgetrieben wurde.

Das Ganze hätte tatsächlich mehr lächerlich als gefahrdrohend ausgesehen, wäre Botho Siedewinds Backe nicht erheblich geschrammt gewesen. Sie blutete! Und Blut ist bezeichnenderweise nie lächerlich. Selbst dann nicht, wenn es gerade nur so stark rinnt, um ein Gesicht mit ziemlich hilflosem Ausdruck, ein weichgeplättetes Hemd und einen diskret grauen Herbstanzug zu beschmieren.

Alfons, wirrhaarig, leichenblaß, mit wutverdrehten Augen, keuchte: „Du Lump! Du Schuft! Du Judas! Du Mörder!"

Botho, wirrhaarig, puterrot, blutend, mit angstgeweiteten Augen, brüllte: „Polizei! Polizei! Polizei!"

Das unglaubliche Spektakel hatte das ganze Haus alarmiert. Unter dem Eindruck des noch ungeklärten Todesfalles hatte man in den letzten vierundzwanzig Stunden nur leise hin- und herzugehen gewagt. Alle Türen waren behutsam geschlossen worden. Unwillkürlich flüsterte man, anstatt zu sprechen. Und nun dieses für eine gepflegten Haushalt unmögliche Kampfgetöse!

Bevor die von verschiedenen Seiten herbeistürzenden Kriminalbeamten den Tobsüchtigen überwältigen konnten, trat eine unerwartete Wendung ein: Alfons erblickte plötzlich Frau Veneuchen. Vom Herrenzimmer aus hatte sie die Verbindungstür zur Diele aufgerissen. Mit verblüffender Geschmeidigkeit sprang er durch den ihn umzingelnden Menschenring hindurch und verschanzte sich in der Nische zwischen Garderobe und Wagendeckentruhe. Mit dem Rücken an der Wand und dem weit vorgestreckten, scharfgeschliffenen Aufschnittmesser in der Hand war er hier, für den Augenblick wenigstens, unangreifbar. Denn keinem der Beamten fiel es ein, gegen einen offensichtlich Unzurechnungsfähigen von der Waffe Gebrauch zu machen. Mit der freien Linken deutete Alfons auf die Hausfrau. Seine Stimme überschlug sich in wahnwitzigem Haß. Es hatte den Anschein, als ob alle vor dieser Flut von Verwünschungen mehr erstarrten als vor der drohend geschwungenen Klinge.

„Da! Da! Die Hexe von Endor!" gellte es aus dem Munde des Irren. „Die Freigelassene auf dem Kaiserthron! Die Maitresse des Sonnenkönigs! Die große Sünderin von Babylon! Nicht genug, daß sie den Herrn Doktor mit dem da betrogen hat! Daß sie zusammengesteckt haben, schamlos wie ... wie ... Jetzt haben sie ihn auch ermordet! Sie haben den Herrn Doktor ermordet! Ermordet!"

Die Wucht der Anklage wirkte lähmend.

Da drängte sich das Siebeneschener Wirtschaftsfräulein, nicht mehr jung, vermutlich niemals sehr reizvoll gewesen, ringsherum in eine blitzsaubere, riesige Küchenschürze gehüllt, zu dem sinnlos Wütenden durch. Unerschrocken trat sie dicht an ihn heran: „Alfons! Sofort Schluß! Sie sind ja verrückt! Sie benehmen sich ja wie ein betrunkener Stallknecht!"

Wie aus einem Alptraum erwachend, ließ der Gescholtene das Messer sinken. „Ich bin nicht betrunken, Fräulein Speilzan. Ich bin nur ... Ich muß ..." stieß Alfons hervor.

„Geben Sie sofort her! Wie kann ein herrschaftlicher Diener mit einem guten Silbermesser auf ein Mitglied des Hauses losgehen?!"

Ohne Widerstand ließ sich Alfons entwaffnen. „Das ist doch kein Mitglied des Hauses, verteidigte er sich matt. Dabei zitterte er am ganzen Körper und schien den Tränen nahe. „Das ist doch der Galan! Der Buhle der verruchten Katharina von Medici! Der ..."

„Wollen Sie wohl still sein! Das kommt alles bloß von diesen verrückten Romanen her! Kann ja nicht gutgehen, immerfort das Lesen, die halben Nächte durch."

„Wenn man sich ruhelos ... Fräulein Speilzan!"

„Kommen Sie! Sie müssen sich sofort hinlegen und Ihre Medizin nehmen. Sie wissen, was Ihnen Dr. Schmeerbaum angedroht hat, wenn Sie sich bei einem Ihrer Anfälle nicht ganz ruhig und vernünftig verhalten! Kommen Sie!"

Verwunderlicherweise waren alle Zuschauer so beeindruckt vom Auftreten des resoluten Fräuleins Speilzan, daß man ihr willig Platz machte, als sie, Alfons fest am Arm haltend, hinausging.

Erst einige Augenblicke später hatte sich jeder soweit gefaßt, um den uner-hörten Vorfall mit aufgeregt flüsterndem Durcheinandersprechen verarbei-ten zu können.

Kriminalkommissar Fiebig schickte einen der Wachtmeister ins Obergeschoß, damit er sich unauffällig in der Nähe des Dienerzimmers aufhalten sollte, um neues Unheil zu verhüten.

Ilse Dark versuchte, Dr. Schmeerbaum am Telefon zu erreichen.

Eva Veneuchen erklärte inzwischen Fräulein Mümmelmann, daß der unglück-selige Mensch ein ausgezeichneter, seit Jahren im Hause beschäftigter Ange-stellter sei, der nur leider, infolge einer Kopfverletzung aus dem letzten Krieg, an periodischen Nervenschmerzen litte. Einen solchen Ausbruch, wie den eben erlebten, habe er allerdings noch nie gezeigt. Sonst wäre ihm ja längst der Führerschein entzogen worden.

Die Kriminalassistentin versicherte der anderen, „als Frau zu Frau", der Tobsuchtsanfall sei bestimmt auf die schlimmen Aufregungen der letzten Tage zurückzuführen, an denen begreiflicherweise das ganze Haus teilnähme. Solche offensichtlich aus der Luft gegriffenen Anwürfe müßten ja an jedem logisch Denkenden abgleiten. Und vor allem könnten sie natürlich, krimina-listisch gewertet, keinesfalls … wirklich: keinesfalls …

Es war ein schönes Bild, die beiden so verschiedenen Damen, die sich sonst wohl nur sehr kühl begegnet wären, in einem so herzlichen, man wäre geneigt zu sagen, vertraulichen Gespräch zu beobachten.

Währenddessen bemühte sich Kriminalassistent Fränkle, der an einem ent-sprechenden Kursus teilgenommen hatte, um den Verletzten. Eine nur flache, aber breite Schramme ging von der Nasenwurzel schräg zum Ohr.

„Sind Sie bei einer schlagenden Verbindung?" fragte Fiebig mit einem Blick auf das mattschimmernde Rockabzeichen des Studenten.

„Nein. Wir sind nicht waffentragend", sagte Botho Siedewind wütend. „Natürlich hätte ich diesen Idioten glatt zu Boden schlagen können. Aber er war doch unzurechnungsfähig. Dann tut man als gebildeter Mensch so etwas eben nicht."

„Sie haben sich vollkommen korrekt verhalten, daß Sie uns riefen", beschwich-tigte Fiebig. „Vollkommen korrekt!"

„Und so kavaliersmäßig noch dazu", sagte Eva Veneuchen, aber zu leise, als daß es einer der anderen hätte verstehen können.

A uf den weiträumigen Gutspark von Haus Siebeneschen senkten sich die violetten und zartgrauen Schatten des frühen Herbstabends. Ein einzel-nes, buntgeflammtes Ahornblatt taumelte in das feuchte Gras des Rasens, vereinigte sich mit den vielen anderen, die dort schon ausruhten. Im benach-barten Wiesengrund stand eine weiße Nebelwand. Unter den hohen Bäumen

roch es eindringlich nach Walnüssen, von denen die grüne Schale nicht rechtzeitig entfernt worden ist.

Kriminalkommissar Fiebig folgte dem nicht sonderlich gepflegten Weg, der
sich vor dem begrenzenden Bach entlangzog. Tief atmete er die kühle Luft
ein. Herbst, dachte er sinnend, bitter, streng, melancholisch, aber rein und
klar … Er genoß diesen Spaziergang. Feierabend, Entspannung, Ausruhen,
nicht aufpassen müssen.

Aus dem Schwarz des Gebüsches trat eine dunkle Gestalt heraus. Fiebig
erschrak ein wenig. Dann erkannte er das energische Wirtschaftsfräulein. Mit
hastig-kühlem Gruß wollte er vorbeigehen. Ihm lag nichts an Begleitung,
Unterhaltung oder gar an einem Gespräch über den Mordfall. Entsprechend
kurzangebunden waren seine ersten Antworten, als ihn Fräulein Speilzan
höflich, aber entschieden anredete: „Entschuldigen Sie bitte, Herr Kommissar, daß ich Sie jetzt noch überfalle. Aber Sie werden gleich abfahren. Und ich
weiß nicht, wie schnell die Polizei mit Verhaftungen …“

„Bitte?!“

„Ich möchte nur nicht, daß ein Unschuldiger verhaftet wird!“

„Das wäre?“

„Herr Parabol hat mit dem Mord nichts zu tun!“

„Herr Parabol? Kenne ich nicht.“

„Nun ja doch: Alfons, unser Chauffeur, der heute mittag krank wurde und …“

„Parabol – Paraboloid – Parabellum – Parabel, ein phantastischer Name!“

„Auf den Namen kommt's weniger drauf an, wenn einer unschuldig ins
Gefängnis …“

„Beruhigen Sie sich, Fräulein Zahnschmelz …“

„Speilzan.“

„Natürlich! Entschuldigung! Zu einer Verhaftung gehört erst einmal ein Haft-
befehl oder eine entsprechend wirkende Anzeige. Und ich bezweifle, daß der
Herr stud. jur… .“

„Der hat doch damit überhaupt nichts zu tun. Aber Sie suchen doch den
Mörder!“

„Ja … Wir suchen den Mörder.“

„Und Alfons hat es nicht getan. Dafür lege ich die Hand ins Feuer! Auch
wenn er heute scheinbar von allen guten Geistern verlassen war.“

„Ihre entlastende Ansicht wird bestimmt rechtzeitig gehört werden.“ Kriminalkommissar Fiebig sah auf seine Armbanduhr. Es war eine der unbedeu-
tenden Gesten, wie sie jeder an sich hat. Einer sucht bei bestimmten Gele-
genheiten nach einer Zigarette. Der nächste zupft am Nasenflügel, streicht
den Scheitel glatt oder zerrt am Knoten des Schlipses. Andere schließlich
kritzeln Männchen, Weihnachtssterne oder lockenumwallte Mädchenköpfe
auf ungeeignete Unterlagen. Fiebig neigte dazu, jede aufsteigende Nervosität

auf ein Zifferblatt abzuschieben. „Sie werden bestimmt rechtzeitig gehört werden", wiederholte er, um das unerwünschte Gespräch zu beenden.

Das Wirtschaftsfräulein hatte die typische, den Mantel- und Rockärmel zurückschiebende Bewegung aufgefangen. Ihre an minutengenaue Zeiteinteilung gewöhnte Pünktlichkeit reagierte sofort: „Ich weiß, Herr Kommissar, die Wagen sind für sechs Uhr bestellt. Darf ich mit zum Haus gehen? Dabei kann ich Ihnen alles sagen."

Fiebig seufzte: „Bitte sehr." Schön ist sie nicht, dachte er resigniert, aber zielbewußt. Und das, was sie mir sagen will, ist vermutlich alles horrender Blödsinn.

„Die Herren vom Gericht haben sich natürlich ausgerechnet, daß man in zehn Minuten, von der Chaussee, wo die Autos gewartet haben, Dr. Veneuchens Stand erreichen kann; oder in einer Viertelstunde. So genau weiß ich das nicht. Somit hätte die Zeit ausgereicht. Und einem, der mit dem silbernen Tranchiermesser auf Leute losgeht, dem muß alles mögliche zugetraut werden."

„Finden Sie solche Schlußfolgerungen besonders gewagt?" fragte Fiebig. Er war von nur knapp mittelgroßer Statur. Das Siebeneschener Wirtschaftsfräulein überragte ihn ein wenig. Große Frauen waren ihm unbehaglich. Jedesmal mußte er das Verlangen unterdrücken, ihnen mit haarscharfer Logik oder spöttischer Ironie seine geistige Überlegenheit zu beweisen. Auch verspürte er wohl den geheimen Wunsch, Ruth Mümmelmann neben sich zu haben, die ihm rundlich-mollig gerade bis zur Schulter reichte. „Sie geben ja selbst die technische Möglichkeit der Tat zu."

„Ich will Ihnen eines sagen, Herr Kommissar: Alfons ist unschuldig! Ich war eben eine Weile bei ihm. Es gibt heute sowieso bloß kaltes Abendbrot. Er hat seine Medizin genommen, und geschlafen hat er auch und ist wieder ganz normal; so normal wie Sie und ich. Er ist schlimm genug dran, weil er doch bestimmt gekündigt wird, nach dem, was er mit dem Messer … und vor allem, was er der gnädigen Frau gesagt hat. Und das war ja auch in jeder Beziehung unverantwortlich. Heutzutage ist das für einen älteren Menschen nicht so einfach. Dann darf er aber nicht noch obendrein etwas mit der Polizei oder dem Gericht zu tun haben."

„Wenn dieser Herr … Wie hieß er doch?"

„Alfons Parabol."

„Richtig. Wirklich ein faszinierender Name. Also, wenn er, ihrer wohlbegründeten Auffassung nach, unschuldig ist, wer soll denn sonst in Frage kommen?"

„Herr Kommissar! Ich kenne doch den Mörder nicht. Ich kann höchstens sagen, wer es, meiner heiligen Überzeugung nach, nicht gewesen ist. Der Alfons ist unschuldig. Und der Herr Kranefeld auch. Wenn natürlich bei dem auch gesagt werden wird: ‚Abends bekommt er seine Entlassung, und am andern Morgen stürzt der Herr Doktor zu Tode.'"

„War eigentlich diese Kündigung schon allgemein bekannt?"

„Bestimmt nicht! Alfons erzählte es mir hinterher, nach dem Krach, in der Küche. Sie dürfen aber nicht etwa denken, daß er horcht. Das tut kein besserer Angestellter, der auf sich hält. Aber Herr Kranefeld hat eine so laute Stimme, die durch drei Türen hindurchgeht, wenn er sich aufregt, das muß man verstehen, ob man will oder nicht. Und ich habe ihm auch sofort gesagt, dem Alfons, er soll nicht weiter darüber reden."

„Meinen Sie denn, daß dieses Zerwürfnis endgültig war? Der Grund ist mir nicht ganz stichhaltig genug."

„Sie haben unseren Herrn Doktor nicht gekannt. Der und seine Hirsche … Wenn ein Geweih abgekocht wurde, saß er die ganze Zeit in der Küche mit dabei. Wo ich doch wirklich Bescheid weiß, mit den Nasen, wie leicht die abgehen … Andere haben eben Kinder oder hängen ihr Herz an Autos. Für unseren Herrn Doktor waren die Hirsche Kinder und Autos in einem. Wenn ihm da einer widersprach, da wurde er … Na, er wurde einfach … unbeschreiblich."

„Und der Forstverwalter?"

„Der ist gleich aufbrausend und beleidigt und ganz … ganz altmodisch. Wenn dem etwas nicht paßt, dann macht er nicht, wie vernünftige Menschen, ein verbindliches Gesicht und ist still, sondern entweder tobt er los oder, wo das nun nicht ging, wie beim Herrn Doktor, da nimmt er die Hacken zusammen und sagt: ‚Ich bedaure, ich kann das nicht.' Und unser Herr Doktor, der ließ sich das eben nicht gefallen … Und jetzt, Herr Kommissar, gehe ich hier rechts ab. Es ist nicht gerade nötig, daß wir zusammen gesehen werden. Was ich sagen wollte, das habe ich gesagt: Der Alfons ist es nicht gewesen. Und der Herr Kranefeld auch nicht."

Wenn es die Lieblingsbeschäftigung eines richtigen Kriminalkommissars sein soll, am Lenkrad eines hypermodernen Riesenwagens waghalsig durch die Gegend zu rasen, dann war Herr Fiebig aus der Art geschlagen. Ihm bereitete es ein weitaus größeres Vergnügen, sich bei geruhsamer Fahrt bequem auf dem Hintersitz seines geschlossenen Autos von der Anspannung des Tages zu erholen. Mit freundlicher Zerstreutheit blickte er zum Fenster hinaus oder überließ sich, war es draußen dunkel, allerlei Meditationen, die ihm um so angenehmer vorkamen, je weiter sie von der unerbittlichen Berufsarbeit entfernt lagen.

Ganz im Gegensatz zu solchen Gepflogenheiten hielt er heute einen langen Monolog, der sich nicht ausschließlich an die neben ihm sitzende Ruth Mümmelmann wandte.

„Verrückt … – Manchmal sucht man nach einem fadenscheinigen Motiv zur Tat, wie damals, als die Alvensdorf erwürgt worden war. Und manchmal weiß man sich vor ihnen überhaupt nicht zu retten. Wie aus'm Sack geschüttet. Motive über Motive …

Die Gnädige hat ein Hundeleben geführt; ein Kettenhundeleben. Möchte frei sein. Amüsiert sich mit dem Herrn Neveu, bloß aus Langeweile; und weil sie sich vereinsamt fühlt; vermutlich am meisten im Bettchen …

Sagten Sie was, Mümmelmann? Pardon! Ich dachte nur gerade …

Hat also allen Grund, die Gnädige, dem Doktor das Genick umzudrehen. Attraktive Frau … gefährliche Frau …

Der Herr Neffe, Student von Onkels Gnaden. Sieht plötzlich alle Felle weg-schwimmen, weil der Alte ihm auf die Sprünge gekommen ist, die amourö-sen, und folgerichtig, wenn auch ein bißchen primitiv, mit dem Entzug der Subsidien droht. Na ja, schließlich sucht jeder die verwundbarste Stelle des Gegners zu treffen. Ist sein gutes Menschenrecht … Nicht Menschenrechte von Rousseau … Also auch der Bengel hat allen Grund, seinen Wohltäter vorher schnellstens zur Hölle zu wünschen; vielleicht auch in den Himmel; wenn auch sehr fraglich. Nanu! Was ist denn?"

Der Wagen verlangsamte die Fahrt, rollte aus und hielt dicht hinter dem ersten Polizeiauto an. Vorn stieg ein junger Assistent aus und trat neben das von Fiebig heruntergekurbelte Fenster. „Ich gehe dann zum Gut, Herr Kom-missar. Wo soll ich anrufen, wenn etwas ganz Tolles passiert? Auf dem Amt oder bei Ihnen in der Wohnung?"

„Keine Bange, Herr Fränkle. Es wird nichts vorkommen. Ist nur die übliche Vorsicht, daß einem nachher keiner 'ne dicke Zigarre verpaßt, wenn's plötz-lich noch einen Toten gibt oder die Bude abbrennt. Alles schon mal dagewe-sen. Ben Akiba. Im Fall der Fälle: Mich erreichen Sie unter 3 52 71. Morgen gegen neun sind wir wieder draußen. Dann erzählen Sie, ob sich die Wache gelohnt hat, und fahren hinterher ins Städtchen zum Ausschlafen. Weiter wäre ja denn wohl nichts …" Der Kriminalkommissar winkte einen freund-schaftlichen Gruß. Aber dann besann er sich: „Übrigens, verehrter Herr! Kommen Sie nicht auf den Gedanken, bei der Mamsell fensterln zu wollen. Die hat Haare auf den Zähnen! Mir hat sie, kurz vor der Abfahrt, noch Ver-haltensmaßregeln verpaßt. Und nicht zu knapp!"

Der Kriminalassistent versprach, an sich halten zu wollen. Dann setzten die beiden starken Wagen ihre Fahrt fort. Eine Weile saß Fiebig aufrecht da und wischte die beschlagene Scheibe blank. Dann beendete er in halblauten Sätzen das unterbrochene Abwägen der Tageseindrücke.

„Tatmotive … Die Gnädige … Der Milchbart … Es nähert sich ein dunkler Punkt, querfeldein, ein Forstadjunkt. Sogar schon Assessor; aber sehr dunkel. Leiter einer Versuchsanstalt, um Hirsche und Fichten gemeinsam zu kultivie-ren, Möglichkeit, die anmutig-verlogene Ilse … Ilse … egal, zu ehelichen. Oder: stellungslos; vielleicht jahrelang stellungslos. Jähzornig, stur …

Die anmutige Ilse will beschwören, daß sie zu gleicher Zeit zwei Seiten einer Landstraße, auf der Wild weggelaufen ist, im Auge behalten hat und den Herzensschatz. Fabelhafte Leistung! Möchte ich auch können. Das saubere ... nein! ... das blitzsaubere Brautpaar behauptet, er, der Herrlichste von allen, habe sich nicht vom Platz gerührt. Haha!

Der Oberholzhauer sagt aus – ganz bieder und ohne böse Absicht; steht sich vorzüglich mit seinem Vorgesetzten –, er wäre über eine Blöße gegangen ... Blöße ... Komische, aber treffende Ausdrücke, die es in der Waldarbeitersprache gibt. Blöße: bei der Vernehmung, beim Zweikampf, bei der Venus von Giorgione ... gegangen und hätte sich gewundert, den Stand des Herrn Forstverwalters leer zu sehen, obgleich es da vor einem Weilchen zweimal geknallt haben soll. Jener Ehrenwerte, erneut zitiert – hochbeglückt deswegen! – streitet sich, mit seinem Oberholzmacher konfrontiert, richtig bullrig von beiden Seiten. Eindruck: Ja, wer von uns beiden ist denn nun eigentlich ... Schlägt sich dann vor die Stirn: ‚Selbstverständlich! Ich bin ein paar Schritte nach rechts getreten, an die Lärche – mit ‚ä‘ – weil ich von da aus den niedergebrochenen Hirsch besser sehen konnte. Bin da stehengeblieben.‘ Klingt zu natürlich, um geschauspielert zu sein. Ist überhaupt kein Schauspieler, der Grüne, oder ... oder ... oder ...? Aber war ihm doch höllisch peinlich. Die erste falsche Aussage. Die erste, die ihm nachgewiesen wurde ...

Die Mamsell Raffzahn ... Wurstspeil ... Speilzahn. Ja. So war's, aber, unlogisch wie alle deutsche Orthographie, ohne ‚h‘ geschrieben. Schöner Name trotzdem. Bricht eine Lanze für den wildgewordenen Herrn Parabol. Stimmt, was sie sagt. Der hat keinerlei Tatmotiv. Möchte ja gerade der Gegenpartei eins auswischen; mit dem Messer. War darum vorläufig auch noch gar nicht in die engere Wahl der Mordanwärter einbezogen. Was erreicht die Zahnstein? Einen mittelbegabten Kriminalisten darauf zu stoßen: Da ist jemand zur fraglichen Zeit am fraglichen Ort gewesen, der 24 Stunden später verrückt spielt; nicht spielt, sondern ist. Da stößt einen die dürre Himmelsziege, die getrocknete Backpflaume, in menschenfreundlichster Absicht extra drauf. „Es ist alles ganz eitel. Prediger Salomon."

Kriminalkommissar Fiebig wandte sich unvermittelt an seine Sekretärin: „Mümmelmann! Wer hat den Doktor umgebracht?"

„Von denen, die wir bis jetzt kennengelernt haben, glaube ich ... keiner."

„Bemerkenswert."

„Ich möchte mich aber nicht festlegen. Wir haben uns schon manchmal geirrt."

„Mümmelmann! Sie sind die olympische Pythia ... Entschuldigung! Die delphische natürlich! Letzte unveränderte Ausgabe. Also wollen wir abwarten, was es morgen Neues gibt."

„Sonst müssen wir einen Außenstehenden als Täter ..."

„Dieser verfluchte außenstehende Täter! Der uneheliche Sohn, der, zum Jüngling herangereift, die in den Schmutz getretene Ehre seiner Mutter rächen will. Die verstoßene Tochter, die den ihr hörigen Mörder dingt. Der um den gemeinsam gefundenen Goldschatz oder um das Patent des nicht waschbaren Florstrumpfes geprellte Freund. Mümmelmann! Mir wird speiübel beim Gedanken an diesen außenstehenden Täter!"

„Trotzdem dürfen wir ihn nicht ganz ablehnen, aus … Antipathie."

„Tu ich das? Tu ich das etwa? Aber in dem Augenblick wird aus unserem feinen Florett-Turnier auf psychologischer Ebene ein grobes Gebolze mit verrosteten Balladen-Schwertern."

„Es hilft aber nichts."

„Weiß ich! Wir bekommen unser mit Altersversorgung verbundenes Gehalt nicht dafür, daß wir unseren Liebhabereien nachgehen. Leider! Straftaten sollen wir aufdecken, so schnell, so überzeugend, so billig wie möglich."

„Das zwingt uns, in der entfernt wohnenden Bekanntschaft des Ermordeten nachzuforschen oder in seiner Vergangenheit, sobald …"

Immer wenn sich Kriminalkommissar Fiebig bei einem Thema erregte, ließ er seine Mitarbeiterin keinen ihrer Sätze zu Ende sprechen. Gedankenschnell fuhr er ihr dazwischen, kaum daß er ihren Sinn erfaßt hatte. Ruth Mümmelmann verübelte ihm diese Eigenart nicht mehr. „Wissen Sie, Verehrte, warum ich mich in diesem Fall besonders davor graule, rückwärts zu schnüffeln? Passen Sie auf: Wir haben jetzt ein leidliches Bild des Dr. Veneuchen der letzten zehn Jahre aus dem Gesichtswinkel seiner nächsten Umgebung heraus gesehen. Und schon in diesem halben Dutzend Menschen hat er so schöne Gefühle zu wecken verstanden, daß fast jeder innerlich den Mord, oder was es nun ist, begrüßt. Fast jeder! Muß ein gemütliches Zusammenleben gewesen sein!"

„Für beide Teile!"

„Richtig. Durchaus zutreffende Feststellung. Der Mann ist aber früher irgend etwas Wirtschaftliches im Krieg gewesen, mit ziemlichen Vollmachten; noch vorher hat er in der Industrie sein Geld gemacht; und ganz vorher war er mal ein junger Kerl. Was meinen Sie, Mümmelmann, wie viele fragwürdige Individuen wir da entdecken, die ihn mit Vergnügen in die Esche runtergeworfen hätten?"

„Eine ganze Menge."

„Hunderte, sage ich! Und davor graut mir! Vor diesen vielen falschen Spuren. Damit fangen wir erst in ein paar Tagen an, wenn wir, leise weinend, eingesehen haben, daß es hier im Haus für uns nichts zu holen gibt. Bis dahin gestatte ich mir, den ‚außenstehenden Täter' als den Nothafen der Kriminalstory, Seite 185, anzusehen. Einverstanden?"

„Hoffen wir …"

„… das Beste, lieber Leser!"

Kriminalassistent Heinz-Diether Fränkle erlebte einiges in dieser finsteren, für die Jahreszeit ungewöhnlich milden, hellhörigen Herbstnacht.
Auf knappe Steinwurfweite von der Terrasse des Siebeneschener Gutshauses
entfernt, saß er angenehm auf einer Gartenbank. Nach vorn und zu beiden
Seiten deckte ihn ein dichtes Boskett gegen Sicht, über dessen dichtbenadelte
Zweige hinweg er alles genau beobachten konnte, was sich auf dieser Seite
der Besitzung abspielen würde. Auf den entgegengesetzt liegenden Wirt-
schaftshof durfte er sich nicht wagen, weil dort ein kläff-froher, etwas zu
groß geratener Spitz in einem geräumigen Zwinger nur darauf wartete, jeden
Vorbeikommenden, gleichgültig ob Freund oder Feind, lauthals zu begrüßen.
Mithin hoffte Fränkle auf seinem Lauscherposten geruhsame Stunden vor
sich zu haben, denen sich ein noch geruhsamerer und wohlverdienter Tages-
schlaf anschließen würde.
Gegen halb zehn traten zwei Personen verschiedenen Geschlechtes auf die
Terrasse. Die scherenschnittartig scharf umrissenen Konturen vor der hellen
Türöffnung ließen die Gutssekretärin und den Forstverwalter erkennen. In
halblautem Gespräch gingen sie auf den breiten Kiesweg vor Fränkles Versteck auf und ab. Der konnte von ihrer Unterhaltung nichts verstehen. Nur
einmal blieb das Paar für kurze Zeit dicht vor ihm stehen.
„Unbedachtes Wagnis!" sagte die männliche Gestalt.
„Ich könnte noch viel mehr tun", sagte die tiefe Mädchenstimme. „Du weißt
gar nicht, Enzio, wie ich um dich zittere!"
Die Antwort des derart Umsorgten wurde nicht in Worte gekleidet. Der
heimliche Lauscher bekam es schamloserweise nicht fertig, diskret wegzuse-
hen. Zur Strafe mußte er plötzlich sehnend an eine junge Dame aus der Stadt
denken, die auf den wohllautenden Namen Hannelore hörte. Unterdrückt
seufzte er. Wie oft hatte er sich mit ihr an dienstfreien Abenden schon in
ähnlich zärtlichen Situationen befunden!
Bevor dieser bittersüße Gedankengang abgerissen war, setzten die beiden
auf dem undeutlich schimmernden Parkweg ihre Promenade fort. Noch
einige Male kamen sie am Boskett vorüber. Schließlich verabschiedeten sie
sich im schützenden Schatten breitästiger Bäume unzweifelhaft lange und
im besten Einvernehmen. Worauf das junge Mädchen mit leisem Schnurren
die Steinstufen der Terrasse emporstieg und im hellschimmernden Viereck
der Dielentür verschwand. Während der Forstverwalter, vom Kläffespitz
diensteifrig begrüßt, um das dunkel ragende Haus herum seiner Wohnung
zustrebte.
Nach einiger Zeit wiederholte sich die Szene, nur daß jetzt ein anderes Paar
als handelnde Personen auftrat.
„Nein danke. Ich mag keine Zigarette mehr", sagte Eva Veneuchen. Sie gab
sich keine Mühe, den abweisenden Klang ihrer Stimme zu mildern. Sie sprach

ziemlich laut. Sie hielt es wohl für ausgeschlossen, daß sich um diese nächtliche Stunde noch jemand im Park aufhalten könnte. „Ich bin doch nur aus dem Zimmer gegangen, um noch für fünf Minuten frische Luft zu haben. Überhaupt, dein ewiges Rauchen, Botho, das wird nachgerade schon krankhaft!"

„Du mußt das verstehen, Eva: der lächerliche Verdacht, unter dem wir alle stehen ... wir alle! Ich kenne die verdrehten Gedankengänge und Trugschlüsse dieser fabelhaften Kriminalfritzen ... also, der muß mich natürlich besonders nervös machen."

„Dich besonders? Weswegen denn?"

„Herr im Himmel! Schließlich studiere ich Jura. Schließlich muß ich mich irgendwann mal zum Staatsexamen melden. Glaubst du, es ist mir da so gleichgültig, daß man mir den Mord am eigenen Onkel andichtet? Was meinst du, wenn das Walroß davon Wind bekommt?! Der ist noch ganz alte Schule. Verkalkter Geheimrattyp. Weiße Weste und absolute Unangreifbarkeit vor allem! Der macht mich fix und fertig. Das belastet einen schon!"

„,Andichtet' ..."

„Du sagst das mit reichlich sonderbarer Betonung, Eva! Soll ich dir etwa auseinandersetzen ... Zum Kuckuck noch mal! Das Ganze ist ja hirnverbrannt! Schließlich bin ich unschuldig! Unschuldiger als ..."

„Verzeihung, Botho! Du dauerst mich. Morgen werde ich dem Polizeimenschen sagen: ,Unsere beiden Herrn sind unschuldig. Der treue Enzio, weil ihm eine so abscheuliche Tat nicht zuzutrauen ist. Und mein Neffe ...'"

„Ich bin nicht dein Neffe!"

„Pardon! ,Und unser Neffe kommt erst recht nicht in Frage. Den geniert allein der Verdacht so schrecklich, daß ...'"

„Ich möchte dich am liebsten ..."

„Du möchtest vieles, mon cher. ,Also', werde ich diesem indiskreten Schnüffler dann weiter sagen, ,Sie müssen schließlich einen Hauptverdächtigen herausfinden. Dafür sind Sie hergeschickt. Nehmen Sie mich so lange, bis sich ein Geeigneterer meldet!'"

„Eva ..." Der Rest der halb zornigen, halb verzweifelten Antwort blieb unverständlich. Eva Veneuchen und der Student hatten sich so weit entfernt, daß die überstürzten Anklagen und aufgeregten Verteidigungen im nächtlichen Parkdunkel zerflatterten. Sehr im Gegensatz zum vorigen Paar kamen beide auch sogleich zurück, ohne liebevoll stehengeblieben zu sein. So konnte der im Gebüsch verborgene Assistent den Schluß der Auseinandersetzung wieder verstehen.

„Schluß mit diesem lächerlichen Verdacht, diesen verrückten Indizien!"

„Sehr richtig. Ich rege mich deshalb nicht auf."

„Und, Eva ... das andere?"

„Was denn …?"

„Du weißt genau, was ich meine. Wenn ich dich nun sehr darum bitte …"

„Nein, Botho!"

„Du meinst … Es wäre … pietätlos?"

„Wahrscheinlich …"

„Eva! Bitte! Du bist doch jetzt frei!"

„Eben deswegen sage ich nein!"

Eva wandte sich brüsk um und ging mit eiligen Schritten zum Haus zurück. Kriminalassistent Fränkle hörte deutlich einen gewichtigen Schlüssel ein schweres Schloß sperren.

Noch einige Augenblicke stand Botho Siedewind reglos. Dann zündete er sich mit einem kurzen Auflachen, in dem sich Enttäuschung und Bitterkeit Luft machten, eine Zigarette an und schlenderte zum Seitenflügel. Durch den Giebeleingang betrat er das aus verschiedenen, eigenwillig aneinandergefügten Gebäudeteilen bestehende Haus.

Im Erdgeschoß wurden alle Fenster dunkel. In den Schlafzimmern des ersten Stockes sah man hinter zugezogenen Vorhängen die Bewohner als undeutliche Schatten hin- und hergehen. Ein Fensterflügel wurde geöffnet und zur Nacht festgehakt. Für Minuten drang verschwommen Radiomusik hinaus. Nach und nach erlosch überall die helle Deckenbeleuchtung, wich dem gedämpften Schein der Nachttischlampen. Dann wurden auch diese ausgeschaltet. Als die Uhr des Dorfkirchturms Mitternacht verkündete, lag Haus Siebeneschen dunkel und friedlich unter dem Schutz der ragenden Bäume des Parkes. Lautlos schlich eine Katze vorbei und ebenso lautlos glitt ein Käuzchen zum Dachfirst. Lange Zeit blieb es auf einem Gesims sitzen. Endlich lüftete es die Schwingen und tauchte in der samtschwarzen Finsternis unter.

Kriminalassistent Heinz-Diether Fränkle sagte sich, daß es in den nächsten Stunden für ihn vermutlich nichts zu beobachten gäbe. Da er aber von einem Ehrgeiz und lobenswertem Pflichtbewußtsein beseelt war, nahm er sich vor, auf jeden Fall munter zu bleiben. Unter dem schützend davorgehaltenen Mantel zündete er sich eine Zigarette an, die er in langsamen Zügen, das verräterische Glühen in der hohlen Hand verbergend, mit Genuß rauchte.

J a, bitte?!" sagte Eva Veneuchen erschrocken, als es kurz nach Mitternacht leise an ihre Schlafzimmertür klopfte. Schlaflos hatte sie auf ihrem Bett gelegen. Jetzt funkelten ihre Augen böse ins Dunkel. Ihr Mund war zu einer zornigen Grimasse verzogen. Wagte es der verrückte Mensch tatsächlich, sich herzuschleichen? „Was ist?" wiederholte sie ungeduldig.

„Bitte kein Licht machen, gnädige Frau!" flüsterte es an der Tür. „Ich bin es. Der Mörder ist im Garten!"

Eva Veneuchen setzte sich im Bett auf. „Wer ist da? Fräulein Speilzan? Ich verstehe kein Wort!"

„Ich komme rein, gnädige Frau", sagte die vor Aufregung heisere Stimme der Mamsell. Behutsam öffnete sie die unverschlossene Tür und tastete sich in das finstere Zimmer. „Er sitzt auf der Bank gegenüber von der Terrasse!"

„Wer denn?"

„Das weiß ich doch nicht! Ein Fremder! Alfons schläft. Man hört ihn bis auf den Gang schnarchen. Bei Herrn Siedewind ist es schon dunkel, aber das Radio geht noch. Und Herr Kranefeld, der setzt sich doch nicht nachts um eins auf die Bank!"

„Und da ist wirklich ein Mensch?"

„Ich hatte schon lange bei mir ausgeknipst. Aber ich konnte nicht schlafen und wollte meine Tropfen nehmen. Wie ich mir vom Waschtisch einen Schluck Wasser hole, sehe ich noch mal in den Garten. Und da zündet er gerade ein Streichholz an. Es sollte aber nicht leuchten. Unter der Jacke! Und dann rauchte er auch ganz vorsichtig. Gnädige Frau! Das ist keiner von unseren Leuten! Das ist ein Fremder! Das ist der Mörder vom Herrn Doktor! Der sucht ein neues Opfer! Oder es treibt ihn …"

„Sie können einem ja richtig Angst machen. Kommen Sie, wir wollen mal aus dem Fenster …"

„Aber vorsichtig, gnädige Frau! Und leise! Er darf nichts merken. Bloß hinter der Gardine …"

Auf bloßen Füßen glitt Eva Veneuchen zum halbgeöffneten Fensterflügel. Zusammen mit Fräulein Viola Speilzan, die vor Erregung und Tatendrang am ganzen Körper zitterte, spähte sie angestrengt hinaus. Tatsächlich konnte man gegen die hellgestrichene Rückenlehne der Bank einen dunklen Fleck erkennen, der, bei einiger Phantasie, der Oberkörper eines Mannes sein mochte.

„Was machen wir bloß, Fräulein Speilzan? Nächsten Monat sollen wir Selbstanschluß bekommen. Nächsten Monat! Ausgeschlossen, daß wir jetzt auf dem Amt jemand munterläuten. Der gute Zermeier geht nicht an den Apparat. Das haben wir ja neulich gemerkt, als wir den Doktor haben wollten. Die Polizei können wir also nicht benachrichtigen."

„Ist auch besser, gnädige Frau. Wissen Sie … ich hab' kein Vertrauen zu den Leuten. Nein, das habe ich nicht. Wir müssen ihn allein fangen!"

„Wie stellen Sie sich denn das vor?"

„Ich wecke unsere Herren und Fräulein Dark und …"

„Keinen weiter! Niemand! Meinetwegen, holen sie die drei. Ich zieh' mich schnell ein bißchen an. Sie sollen leise ins Wohnzimmer kommen."

Nach beachtlich kurzer Zeit fand sich eine Streitmacht zusammen, deren eigenartige Kostümierung günstigerweise im Stockfinstern nicht zu erkennen war. Botho Siedewind schlich sich mit dem lichtstarken Jagdglas seines Onkels ins Mamsellzimmer, das er derart bestimmt zum ersten und letzten Mal zu nachtschlafender Zeit betrat. Einwandfrei konnte er nachher die Anwesenheit einer dunkel vermummten Gestalt bestätigen. In Windeseile wurde nun der Angriffsplan geschmiedet: Eva Veneuchen und die Speilzan, der Student und die Sekretärin sollten über den Hof und durch den Gemüsegarten zum Park gehen, um sich in zwei getrennten Gruppen dem Versteck des Unheimlichen zu nähern.

„Sie müssen laut und harmlos erzählen", sagte Enzio Kranefeld, „damit er denkt, sie kommen von einer Kindstaufe oder einem anderen Vergnügen. Und in dem Augenblick, wenn ich das höre, knipse ich in der Diele das Licht an und trete offen auf die Veranda. Ganz gleichmäßig gehen wir auf den Kerl zu. Der steckt sich erst mal in den dicksten Busch. Dafür garantiere ich. Und dann räuchern wir ihn aus."

„Haben Sie Ihre Pistole?" fragte Botho Siedewind. „Ich werde die Mauser aus dem Gewehrschrank holen."

„Auf keinen Fall!" widersprach der Forstassessor. „Unter gar keinen Umständen! Das gibt doch ein fürchterliches Durcheinander! Eine Schußwaffe ist das Allerungeeignetste! Wir müssen uns die Stöcke aus der Garderobe nehmen, auch die Damen. Das ist sicherer. Also: Hals-und Beinbruch!"

Ilse Dark tastete nach der Hand ihres Verlobten: „Du hast doch deine Pistole, Enzio?" hauchte sie dicht an seinem Ohr.

„Pst! Schnabel halten!" antwortete er genauso leise. „Glaubst du, ich habe Lust, daß uns der tapfere Botho aus Versehen erschießt?"

Zehn Minuten später standen fünf mittelalterlich bewaffnete Gestalten um ein doppelt zimmergroßes, niedriges Gebüsch herum, auf das sie mit Stöcken und irgendwo aufgerafften Knüppeln einschlugen: „He! He! Rauskommen! Ergeben! He! Raus! Raus!"

Kriminalassistent Heinz-Diether Fränkle hockte zwischen infam drückendem Eibengeäst und schwitzte Blut und Wasser. In seinem Kopf überkugelte sich nur der eine Gedanke: Was wird der Chef zu dieser Mordsschweinerei sagen? Der schickt mich doch in die Wüste! Was wird bloß der Chef … Neben dieser fürchterlichen Vorstellung fand keine nur halbwegs vernünftige Überlegung Platz.

„Ilse!" schrie der Forstassessor. „Sause auf den Hof und hole Pluto! Los! Los!" Auf diesen bedrohlichen Namen hörte der zu groß geratene Kläffespitz, der durch wüstes Gebell bekundete, wie gern er bei dem Spektakel im Park dabeisein wollte. „Wenn der ihm in die Hosen fährt, wird er sich wohl melden!"

Darauf wollte es nun der Umzingelte auf keinen Fall ankommen lassen. Im Augenblick mußte in der Reihe der Belagerer doch eine Lücke entstanden sein.

Darauf kroch er, zuerst möglichst lautlos, dann ohne Rücksicht auf Geräusche zu. Aufspringend versuchte er schließlich einen verzweifelten Ausfall.

„Achtung! Er kommt!"

„Haltet ihn!"

„Hände hoch oder ich schieße!"

„Halt! Halt! Halt!"

„Er will hinten raus!"

„Polizei, Polizei!"

„Mörder! Mörder! Mörder!"

So gellten die verschiedenen Stimmen durcheinander.

Eine geduckte Männergestalt sprang aus dem schützenden Ästegewirr auf den herbstfahlen, taunassen, rutschig-glatten Rasen. Dicht bei Fräulein Viola Speilzan.

„Halt! Halt!" schrillte ihre nie sehr melodische Stimme in den höchsten Tönen. „Halt! Halt!" Unerschrocken warf sie sich dem Fliehenden entgegen, wobei sie einen vom Hof mitgenommenen Stallbesen wie eine gefährliche Lanze vor sich hielt.

Heinz-Diether erkannte gerade noch die drohende Waffe und schlug sie beiseite. Aber da hing die Mamsell schon an seinem Halse. Und abermals soll betont werden, daß ein solches Vorkommnis nur in dieser Nacht möglich war. Vermutlich zum ersten, bestimmt aber zum letzten Mal kam Fräulein Viola in so nahe Berührung mit einer wildfremden Mannsperson.

Durch den gewaltigen Anprall wurde sie sogleich rückwärts zu Boden geschleudert. Aber sie ließ nicht los! Beide Arme hatte sie ihrem Widersacher um den Hals geworfen und die Hände ineinander verkrampft. Ihr eher groß als zierlich zu nennender Körper bestand, ganz im Gegensatz zum nahrhaften Beruf seiner Trägerin, in der Hauptsache aus stahlharten Sehnen und überraschend hervortretenden, schlecht abgepolsterten Knochen. Angenehme weibliche Rundungen fehlten. So war der Zusammenprall von einer durch nichts gemilderten Schmerzhaftigkeit.

Von allen Seiten stürzten die Verbündeten dem Wirtschaftsfräulein zu Hilfe, das herzerweichend „Mörder! Mörder! Mörder!" keuchte, stöhnte, gurgelte.

Schon im nächsten Augenblick rollte über den Rasenplatz ein unglaubliches Menschenknäuel durcheinander, aus dem sich der mit Jubelgeheul herbeirasende Pluto immer das verkehrteste Bein zum Bearbeiten herausschnappte. Parkkulisse, mitternächtliche Stunde und Vehemenz der ineinander Verstrickten erinnerten lebhaft an die virtuos dargestellte Prügelszene eines Shakespeareschen Dramas.

Immerhin gelang es dem zuunterst liegenden Fränkle nach einiger Zeit, sich mit der Beteuerung verständlich zu machen, daß in der Innentasche seines Jacketts ein amtlicher Ausweis der Kriminalpolizei stecke.

Den zog Eva Veneuchen mit einiger Mühe aus den Tiefen des Menschen-knäuels heraus, um damit, den sich wie rasend gebärdenden Pluto am Hals-band fortzerrend, zur erleuchteten Diele zu eilen.

Wenig später verkündete sie von der Veranda aus, gleichsam als Elfenkönigin die allgemeine Verwirrung lösend, daß man einen unschuldigen Angestellten der rührigen Kripo dingfest gemacht habe.

In den letzten Tagen war es den Bewohnern von Haus Siebeneschen wahr-haftig nicht nach Lachen zumute gewesen. Als sie sich jetzt aber im Lampen-schein gegenseitig anschauten, ergriff sie eine unbändige, geradezu maßlos übersteigerte Heiterkeit.

Die vom Tranchiermesser verschonte Backe des Studenten hatte jetzt eine Schmarre abbekommen. So war der Symmetrie Genüge getan. Pluto hatte Kranefelds Wade mit kleinen spitzen Zähnen rot und blau tätowiert, was unschwer durch die zerfetzte forstgrüne Hose festzustellen war. An Ilse Darks wohlgeratener Hinterpartie klaffte ein erhebliches Dreieck. Alle ande-ren hatten den durchaus sympathischen Anblick eines geschmackvollen Nachtgewandes, bevor die Betroffene den Riß bemerkte. Und auch die Haus-frau und Fräulein Viola bemühten sich Schäden ihrer Toilette mit eifersüchtig deckender Hand zu verbergen.

Das waren die sinnfälligen Ursachen des nicht enden wollenden Gelächters. Sein tiefster, geheimster Grund beruhte aber vielleicht im Aufbegehren gegen die erzwungene Feierlichkeit eines Trauerhauses, in dem keine echte Trauer zu finden war. Wenngleich sich allerdings auch keiner der Beteiligten über dieses verborgene Gefühl Rechenschaft ablegte.

Der einzige, der, zuerst wenigstens, noch nicht mitlachen konnte, war der Kriminalassistent. In einem fort wischte er sich mit seinem Taschentuch das Gesicht ab, als gälte es, eine wochenlang versäumte Säuberung nachzuholen.

„Hören Sie auf!" sagte Enzio Kranefeld, den überwundenen Gegner kritisch musternd. „Sie sehen jetzt so hübsch aus wie ein Täufling, der zur Kirche getragen wird."

„Das haben Sie sich gedacht!" sagte der Assistent dumpf. „Wo mir doch einer immerfort ins Gesicht gespuckt hat!"

Um auf den ausgestandenen Schrecken einen beruhigenden Schluck zu trinken, ließ die Hausfrau die Kognakflasche und die kleinen Gläser aus dem Likörschränkchen holen. Während man den edlen Tropfen warm in den Magen rinnen fühlte, herrschte andächtige Stille. In sie hinein flüsterte Heinz-Diether seufzend: „Wie bringe ich das denn nur meinem Chef jetzt bei …?"

Bald darauf verabschiedete sich Eva Veneuchen. „Wenn Sie sich schon die Nacht um die Ohren schlagen müssen, Herr Assisstent – zu unserem Schutze, versteht sich –, dann behalten Sie wenigstens den Hausschlüssel. Sie können doch die Diele, sozusagen als Wachlokal, benutzen. Soll Ihnen Fräulein Speilzan ein Schnittchen …?"

Eine solche Stärkung sei unnötig, meinte Herr Fränkle. An Proviant fehle es ihm nicht. Den Schlüssel werde er aber mit Dank annehmen.

So verlockend die bequemen Stühle und die anheimelnde Wärme in der Diele auch waren, so ließ sich Heinz-Diether Fränkle dadurch doch nicht zu lauer Pflichterfüllung verleiten. Selbstverständlich würde ja nun alles ruhig bleiben. Leider! Denn jetzt wünschte er sich sehnlichst einen echten, gefährlichen Gegner, den man, überwunden und gefesselt, am Morgen dem Kommissar als Ausgleich für die erlittene Niederlage präsentieren konnte. Schließlich war es noch keineswegs ausgeschlossen, daß ein Unbekannter etwas Böses im Schilde führte. Darauf mußte man hoffen.

Dieser anerkennenswerte, wenn auch nicht ganz selbstlose Eifer lohnte sich wirklich.

Kurz vor 3 Uhr ereignete sich noch ein aufregender Vorfall, der dann allerdings der letzte dieser außergewöhnlichen Oktobernacht bleiben sollte.

Am Ostgiebel von Haus Siebeneschen hatte ein baufreudiger Vorbesitzer ein Türmchen errichtet. Nicht sonderlich stilecht, überragte es das weitläufige Gebäude um einiges.

Bei seiner fünften oder sechsten Runde glaubte Fränkle im obersten Raum, dicht unter dem zierlich geschwungenen Schieferdach, einen huschenden Lichtschimmer zu bemerken. Er sah sich fast die Augen aus dem Kopf, ob ihn auch nicht der fahle Schein des spät aufgegangenen Mondes täuschte. Schon wollte der Assistent, in der Überzeugung, sich geirrt zu haben, weiterschlendern, da leuchtete ein schmaler Spalt hinter einer der viereckigen kleinen Scheiben auf. Gleich darauf erlosch er in stumpfem Schwarz. Unzweifelhaft hatte soeben ein menschliches Wesen sorglich einen Vorhang oder eine Jalousie abgedichtet. Denn an einen Spuk zu glauben, einen Ritter in blutbefleckter Rüstung, einen todesbleichen Medicus, die unheilvolle Giftschale in der Knochenhand, eine ruhelos umherschwebende weiße Frau, das war doch wohl zu überspannt.

Tatendurstig umschlich Heinz-Diether das verwunschene Bauwerk. Die altmodisch festgefügte Tür erwies sich als hoffnungslos verschlossen. Ebenso die beiden efeuumrankten Fenster. Aber im linken fehlte eine halbe Scheibe, gerade groß genug, um den Arm hindurchzwängen zu können. Das Weitere war für einen nicht mehr ganz unerfahrenen Kriminalisten ein Kinderspiel. Der Riegel ließ sich ertasten und mühsam umdrehen. Mit sanfter Gewalt konnte der seit langem nicht mehr geöffnete Fensterflügel nach außen gezogen werden.

Gleich darauf stand Fränkle im Innern des unheimlichen Baues. Es roch nach Kalk, Staub, Moder und Gespenstern. Der durch das Fenster eindringende Mondschein lag schmal auf einer steinernen Wendeltreppe.

Ohne die Taschenlampe zu benutzen, tastete sich der Eindringling hinauf. Er trug Schuhe mit beachtlichen Kreppsohlen, die kein Geräusch verursachten. Die Tür zum Erdgeschoß war verschlossen, die zum ersten Stock war angelehnt. Immer vorsichtiger schlich Fränkle empor. Seine Hand glitt am hölzernen Geländer entlang. Hier mußte der Gang zu den Mansarden abzweigen. Weiter! Es war beklemmend finster. Nur schießschartenähnliche, schmale Öffnungen ließen ein fahles Graudunkel hereinströmen.

Die letzte Tür. Durch einen zwei Finger breiten Spalt fiel ein schwacher Lichtschimmer heraus. Also war sie nicht eingeklinkt.

Fränkle glitt näher. Jetzt konnte er hineinspähen. Ins Riesenhafte verzerrte Schlagschatten huschten über eine weißgetünchte Wand und das bizarre Gezack ragender Hirschgeweihe. Daneben schmolzen sie mit der stumpfen Fläche eines Fensterrollos zusammen. Von dem im Turmzimmer sehr behutsam hantierenden Unbekannten war nichts zu sehen. Ab und an hörte man nur das leise Öffnen und Schließen einer Schublade und das Rascheln von Schriftstücken.

Ganz vorsichtig drückte der junge Polizist auf dem schmalen, steinernen Vorflur mit einem Finger gegen die Tür. Gar zu gern hätte er einen Blick auf das gespenstische Wesen und seine heimliche Tätigkeit geworfen. Wirklich ließ sich das rauhe Holz ein wenig bewegen. Aber plötzlich quietschte die Angel warnend auf. Sofort erlosch der Lichtschein. Noch ein kaum vernehmliches Huschen und Hasten, dann lag lautlos beklemmende Stille über dem Raum. Nur ein hauchfeines, rhythmisches Pochen war zu vernehmen.

Weit stieß Fränkle die Tür auf und stellte sich in ihre Öffnung. Unter keinen Umständen durfte der Gefangene entschlüpfen. Mit der Rechten hob der Kriminalassistent seine Dienstpistole, in der andern hielt er die Stablampe. „Nicht anknipsen!" fuhr es ihm durch den Kopf. „Sonst schießt er dich sofort über den Haufen!" Laut sagte er: „Wer ist da?" Obwohl er sich Mühe gab, seiner Stimme einen festen Klang zu geben, hörte sie sich hohl und geisterhaft an.

Keine Antwort.

Nur das leise, geschäftige Pochen.

Und beklommenes, unterdrücktes Atmen. Vom rechten Fenster her. Nein, aus dem Winkel heraus zwischen einem hohen Möbelstück, vermutlich einem Schrank, und dem mondhellen Fenster, das als einziges nicht verhängt war. Da stand der Unbekannte, mit dem Rücken flach an die Schmalseite des Schrankes gepreßt.

Nur der Oberkörper war zu erkennen, der sich gegen das helle Rechteck abhob. Fränkle war minutenlang im pechschwarzen Treppenhaus hinaufgestiegen. So erschien ihm die Turmstube nicht ganz so finster. Nur die beiden

Fenster zum Park und zum Giebel sind abgedichtet, dachte er unwillkürlich, das zum Hof nicht.

Der Ertappte atmete schnell. Man hörte es ein wenig, und man sah es. Seine Brust hob und senkte sich. Wie gebannt starrte Fränkle auf die sanft geschwungene Linie, die das blasse Mondlicht umschmeichelte. Sein Herz begann rasend zu schlagen. „Eine Frau!" dachte er in großem Staunen. „Es ist ja eine Frau! Sie ist ungefährlich", sagte er sich sogleich. Er schob den Knopf der Lampe nach vorn. Kaltes, weißes Licht flammte auf.

„Ich würde lieber ausknipsen", sagte Eva Veneuchen. Ihrer Stimme war es nicht anzuhören, ob in ihr Schreck, Zorn oder Scham mitschwang. Sie klang dunkel beherrscht. „Es blendet. Warten Sie ..."

Während Fränkle gehorchte, ließ sie ein Feuerzeug aufflammen, um die Kerze anzuzünden, die schon vorher den Raum erleuchtet haben mochte. „Die Kriminalpolizei ist überaus tüchtig", sagte sie dann spöttisch.

Heinz-Diether Fränkle war immer noch so verblüfft, daß er nichts Vernünftiges zu antworten wußte. Wie gebannt mußte er auf die Gutsherrin starren. Der schwarze Morgenrock wurde nur durch eine um die Hüften geschlungene Schnur zusammengehalten. Darunter war ein Schlafanzug zu erahnen, dessen Schnitt raffiniert einfach war. Die bloßen Füße steckten in weichledernen Hausschuhen.

„Was pocht denn da immerfort?" fragte er schließlich, mit der Hand auf die dunkle Ecke weisend, aus der das Geräusch mit aufdringlicher Regelmäßigkeit kam. Es war ungefähr das Törichteste, auf das er hätte kommen können.

„Die Totenuhr", sagte Eva Veneuchen gleichgültig. „Sie verkündet, daß der Besitzer des Hauses gestorben ist. Mein Mann war oft hier oben. Man kann das halbe Revier überblicken."

„Die Totenuhr? Das ... das ist doch ein Scherz?"

„Keineswegs. Man kann übrigens auch Klopfkäfer sagen. Er lebt in altem Holz und frißt dort Gänge."

„Ach so. Ein Käfer, eine Art Holzwurm."

„So etwas Ähnliches, Herr Assistent. Ich kann Ihnen morgen gern die Stelle im Biologiebuch heraussuchen lassen."

„Sie machen sich über mich lustig", sagte Fränkle dumpf.

„Im Gegenteil! Ich versuche, sie milde zu stimmen. Dieses Mal haben sie mich schließlich gefangen."

„Das ist doch ... Das hat doch weiter nichts zu bedeuten."

„Meinen Sie, Herr Assistent? Bestimmt kommt doch als erstes der ausführliche Bericht an Ihren wißbegierigen Vorgesetzten."

„Dem muß ich es natürlich melden."

„Müssen Sie wirklich ...?" Eva Veneuchen dämpfte die Stimme. „Müssen Sie? Wenn wir nun beispielsweise ... Ja! Wenn wir einen Nichtangriffspakt abschlössen: Sie schweigen über alles, und ich verpflichte mich ebenfalls dazu. Bei den anderen, die mit im Garten waren, würde ich es unschwer erreichen können."

„Das ist ganz unmöglich! … Wie soll ich sie nur anreden?" dachte Heinz-Diether verzweifelt. „Hier im Haus sagen sie alle ‚gnädige Frau'. So etwas Altmodisches kriege ich doch nicht fertig. ‚Frau Doktor' geht erst recht nicht. Und einfach bloß mit dem Namen …?"

„Unmöglich", wiederholte Eva Veneuchen das letzte Wort. „Und wenn es nun sehr … sehr indiskret wäre, mich zu verklatschen? Ich könnte doch hier auf … auf jemanden gewartet haben?! Ich meine, es ist vielleicht ein Stelldichein …?!"

Noch nie im Leben war Kriminalassistent Fränkle so unbeschreiblich verlegen gewesen. Ich darf sie nicht ansehen, dachte er wirr. Das ist ja keine gewöhnliche Frau! Das ist ja ein Filmstar. Eine dieser verruchten Spioninnen. Die Männer werden von ihnen umgarnt, und zum Schluß schießen sie sich tot. Laut sagte Heinz-Diether: „Ein Stelldichein … hier oben, morgens um viertel vier … und ein offener Schrank, in dem Akten liegen …" Er zeigte auf ein Schubfach, in dem verschiedene, geheftete Schriftstücke zu sehen waren.

„Diese Deutung gefällt Ihnen nicht. Gut. Zugegeben, ich habe etwas gesucht … etwa … alte Briefe. Vielleicht Liebesbriefe, die mich kompromittieren würden, wenn sie bei der fürchterlichen Suche in unrechte Hände kommen."

„Frau Veneuchen!" Heinz-Diether entschloß sich jetzt doch zu der ihm zusagendsten Anrede. „Ich verspreche Ihnen, daß alle unsere Herren sehr wohl zwischen privaten Briefen und dienstlichen Papieren unterscheiden können."

„Das mag alles sein … Und wenn ich Sie nun ganz einfach bitte … ohne Angabe von Gründen … einfach bitte, zu schweigen?" Eva Veneuchen trat einen kleinen, spielerischen Schritt auf ihn zu.

Dem jungen Menschen verschlug es fast den Atem. „Ich kann nicht", sagte er verzweifelt. „Ich würde Ihnen ja so gern jeden anderen Gefallen tun, jeden … Aber das … Ich kann es nicht! Meine ganze Dienstauffassung …"

Mit veränderter Stimme sagte die Frau im schwarzen Morgenrock: „Mein Kompliment! Sie haben die Probe glänzend bestanden. Ich wollte nur einmal wieder feststellen, wie unerschütterlich ein echter Mann in seiner Dienstauffassung ist."

„Es tut mir so leid …"

„Gut! Gut! Gut! Kein Wort weiter. Wir wollen nach unten gehen. Mir wird kalt. Ich möchte auch wirklich noch ein paar Stunden schlafen. Also erzählen Sie alles. Ohne die geringsten Gewissensbisse. Ich habe an der Geheimhaltung wirklich kein Interesse mehr."

„Bitte seien Sie mir nicht böse."

„Ich bin Ihnen nicht böse, Herr Assistent."

Am Gang, der zu der Zimmerflucht des ersten Stockes führte, wollte sich Eva Veneuchen mit flüchtigem Gruß verabschieden, dann besann sie sich aber anders und blieb in der dunkel gähnenden Türöffnung noch einmal stehen. Sie gab Heinz-Diether Fränkle ihre schmale, feingliedrige Hand. „Gute Nacht darf ich ja wohl nicht sagen, Herr Assistent. Vertreiben Sie sich die Zeit mit der Überlegung, wie verschieden wir sind; wir alle! Wenn mich in gleicher Situation ein Mann gebeten hätte ...." Sie lachte leise, spöttisch und melancholisch. „... keinen Augenblick hätte ich gezögert, ich, als Frau ..."

Die schmale, schlanke Gestalt tauchte im Dunkel des Ganges unter, bevor dem jungen Menschen der Sinn des letzten Satzes recht klar geworden war.

Am Morgen wollte der Kriminalassistent seine inhaltsschwere Meldung so schnell wie möglich hinter sich bringen. Somit erwartete er die Dienstautos auf dem Gutshof.

Fiebig hörte sich den Anfang des Berichtes, der im mitternächtlichen Park spielte, schweigend mit an. Dann legte er dem Jüngeren die Hand feierlich auf die Schulter. „Herr! In der Stimme des Kommissars hielten sich dienstlicher Zorn, aufrichtiges Mitleid und unbändige Lachlust die Waage. „Herr! Ich will nicht behaupten, daß mir noch nie etwas schiefgegangen ist. Nein, das wäre gelogen. Aber so über alle Maßen blöde, sich stundenlang freiwillig in solch eine Mausefalle zu setzen, bloß weil's so schön bequem ist ... Schluß! Überschlafen Sie das mal richtig. Dann werden Sie mir recht geben."

„Hinterher, Herr Kommissar ..."

„Selbstverständlich hinterher! Und noch einen Rat, einen außerdienstlichen, einen väterlichen: Wenn Sie irgend jemandem jemals ihr Abenteuer erzählen – vielleicht später mal Ihrer Braut –, dann betonen Sie wieder, daß Sie sich in innigster Umarmung mit diesem Fräulein Neithardt auf dem Rasen rumgekugelt haben. Herr! Ich schwöre Ihnen: Dann haben Sie einen einmaligen Lacherfolg!"

Während Fränkle mit dem schwachen Unterton gekränkter Unschuld vom seinem nächtlichen Abenteuer zu berichten anfing, wurde er ein ganz unsinniges, ganz scheußliches Gefühl nicht los, irgendwie Unrecht zu tun. Bevor der Kriminalrat eine seiner üblichen Zwischenfragen stellte, kam ein Motorradfahrer auf den Hof gerollt. Es war der am Vortage zur Zentrale gesandte Kurier.

Fiebig nahm ihm das Schreiben des Schriftsachverständigen ab, öffnete es sofort und blickte hinein. „Erzählen Sie ruhig weiter!" sagte er zu Fränkle. Es klang aber zerstreut. Der Inhalt des Briefes fesselte ihn mehr. Nur noch halben Ohres gab er auf seinen Assistenten acht. Am Ende des Berichtes sagte er schließlich: „Kopf hoch. Fränkle! Das Ausgleichstor haben Sie ja wenigstens noch geschossen. Hauen Sie ab, in Gottes Namen, und suchen Sie sich das nächste Mal bei Ringkämpfen im freien Stil ein schöneres Mädchen aus."

Als sich nicht alles nach Wunsch entwickelte, war Ruth Mümmelmann taktvoll zum Kläffespitz Pluto gegangen, um durch gütlichen Zuspruch seine Erregung zu mildern. Jetzt trat sie neben ihren Chef. „Was schreibt Dr. Schultze?" fragte sie mit brennendem Interesse. Wie jedesmal, wenn sie ganz bei der Sache war, ließ sie die Lippen ein wenig geöffnet, so daß man die Goldecke am rechten, mittleren Schneidezahn schimmern sah. Es geschah aber unbeabsichtigt, ohne jede Koketterie. „Sind die Eintragungen im Notizbuch echt?"

Fiebig las erst mit hochgezogenen Brauen zu Ende. Dann antwortete er: „Alles echt! Sie werden staunen, Mümmelmann. Trotzdem ... Na, kommen Sie erst mal in die gute Stube, kleine Neugier. In unserer Kemenate werde ich Ihnen Schultzes Brief zu lesen geben. Da kann einer sagen, was er will, der Mann versteht seinen Kram."

In der Diele fanden die beiden Eva Veneuchen, Ilse Dark und den Studenten bei einem infolge der nächtlichen Vorkommnisse verspäteten Frühstück. Bei der Begrüßung lächelte die Hausfrau ein wenig. Es war ein schwer deutbares Lächeln; bestimmt nicht das frostig ablehnende der ersten Tage, noch weniger war es aus einer gewissen Unsicherheit heraus entstanden. „Wie denken Sie über eine Tasse Kaffee, Herr Kommissar?" fragte sie in ungezwungener Natürlichkeit. „Er reicht noch für Sie und Ihre Assistentin. Schließlich sind Sie über Land gekommen, da ist es bei uns üblich ..."

Fiebig schnupperte unauffällig. Er schätzte guten Kaffee und verstand einiges davon. Der Siebeneschener duftete ausgezeichnet. Zu Ruth Mümmelmanns heimlicher Verwunderung, die ihren Chef nur von der peinlich korrekten, ja kleinlich korrekten Seite kannte, nahm der die Einladung an. Bevor er sich setzte, ließ er seine leicht kurzsichtig blinzelnden Augen über die Anwesenden gleiten, dann wandte er sich an Eva Veneuchen: „Gnädige Frau! Mir kommt etwas den Dienstobliegenheiten völlig Zuwiderlaufendes in den Sinn. Wenn Sie es gestatten, würde ich gern den uns beschäftigenden Fall einmal ganz zwanglos, sozusagen im Schoße der Familie, erwägen ... Sehen Sie mich bitte nicht so entgeistert von der Seite an, Mümmelmann! Ich merke das, auch wenn ich mit Frau Veneuchen spreche. Fassen Sie sich! Noch bin ich leidlich bei Troste!" Und wieder zur Hausfrau gewandt: „Aber zu diesem Zweck würde ich gern noch den Herrn Forstadtjunken ... Pardon, den Herrn Forstverwalter dabeisehen. Ob es wohl möglich ist?"

Unter Frau Veneuchens fragendem Blick errötete Ilse Dark wie jedesmal, wenn unvermutet von ihrem Bräutigam gesprochen wurde. Mit einer für sie typischen Bewegung nestelte sie an ihrem Haar. Es war von jener schlichten blonden Anmut, wie man sie jeder jugendlichen Sekretärin auf dem Lande wünschen möchte, für die es unzweckmäßig ist, gefährliche Neidgefühle zu erregen. „Als ich heute morgen die Post ins Büro brachte, die Klambuth nachher mitnehmen soll, sagte Herr … sagte Enzio, er müsse zu Hause bleiben. Er war ziemlich wütend."

„Dann rufen Sie bitte an, er möchte herüberkommen. Ja? Und sagen Sie doch gleich in der Küche Bescheid, Fräulein Speilzan kann noch etwas Kaffee nachbrühen."

Als die das Frühstück abschließenden Zigaretten brannten, fühlte Kommissar Fiebig, wie die gespannten Blicke der anderen auf ihm ruhten. In seiner vor Fremden manchmal fast befangen wirkenden Art nahm er eine zierliche Gabel in die Hand, als spräche er zu diesem gelungenen Erzeugnis eines kunstfertigen Meisters. „Ich habe vorhin eine Nachricht bekommen, die mich den Täter nicht mehr unter den … hm … Anwesenden suchen läßt. Irrtum vorbehalten … Aber ich hoffe tatsächlich, daß es so ist …"

„Gott sei Dank!" sagte Botho Siedewind. Es klang sehr erleichtert. Fiebig warf ihm einen kurzen, prüfenden Blick zu. Sind in solch einem etwas zu hübschen Gesicht zwei verschiedene Schrammen verpflastert, dachte er flüchtig, sieht es nicht unbedingt wohlgefälliger aus.

„Vielleicht konnte im nächtlichen Dunkel einiges leichter geklärt werden als im Tageslicht", sagte Eva Veneuchen hintergründig. „Schwer Bedenkliches erwies sich als harmlos …"

„Gewiß", sagte Fiebig. „Und was harmlos erscheinen wollte, wurde daran gehindert, schwer Bedenkliches auszuführen; durch den guten Geist des Hauses, der leider in seiner lauteren Absicht auch verkannt wurde." Der Kommissar sprach leise mit seinem gewohnten schiefen, Lächeln. „Aber zurück zu meiner Überlegung: Wenn ich mir in den letzten Tagen pflichtgemäß noch bei jedem von Ihnen die Frage vorgelegt habe, wie weit er als Täter oder Anstifter in Betracht gezogen werden müsse, dann – Sie dürfen mir das nicht verübeln – wurde ich ja geradezu darauf gestoßen. Durch Sie selbst! Denn bei Ihren Bekundungen sind Sie mit den Tatsachen, ich meine Ihrer Schilderung, doch recht … recht großzügig umgegangen. Aus leicht verständlicher, also entschuldbarer … Besorgnis heraus …"

Fiebigs Blick versuchte den des Studenten einzufangen. Der aber war gerade eifrig damit beschäftigt, seinen noch schwach rauchenden Zigarettenrest im Aschbecher auszulöschen.

„In vermeintlicher Wahrung eigener Interessen …" Sie ist eine schöne Frau, stellte der Kriminalkommissar zum wiederholten Male fest, während er von seiner kleinen Frühstücksgabel auf die Hausfrau blickte. Eine schöne Frau. Nicht bequem, nein, geradezu schwierig, vielleicht sogar gefährlich. Wenn jemand innerlich einem Mord zugestimmt hätte, dann sie. Ohne moralische Bedenken vorher, ohne Reue hernach. Nicht ganz mein Fall. Trotz alledem:

schön. Wie sie mich, ohne verlegen zu werden, ruhig ansieht und unbefangen lächelt. Nach dem Kunststück, das sie sich heute früh noch geleistet hat! Beherrscht, gelassen, schön ...

Laut fuhr er fort: „Auch im Bestreben, einen anderen zu schützen, wurde frisch-fröhlich drauflosgeschwindelt. Nicht wahr, Fräulein Dark?"

„Ich dachte nur ... Ich glaubte, daß ..."

„Psst! Keine Widerrufe, bevor nicht alles sonnenklar ist! Natürlich glaubt man immer, daß wir bösen Polizeimenschen in satanischem Eifer irgend jemand – ob schuldig oder unschuldig spielt keine Rolle – in Ketten legen und in einen finsteren Keller werfen wollen."

„Das nicht. Aber ..."

„Mein liebes Fräulein Dark! Sie brauchen sich nicht zu verteidigen. Ich bin Ihnen nie böse gewesen. Trage Ihnen also wirklich nichts nach." Sie ist ein feiner Kerl. Überhaupt wenn sie so entzückend rot wird. Der Forstadjunkt hat unverschämten Dusel. Unverschämten ...

„Und auch dem Herrn Morgenstern ... Pardon! Dem so mutig und opferbereit Geschätzten nehme ich es nicht krumm, daß er mir nun, notgedrungen, den gleichen Bären aufzubinden versuchte. Denn Fräulein Mümmelmann! Wie hieß das neulich in dem Roman? Wissen Sie, den ich gelesen hatte als wir nach Brüssel mußten im D-Zug! Ich bat Sie, es aufzuschreiben. Und das behalten Sie doch auswendig. Ich wäre froh, wenn ich Ihr Gedächtnis hätte!"

„Meinen Sie die Zuckmayer-Stelle, Herr Fiebig?"

„Freilich! Freilich!"

„Augenblick ... Ungefähr so: ‚Man kann alles aufgeben, bis auf die letzte Reserve: die der Ritterlichkeit.'"

„Bravo, Mümmelmann! Ja, die Ritterlichkeit ... Wir in unserem traurigen Gewerbe merken meist nicht viel davon."

Enzio Kranefeld machte ein ablehnendes Gesicht. Es lag ihm nicht, der Gegenstand allgemeiner Aufmerksamkeit zu sein. Darum versuchte er abzulenken: „Darf man sich erkundigen, Herr Kommissar, weswegen Sie uns jetzt nicht mehr argwöhnisch ansehen? Sie erwähnten eine bestimmte Nachricht, die diesen Umschwung ..."

„Jawohl, Herr Assessor. Bei dem ... bei Herrn Veneuchen wurde ein unzweifelhaft ihm gehörendes Notizbuch gefunden, in dem sich die verschiedensten Anmerkungen befinden, die uns nicht helfen konnten. Aber drei fielen mir auf, weil sie augenscheinlich drei verschiedene Personen belasten. Ich meine, einen möglicherweise auftauchenden Verdacht auf sie hinlenken.

Mir war das sofort ... Fräulein Mümmelmann bezeugen sie es durch ein entschiedenes Kopfnicken. Sie sind durchaus glaubhaft und überhaupt unbescholten! ... also, sofort auffällig. Es kam mir, möchte ich mal sagen, zu dick

aufgeschmiert vor. Besonders, wenn man bedenkt, daß die letzte Eintragung nur wenige Minuten vor dem tödlichen Absturz erfolgt sein kann."
„Wenige Minuten, sagen Sie? Das ist doch fast unmöglich."
„Es ist aber so, gnädige Frau. Mir erschien es aber weniger unmöglich als … unwahrscheinlich. Tja, wir schickten das mysteriöse Ding schnellstens unserem Schriftgelehrten. Soeben bekam ich das vorläufige Gutachten."
Fiebig kramte den Brief hervor, den er wie etwas Kostbares in seiner Brusttasche aufbewahrt hatte. Dann setzte er sich ein wenig umständlich die Lesebrille auf. „Mmm, na ja, das ist der übliche Sums … „Mmm, … Hier wird's interessant: ‚Unzweifelhaft sind alle Eintragungen mit dem gleichen silbernen Bleistift ausgeführt worden, der in der Hülse steckt. Bei starker Vergrößerung läßt sich mit ziemlicher Sicherheit feststellen, daß die Notizen ihrer Reihenfolge entsprechend gemacht wurden. Die weiche Mine des Stiftes, die ungefähr der bekannten Nr. 2 entspricht, ist im Laufe des vergangenen Dreivierteljahres jeweils verschieden abgenutzt gewesen, so daß die Schrift eine fortlaufende Kette im Hinblick auf die Breite und Schärfe der Linienführung zeigt. Am 27. Juni ist eine deutlich feststellbare Zäsur. Es darf vermutet werden, daß an diesem Tage eine neue Mine eingeführt wurde.'
Schön … und so weiter … jetzt kommt's:
‚Was nun die drei von Ihnen besonders angemerkten Stellen anbetrifft, so ist die vom 13. Oktober – Alfons wird immer unheimlicher – höchstwahrscheinlich ›echt‹, d. h. tatsächlich an diesem Tage gemacht worden. Zwischen den Schriftzügen am 12., 13. und 14. ist ein Unterschied nicht festzustellen.
Auch die beiden anderen Bemerkungen vom 26. und 27. Oktober stammen von der Hand des Taschenbuchbesitzers. Sie sind aber als letztes geschrieben worden; also nach dem Satz vom 26. ›Zu viel Schreibarbeit. Fast unerträgliche Schmerzen‹, und dem vom 27. ›Wildjagd, nur drei Schützen.‹
Begründung: In dem zweiten Wort der auffälligen Notiz des Vortages, in ›Kündigung‹, brach dem Schreiber beim Anfangsbuchstaben die Kuppe der Bleistiftmine ab. Er nahm sich nicht die Zeit zum Anspitzen, sondern schrieb mit der schrägen Bruchstelle weiter. Hierdurch entstand bei den Grundstrichen eine nur unter dem Mikroskop feststellbare doppelte Linienführung. Daraus geht hervor …' Na ja, nun kaut er den ganzen Kram noch einmal durch, wie das eben ein Doktor einem armseligen Laien gegenüber für nötig hält … Sie haben also verstanden: Die letzten beiden belastenden Notizen sind bewußt …"
Das Geräusch genagelter Stiefel auf den Steinstufen der Terrasse unterbrach den Vortrag des Kriminalkommissars. Eine blaue Postbotenmütze, ein rotes Postbotengesicht und alles Dazugehörende ebenfalls in schönstem Postbotenblau tauchten hinter der Glastür auf.
„Klambuth kommt", sagte irgend jemand am Tisch.

Für gewöhnlich sieht man auf dem Lande dem Briefträger mit freundlicher Neugier entgegen. Heute erschien er ausgesprochen zur Unzeit. „Er hat uns gesehen", sagte Eva Veneuchen leise. „Sonst denkt er nicht dran, sich fünf Minuten lang die Füße abzutreten."

Im Vollgefühl seines gewichtigen Amtes trat der Verbindungsmann zur großen Welt mit höflich vertraulichem Gruß ein. „Dann kann ich wohl gleich alles hierlassen, wenn Herr Kranefeld und Fräulein Dark auch da sind", sagte er, die schwarz-bräunlich abgescheuerte Ledertasche aufklappend. „Alles, die Privatsachen und das Geschäftliche."

Ilse Dark war aufgestanden. Sie nahm die Zeitungen, Prospekte und Briefe und sortierte sie mit kundigem Blick. Leise sprach sie dabei vor sich hin: „An die Forstdirektion ... Haus Siebeneschen, Gutsverwaltung ... Herrn Dr. Veneuchen; ist aber von Holzhändler Wittich, also auch dienstlich ... Fräulein Viola Speilzan ... wieder Forstverwaltung, von der Baumschule ... Ihrer Hochwohlgeboren ..."

Das halblaute Murmeln, dem die Anwesenden mit maßvoller Aufmerksamkeit gefolgt waren, erstarb. Ein großer Schreck, eine schwere Bestürzung schien das Mädchen zu befallen. Ilse Darks Augen weiteten sich in fassungslosem Nichtbegreifenkönnen. Geistesabwesend gab sie die noch ungeordneten Postsachen an Enzio Kranefeld, der ihr am nächsten saß.

„Gnädige Frau ...", sagte Ilse betreten. „Gnädige Frau ... Sie dürfen nicht ... dieser Brief hier ... Er ist von Herrn Doktor ..."

Eva Veneuchens halb erhobene Hand zuckte zurück. Sie verbarg sie hinter dem Rücken, als scheute sie sich, in eine offene Flamme zu greifen. Gewaltsam nahm sich die Hausfrau zusammen: „Botho! Sei so gut und gib Herrn Klambuth eine Zigarre. Dort drüben auf dem Rauchtisch ..."

Alle warteten schweigend, während sich der Postbote bediente und geräuschvoll, aber offensichtlich nicht ganz zufrieden verabschiedete. Bestimmt hätte er sich heute, auch ohne Tabak, noch eine Weile von seinem angeborenen und berufsbedingten Wissensdurst festhalten lassen.

Frau Veneuchen hatte den geheimnisvoll bedrohlichen Brief neben ihren Frühstücksteller gelegt. Schweigend, mit gerunzelten Brauen, starrte sie auf die unverwechselbaren Schriftzüge ihres Mannes, der seit Tagen tot war. Konnten Tote? ... In mühsam beherrschter Erregung faltete sie mehrere Male ihr Taschentuch auseinander, um es peinlich genau immer wieder in seine Plättfalten zu legen und sorgfältig zu glätten. Ihre schmalen Hände zitterten.

Sobald die untersetzte Postbotengestalt hinter der Glastür verschwunden war, sagte Enzio Kranefeld in das lastende Schweigen hinein: „Ich habe auch einen Brief. Auch von Herrn Doktor ..." Selbst seine sonst so ruhige Stimme hatte einen fremden, rauhen Klang.

„Das ist doch ausgeschlossen!" stieß der Student hervor.

„Seltsam …", flüsterte Ruth Mümmelmann. „Wie seltsam …"

Unwillkürlich schüttelte sie sich, als liefe ihr ein kalter Schauer den Rücken hinunter.

Kriminalkommissar Fiebig sagte ruhig: „Gnädige Frau! Ich habe noch nie erlebt, daß sich Übersinnliches handgreiflich offenbart. Ich denke, auch hier hängt alles mit natürlichen Dingen zusammen. Vielleicht ein Mittelsmann … An Ihrer Stelle würde ich ruhig öffnen. Bestimmt ist die Nachricht hochinteressant."

Noch einige Herzschläge lang zögerte Eva Veneuchen. Dann griff sie mit entschlossener Gebärde nach dem länglichen, mattschimmernden Umschlag. Mit dem Stiel ihres nicht benützten Kaffeelöffels schlitzte sie ihn auf. Der Brief knisterte leise in ihren Händen. Sie überflog die wenigen Zeilen und ließ ihn mit einem schwer deutbaren Gesichtsausdruck sinken. Erleichterung und Besorgnis hielten sich die Waage. „Ich soll mit Herrn Kranefeld und einem anderen Zeugen ins Herrenzimmer gehen", sagte sie gepreßt. „Im Großen Brockhaus, unter ‚Testament', liegt ein wichtiges Schreiben."

„Na also!" sagte Fiebig zu seiner Sekretärin. „Das reinste Ostereiersuchen. Und unsere Helden finden nichts."

„An dieses Versteck konnte man ja nicht denken", sagte Eva Veneuchen verwirrt.

„Es ist eben so raffiniert einfach, daß kluge und … klügste Köpfe nicht darauf gekommen sind, sondern an ganz verkehrten Stellen suchten." Fiebig lächelte der Hausfrau tröstend zu.

„Unzweifelhaft. Überall sonst konnte man es eher vermuten …"

„In meinem Brief steht genau das gleiche", sagte der Forstassessor. „Nur, daß ich die gnädige Frau bitten soll … Wer mag die Briefe befördert haben? Wem hat Herr Doktor so vertraut?"

„Dürfte ich mal das Kuvert …" sagte Botho Siedewind. „Er ist vorgestern, also am Samstag, in Eschenweiler abgestempelt. Gestern hatten wir keine Bestellung. Heute wird er ausgetragen."

„Eschenweiler ist doch die hiesige Poststation?"

„Jawohl, Herr Kommissar."

„Wenn Herr Dr. Veneuchen die Briefe selbst, am Freitagabend, in den Kasten auf dem Hof gesteckt hätte? Der wird doch geleert?"

„Jeden Vormittag, wenn das Postauto durchfährt."

„Dann, glaube ich, brauchen wir nicht nach einem mysteriösen Mittelsmann zu suchen. Manchmal sind Erklärungen weniger kompliziert, als man annimmt."

„Ich möchte nachsehen", sagte Eva Veneuchen aufstehend. „Wer weiß mit welchen Überraschungen … unangenehmen Überraschungen … Herr Kommissar, würden Sie als unparteiischer Zeuge …" Sie war so aufgeregt, daß sie keinen Satz richtig beendete.

„Du gestattest doch, daß ich mich anschließe?" fragte der Student förmlich.

„Schließlich bin ich, nach dir, der nächste Angehörige.

„Selbstverständlich, Botho. Du darfst mir nicht die Schuld geben, wenn du im Brief nicht erwähnt bist. Und daß ich Herrn Fiebig bat, war doch … Natürlich gehen alle mit. Ich komme mir richtig kindisch vor. Mein Lebtag bin ich niemals ängstlich gewesen. Bombennächte, Flucht und so weiter … Aber jetzt ist mir …" Eva Veneuchen lachte auf. Es klang gequält und unecht. „Jetzt ist mir wirklich unheimlich zumute."

Während des kurzen Weges zum Nebenraum zog Kriminalkommissar Fiebig seine Sekretärin unauffällig zur Seite. „Mümmelmann, wer hat ihn ermordet?"

„Er ist nicht ermordet worden!"

„Kluges Kind weiß alles!" Fiebigs schmale Lippen verzogen sich in anerkennender Zustimmung.

Im angegebenen Band des Konversationslexikons lag ein offener Briefumschlag mit der Aufschrift: Mein Letzter Wille. Vorsichtig sah der Kriminalkommissar hinein. Er enthielt augenscheinlich mehrere zusammengefaltete Bogen, die von der fast zierlich zu nennenden, leicht lesbaren Handschrift des Toten bedeckt waren, diesem Gemisch eigenwilliger Schreib- und Druckbuchstaben, zwischen denen die Verbindungsstriche häufig fehlten. Überlegend zog Fiebig die Stirn in Querfalten. „Wer ist nun zuständig? Der Rechtsbeistand? Der Nachlaßrichter? Oder die mit der Aufklärung des Falles beauftragte Kripo? … Ich denke, wir dürfen neugierig sein. Schließlich werden wir in Zeugen-Gegenwart nichts verschwinden lassen."

„Lesen Sie vor, Herr Fiebig! Bloß nicht noch länger unnötige Formalitäten!" bat Eva Veneuchen.

Man nahm in der Rauchecke um einen runden Tisch Platz. Der Kriminalkommissar rückte seinen Stuhl so, daß er gutes Licht hatte. In stummer Übereinkunft blieb der bequeme, aber keineswegs luxuriöse Schreibtischsessel des Toten frei. Jedem der Anwesenden wäre es unrecht vorgekommen, hätte sich ein anderer in ihm niedergelassen; nicht aus liebevoller Pietät heraus, sondern aus Scheu. Gewiß, der Mann, der diesem Raum seinen Stempel aufgedrückt hatte, war tot. Aber die Erinnerung an seine herrische Persönlichkeit lebte. Fiebig räusperte sich.

„Siebeneschen, den 12. Juni 1957

Um noch jederzeit ohne Umstände berichtigen oder ergänzen zu können, habe ich mich nicht zu einem notariellen Testament entschlossen. Ich ziehe

es vor, meinen Letzten Willen in einer eigenhändigen und unterschriebenen Erklärung niederzulegen, der lt. Gesetz volle Rechtsgültigkeit zukommt."
Fiebig konnte sich eines kurzen Rundblickes nicht enthalten. Das Brautpaar sah sich in die Augen. Und wenn wir morgen auf der Straße liegen, uns kann nichts auseinanderbringen, besagte dieser für jeden Einzelgänger neiderregende Blick. Der Studiosus bemühte sich krampfhaft, ein unbeteiligtes Gesicht zu zeigen. Mit der Hand fuhr er sich über die Stirn, die an den Schläfen schon ein wenig hoch wirkte. Eva Veneuchen hatte ihr altes Spiel mit dem Taschentuch wieder aufgenommen. Geistesabwesend entfaltete sie es, ohne es zu benutzen, legte es gewissenhaft zusammen und glättete es mit ihrer schmalen Hand, die nur von einem allerdings kostbaren Smaragdring geschmückt war. Auch Ruth Mümmelmann blickte auf ihre verschlungenen Hände hinab.
Unwillkürlich drängte sich Fiebig ein Vergleich auf: Die der Frau sind Windhunde, Barsois. Mümmelmanns dagegen … Halt! Nicht häßlich werden! … sind … Cockerspaniels. Der Kriminalkommissar liebte Hunde mit einer heimlich verschämten Zuneigung. Bei seinem wechselvollen Dienst hatte er sich aber noch nie dazu entschließen können, selbst einen vierbeinigen Hausgenossen zu halten.
Botho Siedewind räusperte sich ungeduldig. Fiebig sagte entschuldigend: „Es geht augenblicklich weiter. Ich mußte nur an etwas denken … na ja … ,Nach meinem Ableben soll meine Frau Eva Maria Veneuchen, geborene von Carsin, eine monatliche Rente von eintausend Mark erhalten, zuzüglich einer jährlichen Zahlung zum Ende des Wirtschaftsjahres, falls die ›Stiftung Siebeneschen‹ (Anlage!) – unbeschadet nötiger Rücklagen – einen Überschuß abgeworfen hat. Das zur Sicherung dieser Rente notwendige Kapital soll, wie im einzelnen später aufgeführt wird, von Herrn Justizrat Splettgiebel, den ich hiermit zum Testamentsvollstrecker ernenne, sichergestellt und in Zukunft verwaltet werden …'"
Ein kurzer Laut, der wie ein zorniges Auflachen klang, ließ Fiebig aufsehen. Eva Veneuchen hatte ihn ausgestoßen. „Wissen Sie, was das für ein Mensch ist, dieser Justizrat?" sagte sie heftig. „Eine in Paragrafen eingewickelte Mumie! Ein Kopf voller Einwände! Ein … Was weiß ich? Und von seinem Wohlwollen soll ich nun zeitlebens abhängen! Hach!"
„Gnädige Frau!" sagte Fiebig begütigend. „Tausend Mark im Monat sind eine hübsche, sichere Sache. An denen kann kein Querkopf rütteln."
Eva Veneuchen faßte sich. „Wir werden ja sehen … Lesen Sie bitte weiter, Herr Fiebig."
„,Der Sohn meines verstorbenen Vetters, stud. jur. Botho Siedewind, soll bis zur Beendigung seines Studiums eine monatliche Rente von 200 Mark erhalten …'"

„Zweihundert Mark! Bis zur Beendigung!"

„Friedlich! Herr Siedewind! Der Passus ist noch nicht zu Ende: ,... von 200 Mark erhalten, die sich beim ersten und zweiten Examen um je einhundert Mark erhöht, sofern diese Prüfungen mit der Note ,Gut' bestanden werden.'" Der Student sprang auf. Sein Gesicht war beängstigend rot. Die blaßblauen Augen quollen hervor. „Das ist eine glatte Gemeinheit! Ich protestiere! Ich fechte das an! Das schaffe ich doch nie im Leben! Gut! Der Teufel ... Gut! Gut!"

„Wir wollen uns nicht versündigen und den Teufel lieber beiseite lassen", unterbrach ihn Fiebig, seine erhebliche Heiterkeit unter einer besorgten Miene verbergend. „Sehen Sie mal, Herr Siedewind, wie viele arme Kerle müssen fürs Examen büffeln, ohne daß ihnen für ein gut bestandenes etliche tausend Mark Belohnung ausgesetzt werden. Das lohnt schließlich den Schweiß des Edlen."

„Danke! Schweiß des Edlen!"

„Ich möchte Sie gleich auf ein Loch im Netz dieser Verfügung aufmerksam machen, das dem Erblasser, unwissentlich oder mit Absicht, das sei dahingestellt, unterlaufen ist: Ihnen wurde kein Termin gesetzt. Sie haben also etwas Beneidenswertes: Zeit."

„Ewiger Student!"

„Ewig oder nicht. Es kommt noch ein kleines Pflaster. Passen Sie auf: ,Nach ordnungsgemäßer Beendigung des Studiums und erfolgter fester Anstellung soll benannter Botho Siedewind außerdem eine einmalige Beihilfe von 10 000 Mark erhalten.' Na? Nun einigermaßen zufriedengestellt?"

„Alles verklausuliert: Studium ordnungsgemäß beenden, feste Anstellung ... Ich kann mir sein höhnisches Lachen deutlich vorstellen, als er das so messerscharf formuliert hat, um ja nicht gegen die Bestimmungen über das Pflichtteil zu verstoßen."

„Und ich finde die Anordnungen so pädagogisch, daß sie wirklich aus einem gewissen sorgenden Wohlwollen heraus entstanden sein könnten. Aber ich will das nicht zweifelsfrei entscheiden. Darf ich weiterlesen? Wo waren wir denn ... Richtig, hier:

,Mein gesamter übriger Besitz an beweglicher und unbeweglicher Habe, insonderheit Grundbesitz, Hypotheken, Aktien, Obligationen, Bankguthaben usw., lt. Anlage 1, wird zur Stiftung Siebeneschen zusammengeschlossen. Die Statuten sind in Anlage 2 niedergelegt.

Die Stiftung soll dazu dienen, im langjährigen Versuch zu beweisen, daß sich ein befriedigender Wildbestand, besonders an Rotwild, durch sachgemäße Anlage von natürlichen Äsungsflächen und ausreichende Winterfütterung mit einer auf lange Sicht erfolgreichen Waldnutzung vereinbaren läßt. In das ständige Kuratorium der Stiftung ernenne ich die in Anlage 3 benannten Herren.

Die Leitung der Stiftung übertrage ich Herrn Forstassessor Enzio Kranefeld, hier, sofern ...'"

„Ach!" Der Stoßseufzer kam von Ilse Dark. Sie wurde sichtlich verlegen, als sie derart die Blicke der anderen auf sich gezogen hatte. Aber dann sagte sie mutig: „Ich freue mich sehr für dich, Enzio!"

„Einen kleinen Augenblick, mein Fräulein", sagte Fiebig. „Der Herr Erblasser ist auch bei diesem Punkte von seiner uns nun schon bekannten Gewohnheit nicht abgewichen. Er hat eine seiner beliebten Klauseln angefügt: ‚... übertrage ich Herrn Forstassesor Enzio Kranefeld, hier, sofern er sich vorbehaltlos damit einverstanden erklärt, daß, als Kompromiß zwischen seinem und meinem bisherigen Wunsche, der Frühjahrsbestand an Rotwild mindestens 25 Stück männliches und 25 Stück weibliches Wild beträgt. Sollte er sich nicht bereit erklären, muß von den Herren des Kuratoriums eine andere geeignete Persönlichkeit gesucht werden.'

So, das wäre hierzu alles. Es folgen ...'" Der Kommissar überflog die nächsten Blätter. „Es folgen ins Einzelne gehende Erläuterungen, die wohl ... die uns wohl im Augenblick nicht so sehr nahegehen, weil sie grundlegend Neues nicht mehr bringen."

„Die Auflage, 50 Stück Rotwild in Siebeneschen zu halten, wäre mir angenehmer als das Examen cum laude", sagte Botho Siedewind bitter.

Eva Veneuchen nickte. „Sein Wild ... dafür wurde gesorgt ... sein beneidenswertes Wild!"

Bittend sah Ilse Dark ihren Verlobten an, der stumm vor sich hinstarrte. „Enzio ..." flüsterte sie. „Enzio! Wir könnten ... sofort ... Aber ich will dich nicht drängen. Du sollst dich frei entscheiden! Ganz frei!"

„Fräulein Ilse Dark!" sagte Fiebig feierlich. Wohl zum ersten Mal gelang es ihm, einen vollständigen Namen ohne lustige oder peinliche Verdrehungen auszusprechen. „Fräulein Ilse Dark! Darf ich Ihnen meine besondere Hochachtung aussprechen?"

„Wieso, Herr Kommissar? Wie meinen Sie das?"

„Sollte unsere verehrte Bundesrepublik wieder einmal wegen der Besetzung eines wichtigen diplomatischen Postens in der üblichen Verlegenheit sein, werde ich Sie empfehlen."

Der Forstassessor sagte mehr zu sich als zu den anderen: „Ich muß es in Ruhe überlegen ... Wir werden es uns in Ruhe überlegen ..."

Kriminalkommissar Fiebig hob die Hand: „Meine Herrschaften! Hier ist noch ein Blatt. Ich habe es zuerst übersehen. Vielleicht enthält es das Wichtigste. Bitte hören Sie zu:

‚S. den 26. 10. Ich glaube weder an ein Fortleben nach dem Tode im Sinne des Christentums noch an eine Seelenwanderung. Sollte ich mich aber irren und ein mir unbekannter Teil meiner Person die Möglichkeit besitzen, sich später frei im Raum bewegen zu können, dann weile ich jetzt zwischen den Zuhörern …‘"

Der Vorlesende stockte. Ruth Mümmelmann, die neben ihm saß, hatte einen leisen Schrei ausgestoßen. Als ihr Chef sie fragend ansah, stammelte sie: „Es hat geklopft. Irgendwo!"

„Mümmelmann! Sie hören Gespenster", sagte Fiebig in sanftem Tadel. „Schließlich sind wir hier bei der Verlesung eines Letzten Willens und nicht bei einer spiritistischen Sitzung." Trotz dieser Ermahnung herrschte in dem großen, mit dunklen, schweren Möbeln ausgestatteten Raum noch einige Augenblicke lang beklommenes Schweigen. Gerade wollte der Kommissar fortfahren, da klopfte es ein zweites Mal. Nicht laut, nicht fordernd, aber so deutlich, daß jede Sinnestäuschung ausschied.

Die meisten der Anwesenden sahen sich entsetzt an. Fiebig fuhr halb auf seinem Sitz herum.

„Zum Donnerwetter!" murmelte er. „Da soll doch …".

„Herein!" rief Enzio Kranefeld viel lauter, als es nötig gewesen wäre.

Lautlos öffnete sich die Tür zur Diele. In ihr erschien, sonderbar fremd mit einem für seine schmächtige Gestalt viel zu weiten Mantel, Alfons Parabol. Alle starrten ihn an, als wäre er keine Erscheinung aus Fleisch und Blut, sondern der Abgesandte einer anderen Welt.

Mit heiserer, vor Erregung schwankender Stimme sagte der alte Diener: „Ich hielt es für angebracht, mich mit dem Bemerken zu verabschieden, daß ich die Heftigkeit des gestrigen Auftrittes bedauere. Ich möchte mich daher bei der gnädigen Frau und Herrn Siedewind geziemend entschuldigen … Weil doch der Bus in einer halben Stunde geht." Bis auf den Nachsatz schien alles genauestens ausgearbeitet und auswendig gelernt zu sein.

„Gewiß, Alfons", sagte Frau Veneuchen. Ihre Lippen zitterten nervös. „Sie waren gestern krank. Ihre Verwundung … Ich … Wir tragen Ihnen nichts nach."

Der blasse Mensch an der Tür verbeugte sich: „Vielen Dank, gnädige Frau." Eva Veneuchen sprach hastig weiter, als wollte sie die peinliche Szene so schnell wie möglich beenden. „Hoffentlich erholen Sie sich gut in Bad Tüben. Ich schreibe, wie ich Ihnen ja ausrichten ließ, an Frau von Buhn. Ich nehme mit Sicherheit an, daß Sie dort eine entsprechende Anstellung finden werden."

„Vielen Dank, gnädige Frau! Und nochmals …" Sekundenlang suchte Alfons Parabol vergeblich nach dem rechten Schlußwort.

In die für alle qualvolle Pause hinein sagte Frau Veneuchen beherrscht: „Gewiß, Alfons, gewiß … Also, wir wünschen Ihnen einen erfolgreichen Kuraufenthalt."

Nachdem sich die Tür hinter der vom zu weiten Mantel umwehten schmächtigen Gestalt geschlossen hatte, sagte Fiebig mit seinem gewohnten Lächeln: „Keiner braucht sich zu schämen! Ganz offen, ich habe auch einen gelinden Schreck gekriegt, als es an der richtigen Stelle unseres Memorandums klopfte. Übrigens, meine Hochachtung für Ihre feinen Ohren, Mümmelmann!"
„Oh, bitte, Herr Fiebig. Sie sind … geschult."
„Gut, Mümmelmann! Gut pariert! Ein Pluspunkt für Sie!"
„Ich glaube, wir könnten jetzt … wollen Sie nicht weiterlesen?"
„Sofort, Herr Siedewind. Ich mußte nur meine Mitarbeiterin loben. Also: ‚Sollte ich mich aber irren …' Das hatten wir schon. Dann kam der parabolische Geist. ‚… und ein mir unbekannter Teil meiner Person die Möglichkeit besitzen, sich später frei im Raum bewegen zu können, dann weile ich jetzt zwischen den Zuhörern, um in ihren Gedanken zu lesen, ob sie auf das in Szene gesetzte Schauspiel so reagiert haben, wie ich es mir vorstellte.'"
„Fühlen Sie es, wie er uns beobachtet? Sie, mich, uns alle?" fragte Eva Veneuchen halblaut zu Ilse hinüber.
„Gnädige Frau … Ich glaube nicht, daß er uns schaden möchte." Frau Veneuchen machte eine unbestimmte Handbewegung. „Es ist alles noch so neu …"
Fiebig las weiter:
„‚Ich beabsichtige, morgen Selbstmord zu verüben. Die Gründe zu meinem Entschluß liegen nicht in irgendwelchen Enttäuschungen, die ich an den Menschen meiner Umgebung erfahren habe. Ihr Gewissen braucht sich mithin nicht belastet zu fühlen.'"
Fiebig unterbrach seinen Vortrag abermals, um einen schnellen Blick auf seine Zuhörer zu werfen. Wie sie die Lösung aufnehmen würden, interessierte ihn jetzt schon fast mehr als Dr. Veneuchens letzte Bekundungen. Ilse Dark hörte mit leicht geöffnetem Munde zu, aus dem ein winziger Ausruf des Staunens zu kommen schien. Sie war völlig überrascht. Ihr Verlobter sah mit angestrengter Aufmerksamkeit auf die grausilberne Kuppe seines Zigarillos. Er schluckt noch an seinen fünfzig Hirschen, dachte der stille Beobachter unwillkürlich. Mit nervösen Fingerspitzen befühlte der Student seine verpflasterte Backe. Über Eva Veneuchens blasses Gesicht glitt ein spöttisches Zucken, das mit dem Sinn des letzten Satzes zusammenhängen mochte. Sie fühlte bestimmt keine Gewissensbisse. Ruth Mümmelmann sah ihren Chef triumphierend an. „Hab' ich's nicht gesagt?!" drückte ihre zufriedene Miene aus.
Der Kommissar nickte ihr zu. Dann schob er die Lesebrille ein wenig hin und her, so daß ihre Stellung um nichts verändert wurde. Ohne noch einmal anzuhalten, las er jetzt die Sätze zu Ende, die der einsame, kranke Mann kurz vor seinem Tode aufgezeichnet hatte:
‚… nicht belastet zu fühlen. Ich habe mich vielmehr zum Freitod entschlossen, nachdem mir ein fremder Arzt, eine bekannte Kapazität, dem ich

erklärte, über meinen Zustand genau informiert zu sein, nur noch einige Monate zubilligte, die ich obendrein in einem Krankenhaus unter ständiger Betreuung verbringen müßte.

Ich fühle kein Bedürfnis, mich zu rechtfertigen. Ich nehme mir das Recht, in meinem Revier als Jäger zu sterben, anstatt in einer mir wesensfremden Umgebung bei steigenden Morphiumgaben zu enden.

Wäre noch die Frage zu beleuchten, weswegen ich ein Verbrechen vorzutäuschen beabsichtige. Letzte kleinliche Rache an den Gesunden? Das glaube ich mit gutem Gewissen verneinen zu können. Strafe für mir Angetanes, an mir Versäumtes? Auch das nicht ganz. Tiere sind eigennützig. Menschen sollen es nicht sein. Wer verbietet es? Wenn es doch so natürlich ist. Ausschlaggebend ist vielleicht der Wunsch eines Menschen, der sich keinen Illusionen mehr hingibt, das befreite Aufatmen über sein Verschwinden nicht allzu schnell eintreten zu lassen.

Da ich niemand aus meiner Umgebung ernsthaft schädigen will, wird die Wahrheit über meinen Tod durch dieses Schreiben zweifelsfrei aufgeklärt werden. Ich ...‘“

Fiebig sagte ernst: „Herr Dr. Veneuchen hat ursprünglich noch an einen Schlußsatz gedacht, sich dann aber anders besonnen.“

„Konnte er nicht in Frieden sterben?“ fragte Botho Siedewind bitter.

Über seine Lesebrille hinweg sah Fiebig den jungen Menschen sinnend an und wiegte den Kopf. „Vom Predigen halte ich nicht viel. Aber unwillkürlich kommen mir manchmal gewisse Bibelstellen in Erinnerung, weil sie so verblüffend zeitnah zu sein scheinen. ‚Wer von uns ohne Sünde ist, der werfe den ersten Stein.‘ Aber, wie gesagt, ich will nicht predigen.“

Der Forstassessor stand auf. „Seit drei Tagen bin ich nicht mehr ins Revier gekommen. Ich möchte jetzt rausfahren. Für zwei Stunden. Soll alles liegenbleiben ... Um ein Uhr bin ich zurück. Sie brauchen mich doch nicht mehr, Herr Fiebig?“

„Fahren Sie in Ihren Wald, Herr Kranefeld“, sagte der Kommissar und schüttelte dem anderen die Hand. „Sie sind in vielerlei Hinsicht ein beneidenswerter Mensch.“

Auch die übrigen waren aufgestanden. Eva Veneuchen sagte: „Was wird mit dem Testament, Herr Fiebig? Würden Sie, als Unbeteiligter, für seine Weiterleitung sorgen?“

„Gern, gnädige Frau.“ Fiebig verwahrte das inhaltsschwere Schriftstück in seiner Aktenmappe.

Eva Veneuchen fuhr fort: „Wie gut, daß nun alles aufgeklärt ist, allein der leidigen Vernehmungen wegen. Entschuldigen Sie, Herr Fiebig, ich dachte allein an den Zeitverlust. Ich muß jetzt mit jeder Stunde rechnen. Unfaßlich, was alles bis zur Beisetzung noch zu erledigen ist. Fräulein Dark, Sie müssen die Gutssachen ein paar Tage liegen lassen und mir helfen. Anders komme ich einfach nicht zu Rande. Ihren eigenen Schreibkram können Sie dann aufarbeiten, wenn ich verreist bin."

„Du willst fort, Eva?" fragte der Student schnell.

„Sofort nach der Beerdigung."

„Davon hast du mir ja gar nichts erzählt!"

„Mein Lieber! Ich bin jetzt ... ich kann jetzt eigene Entschlüsse fassen. Weißt du, in den letzten Jahren habe ich mich von Siebeneschen nicht fortgerührt, außer bei den üblichen Badereisen zusammen mit ... deinem Onkel. Da ist es wohl verständlich ..."

„Ja, ich kann es verstehen", sagte Botho Siedewind. „Ich verstehe jetzt überhaupt alles."

Später, auf der Rückfahrt, wandte sich Kriminalkommissar Fiebig, der bis dahin mit zerstreuter Anteilnahme auf die vorbeigleitende Landschaft geschaut hatte, plötzlich an seine Sekretärin: „Mümmelmann, sind die Gründe echt, die er angeführt hat!"

„Dr. Veneuchen? Für seinen Selbstmord?"

„Ja, doch. Natürlich."

„Wissen Sie, Herr Fiebig ... Ich denke, sie sind nicht falsch. Aber ... es sind nicht alle aufgezählt ..."

„Sondern? Welcher fehlt?"

„Ich kann ein bißchen Schach spielen ..."

„Sie können Schach spielen, Mümmelmann? Davon habe ich ja noch nie etwas gehört."

„Das ist ja auch privat. Und überhaupt nur als Schülerin. Da war es mal eine Zeitlang große Mode in unserer Klasse. Später ist es ganz eingeschlafen."

„Und?"

„Ich könnte mir vorstellen, daß dieser Dr. Veneuchen ein großer Schachspieler gewesen ist. Auch im Leben hat er es geliebt, die Menschen hin- und herzuschieben wie bei einem Brettspiel. Vielleicht war ihm daran gelegen, die Partie mit seinem Tode nicht völlig abzubrechen."

„Bemerkenswert."

„Er lehnte sich dagegen auf, mit einem Male ausgeschaltet zu sein. Deswegen hat er versucht, so stelle ich es mir jedenfalls vor, die nächsten Züge seiner Figuren noch zu bestimmen: der Dame, des Turmes, des Läufers, des Springers ..."

„Mümmelmann, halten Sie Ihre Phantasie fest, daß sie nicht durchgeht!"

„Keine Besorgnis, Herr Fiebig." Das mollige kleine Fräulein seufzte unhörbar.

Die Tote
neben der Heidekrautbank

Dann wollen wir noch einmal von vorn anfangen", sagte Kommissar Kerbitz geduldig. Er sah dem Titelhelden einer bekannten Fernsehserie nicht besonders ähnlich, bemühte sich aber ebenso wie jener, ein vernünftiges Deutsch zu reden und nicht eine lächerliche Folge von abgerissenen Sätzen in unmöglicher Ausdrucksweise von sich zu geben. „Erzählen Sie, bitte, was sich am Sonntag nach zwei Uhr zugetragen hat."

„Zum drittenmal! Herr Kommissar, Sie haben viel Zeit, ich nicht. Ich habe bereits mehrfach darauf hingewiesen, daß ich in der kommenden Woche zum Hauptexamen angemeldet bin. Sie müssen doch begreifen, daß ich in diesen Tagen …" In Stefan Maruhns Gesicht zuckte es nervös. Er hätte aufspringen, um sich schlagen, fortlaufen, kurz irgendeine Dummheit begehen können.

„Ich kann Ihre Ungeduld vollkommen begreifen. Aber Sie, als Jurastudent, wissen doch besonders genau, daß ich Sie erst zufrieden lassen kann, wenn alle Belastungsmomente aus dem Wege geräumt sind. Schließlich haben Sie das Mädchen im Auto mitgenommen, und am nächsten Morgen wird sie erwürgt an Ihrer Ansitzbank im Heidekraut gefunden. Tut mir leid, aber ich muß schon darauf bestehen, daß wir alles noch einmal Punkt für Punkt genauestens durchgehen."

Stefan Maruhn sah die Sekretärin an, die ihm vor der Schreibmaschine das Profil zeigte. Es war ein ältliches Mädchen, das vermutlich nur eine sehr kurze Blütezeit erlebt hatte. „Der Knoten ist unecht", dachte er unwillkürlich, „aber heute tragen sie ja alle falsches Haar." Dann wandte er sich an den Kommissar: „Ich habe wie immer, wenn ich im Revier meines Onkels bin, in der ‚Krone' zu Mittag gegessen."

„Wie lange haben Sie schon den Jagderlaubnisschein für Kunzdorf?"

„Seit drei oder vier Jahren."

„Und so lange wohnen und essen Sie schon in der ‚Krone'?"

„Ja. Das heißt, zuerst waren wir – mein Onkel und ich – im ‚Lamm'. Aber dann haben wir gewechselt. Es gefiel uns in der ‚Krone' besser."

„Fiel der Wechsel etwa mit dem Zeitpunkt zusammen, an dem die jetzt ermordete Lena Wierke in die ‚Krone' kam?"

„Das ist möglich, Herr Kommissar. Aber ich weiß wirklich nicht, was das mit dem Mord zu tun haben soll." Stefan Maruhn tastete nach seiner Jackentasche. „Darf ich rauchen?"

„Selbstverständlich. Sie aßen also. Was geschah weiter?"

„Ich bezahlte das Essen. Was wir in der Gaststube verzehren, lassen wir nie anschreiben, weil das Personal sonst Schwierigkeiten mit der Abrechnung hat. Da fragte mich Lena, wann ich wieder hinausführe und wohin. Ich sagte: ‚Die Chaussee nach Mellendorf runter.' Sie bat mich, bis zum Wald mitfahren zu dürfen. Sie wolle zu ihrer Tante auf den Abbau, weil sie den Nachmittag frei habe."

„Wie standen Sie zu dem Mädchen?" Kommissar Kerbitz griff nach einem Brieföffner, der die Form eines Schwertes besaß. Er wog ihn spielend in der Hand und blickte ihn so an, als spräche er zu ihm und nicht zu seinem Gegenüber.

„Ich stand mich mit Lena gut, ich möchte sogar sagen ausgezeichnet. Deswegen tut mir der Tod – dieser Tod – des Mädchens besonders leid. Er geht mir nahe, Herr Kommissar."

„Herr Maruhn, das haben Sie mir bereits versichert. Ich möchte es heute genau wissen. Hatten Sie intime Beziehungen zu Lena und, wenn ja, seit wann?"

„Ich bin verlobt, Herr Kommissar!"

Kerbitz lächelte vor sich hin. Es war das müde Lächeln eines erfahrenen Mannes, dem in langen Dienstjahren die haarsträubendsten Dinge begegnet sind, so daß er sich so gut wie jedes Staunen abgewöhnt hat. „Mein bester Herr! Einmal sind Sie erst seit kurzem verlobt …"

„Immerhin seit Pfingsten!"

„Immerhin", wiederholte der Kommissar, dem Wort eine leicht ironische Betonung gebend. „Lena kannten Sie seit zwei Jahren. Ich wiederhole meine Frage und bitte um eine präzise Antwort."

„Das ist eine Verdächtigung. Ich muß alles abstreiten und …"

„Entschuldigen Sie, wenn ich Sie unterbreche, Herr Maruhn. Jeder andere an meiner Stelle würde jetzt Ihre Aussage zu Protokoll nehmen und Ihnen hinterher beweisen, daß sie falsch ist. Das nennt man in unserer Fachsprache: ‚Der Zeuge verwickelte sich in Widersprüche.' Meistens werden die Herrschaften dann so verwirrt, daß man weitere belastende Fakten herausbekommt. Bei Ihnen möchte ich diese durchaus gängige Taktik nicht anwenden. Deswegen sage ich Ihnen in aller Offenheit, aber mit gehörigem Nachdruck, daß ich, seit wir uns das letzte Mal sahen, Zeugenaussagen erhalten habe, die ein sehr nahes Verhältnis zwischen Ihnen und Lena Wierke unstrittig bekunden."

„Wer hat das behauptet?"

„Herr Maruhn! Wenn ich schon überaus offen mit Ihnen spreche, können Sie nicht verlangen, daß ich alle meine Trümpfe aufdecke."

„Sie bluffen!"

„Das tue ich nicht." Kommissar Kerbitz sprach zwar leise, aber mit solchem Nachdruck, daß seine Worte überzeugend wirkten. „Deswegen bitte ich Sie jetzt mit aller Bestimmtheit um eine genaue Schilderung."

Stefan Maruhn gab sich einen Ruck. Ich sitze in der Tinte, dachte er, ziemlich tief sogar. In diesem Punkt wäre aber jedes weitere Leugnen sinnlos, also dumm. „Ich war mit ihr seit etwa anderthalb Jahren befreundet. Wir haben uns beide nichts vorgemacht. Lena ist ... sie war ein Prachtmädel. Wir wußten beide, daß es auf Dauer nichts zwischen uns geben konnte. Deswegen machte keiner dem andern einengende Vorschriften. Wenn es sich so ergab, waren wir eben vergnügt zusammen. Mein Zimmer in der ‚Krone‘ lag im ersten, ihres im zweiten Stock; beide direkt an der Treppe.“

„Sehr praktisch eingerichtet. Klipp und klar: Wann waren Sie zum letztenmal ‚vergnügt zusammen‘, um Ihre Worte zu benutzen.“

„Vor meiner Verlobung, selbstverständlich.“

„Ich muß um einen möglichst genauen Termin bitten.“

Stefan Maruhn wollte auffahren, dann besann er sich. Schließlich wußte er als angehender Jurist genau, daß sich der Unbeherrschte allemal ins Unrecht setzt. „Es war eine Woche nach Ostern. Da sagte ich Lena, daß ich mich wahrscheinlich verloben würde; deswegen müsse zwischen uns ... Schluß sein.“

„Wie nahm sie es auf?“

„Großartig!“ Stefan Maruhn sah die Szene so deutlich vor sich, als hätte sie sich erst vor wenigen Tagen abgespielt. Das mit billigem Komfort eingerichtete Gasthofzimmer, das sorgfältig verhängte Fenster, die Nachttischlampe mit der winzigen Birne, Lena, deren dunkelbraunes, sehr volles Haar bis auf die Schultern fiel. „Bist du traurig?“ hatte er sie gefragt, „oder gar böse?“ Ohne sich auch nur einen Augenblick zu besinnen, hatte sie geantwortet: „Unsinn! Du hast mir doch nie etwas vorgeflunkert. Nur ... wenn es soweit ist, dann schmerzt es; ein wenig. Aber daran wollen wir heute abend nicht denken, sondern richtig Abschied feiern. Und dann lasse ich dich in Frieden. Das verspreche ich dir.“ Stefan Maruhn schüttelte den Kopf: „Sie sagte mir nicht ein Wort des Vorwurfes oder gar der Eifersucht. Deswegen gibt es ja auch keinerlei Motiv, daß ich die Tat begangen haben sollte.“

Kommissar Kerbitz spielte mit seinem kleinen Schwert, daß es sensible Zuschauer hätte zur Verzweiflung bringen können. „Es gibt ein Motiv, und zwar ein recht schwerwiegendes. Ich habe inzwischen den Obduktionsbefund bekommen. Das Mädchen war schwanger.“

„Was? Das ist doch unmöglich!“ Der junge Mann fuhr sich mit der Hand in sein dunkelblondes, nicht übertrieben kurz, aber auch nicht zu lang getragenes Haar. „Lena? Nein, das kann ich nicht glauben! Wie weit ... Ich meine, in welchem Monat soll es denn gewesen sein?“

„Im vierten Monat.“

Beide Herren schwiegen einen Augenblick und rechneten stumm nach. Dann sagte Stefan Maruhn aufatmend: „Gott sei Dank! Ich habe sie nicht in diese ... diese Verlegenheit gebracht. Seit Ostern sind es über fünf Monate her.“

Kommissar Kerbitz wiegte den schon ziemlich kahlen Kopf. „Kann sein. Aber Sie kennen die gerichtsmedizinischen Ansichten genausogut wie ich und wissen, daß die Möglichkeit der Vaterschaft durchaus besteht und mit ihr das Motiv zur Tat."

„Ich muß protestieren!"

Kerbitz hob die Hand; es war eine um Ruhe bittende, aber auch Ruhe befehlende Geste: „Wir wollen uns jetzt darüber nicht streiten. Mit Anschuldigungen und das Gegenteil bekundenden Beteuerungen kommen wir nicht weiter. Sie fuhren gegen halb drei zusammen mit Lena die Chaussee hinunter. Was geschah im Auto?"

„Nichts! Was soll schon in fünf Minuten Fahrt geschehen?!"

„Worüber sprachen Sie mit dem Mädchen?"

Stefan Maruhn zog mechanisch das rechteckige Päckchen aus der Tasche, bei dessen Anblick er sonst unweigerlich an das alljährliche Büchsenanschießen denken mußte: Bei senkrechtem Hinstellen sollten so die Schüsse sitzen. Es war nur noch eine Zigarette vorhanden. „Ich habe schon zu viel geraucht", dachte er, „die letzte wird nicht angesteckt!" – Lena sagte: „Weißt du noch, was wir gesprochen haben, als du mich zum erstenmal im Wagen mitnahmst?" Ich schüttelte den Kopf. Sie erinnerte sich noch erstaunlich genau: „Du hast gesagt: ,Steigen Sie unbesorgt ein, mein Fräulein! Jedes junge Mädchen, das bei mir mitfährt, hat allemal Kommandogewalt. Ich werde es nicht taktlos bedrängen. Ist es nett, wird von ihr zum Schluß das Benzin lieb bezahlt. Tut es ablehnend – sein Pech.' Du hast mir gleich gefallen, weil du ,mein Fräulein' gesagt hast, und das mit dem Benzin lieb bezahlen war auch lustig. Und deswegen … Na, wie es weiterging, daran wirst du dich ja wenigstens noch erinnern."

„Herr Maruhn, Sie wollten mir Ihr Gespräch schildern", ermahnte Kerbitz halblaut.

„Entschuldigung!" Wir sprechen über unsere erste gemeinsame Fahrt; übrigens ganz ruhig und friedlich. Dann waren wir schon am neuen Parkplatz. Lena stieg aus, um den Fußsteig zum Abbau zu benutzen. In einer guten Viertelstunde wäre sie dort gewesen, wenn nicht …"

„Ja, wenn nicht … Ist Ihnen irgend etwas am Parkplatz aufgefallen? Bitte, überlegen Sie genau!"

„Nichts, zumindest nichts Verdächtiges. Zwei oder drei Autos standen da. Aber das ist immer so, wenn die Heide blüht. Die Leute pflücken sich Sträuße. Sicherlich haben sie es auch vorgestern getan. Ich achtete aber nicht darauf, sondern fuhr weiter."

„Wohin fuhren Sie, und was taten Sie anschließend?"

„Herr Kommissar, ich kann meine erste Aussage wirklich nur wort-wörtlich wiederholen: Uns fehlt Rehwild. Ein Bock ist verschwunden, ein junger Sechser, den wir nie schießen würden, und der Nachbar, das ist Herr Reibell, ebensowenig. Wir sind uns in allen jagdlichen Dingen so einig, wie man das selten erlebt. Dann fehlt ‚Schlappohr‘, eine siebenjährige Ricke, der ein Lauscher halb herunterhängt. Möglicherweise rutschte sie als Kitz gerade noch unter dem Mähmaschinenmesser durch. Beide Stücke könnten auf der Chaussee verunglückt und gestohlen worden sein. Aber wir haben bislang noch keine Verluste gehabt, weil die Strecke abends und nachts sehr wenig befahren wird. Es ist eben ein toter Winkel, 15 Kilometer vor der Zonengrenze. Mein Onkel äußerte den Verdacht auf Autowilderei. Wenn er sich derlei in den Kopf gesetzt hat, ist er unglaublich zäh; jedesmal fängt er wieder davon an. Ich versprach ihm deswegen, ich wolle alles absuchen. Ich hätte dazu gern seine Kurzhaarhündin mitgenommen; sie ist jagdlich sehr brauchbar. Aber sie hat vor fünf Tagen geworfen und läßt die Kleinen noch nicht lange allein. So suchte ich zwei Stunden lang das Gelände rechts und links der Straße ab, ohne etwas zu finden.“

„Haben Sie einen Zeugen dafür, vielleicht einen vorbeikommenden Bekannten, mit dem Sie sprachen?“

„Nein; wenn man so etwas einigermaßen ernsthaft betreibt, läßt man sich nicht blicken, ich wenigstens nicht. Man will nicht unnötig Aufsehen erregen. Ich sagte mir: Wo das Stück vom Auto aus den Kleinkaliberschuß auf den Hals bekommen hat, findest du ohne Hundenase sowieso nicht. Du mußt dort suchen, wo der Kerl das Stück aufgebrochen hat. Wenn er aus der Stadt ist und das Gescheide dort nicht so leicht verschwinden lassen kann, muß er im Wald aufbrechen. Fühlt er sich sicher, tut er es in der Nähe des Erlegungsortes. An eine andere Stelle hinzufahren, bringt wieder neue Komplikationen mit sich. Er stellt wahrscheinlich seinen Wagen auf einen der halb zugewachsenen Seitenwege. Das Gescheide wird mit Moos oder Zweigen zugedeckt, vielleicht auch vergraben. Nach einer solchen Stelle habe ich gesucht, aber nichts gefunden.“

„Wie lange, Herr Maruhn?“

„Bis kurz vor Sonnenuntergang. Dann war ich überzeugt, daß bei uns nichts Unrechtes geschehen sei. Nachher ging ich, wie ich schon gesagt habe, zur Heidekrautbank. Nicht auszudenken, daß ich dann mindestens eine Stunde dort saß und dreißig Schritt neben mir lag ein ermordetes Mädchen, das ich mal sehr gern gehabt habe. Verstehen Sie, Herr Kommissar, das ich immer noch gern hatte, in ehrlicher Dankbarkeit. Das hat mit meiner Verlobten absolut nichts zu tun. Entsetzlich …“

„Für diese so wichtige Zeit haben Sie wirklich keinen Zeugen, Herr Maruhn? Rund um die Heidekrautbank haben wir die verschiedensten Fußspuren gefunden; ich möchte sagen, in allen Preislagen. Bringen Sie mir einen glaubwürdigen Zeugen, und unsere unerquicklichen Unterredungen wären beendet.“

„Ich kann Ihnen keinen Zeugen bringen.“

Die Anwort erfolgte mit einer Entschiedenheit, die jedes Beharren auf diesem Punkt sinnlos erscheinen ließ. „Haben Sie während Ihres Ansitzes etwas Verdächtiges beobachtet?"

„Nichts. Höchstens, daß auf der anstoßenden Kultur kein Wild austrat. Ich kenne dort eine Geiß mit einem guten Bockkitz und ein Schmalreh. Das sind Stücke, die nicht geschossen werden sollen. Als fühlten sie ihre Sicherheit, zeigen sie sich meistens schon bei Anbruch der Dämmerung, nur am Sonntag nicht."

Kommissar Kerbitz legte sein Spielzeug aus der Hand. „Herr Maruhn, ich will Sie nicht länger aufhalten. Wir machen für heute Schluß. Bitte, halten Sie sich aber zu unserer Verfügung."

„Weswegen verhaften Sie mich nicht gleich?"

„Lieber Herr Maruhn!" Der Kommissar sprach wie ein guter Vater zu seinem ungebärdigen Sohn. „Sie wissen doch genau, daß ich keine gesetzliche Handhabe für eine Verhaftung hätte. Und selbst, wenn ich es dürfte, ich halte Sie – in aller Offenheit – nicht für den Typ, der nach ein paar Tagen des Eingesperrtseins weich wird. Außerdem will ich Sie bei Ihren Examensvorbereitungen so wenig wie möglich behindern."

Stefan Maruhn stand müde auf. „Ich bin Ihnen zu großem Dank verpflichtet, Herr Kommissar", sagte er bitter.

Um ein Uhr war Stefan Maruhn mit seiner Braut im „Franziskaner" verabredet. Marianne hatte über das verlängerte Wochenende ihre „Erb- und trotzdem Lieblings-Tante" besucht, um am Montag ihren Geburtstag zu feiern. „Ich muß Janne jetzt die ganze schreckliche Geschichte so weit erzählen, wie sie orientiert werden muß", dachte er, als er sich in dem weitläufigen Lokal nach ihr umsah. Die Vorstellung bedrückte ihn, besaß aber absonderlicherweise daneben etwas Beruhigendes, als könnte von ihr Rat oder gar Hilfe kommen. Da saß sie schon! Ihr naturroter Haarschopf war unverkennbar. Es war ein prachtvolles Rot, das je nach Lichteinwirkung ins Kupferne oder Goldene hinüberspielte.

Er begrüßte sie mit einem Händedruck, in dem sehr viel Gefühle und Verbundenheit lag. Vor fremden Menschen hätte er sie nie geküßt. „Das tut man auf einer Bank an der Seine", hatte er einmal zu ihr gesagt, „und da gehört es auch hin."

Mit drei, vier Sätzen erkundigte er sich nach dem Verlauf der Fahrt und dem Befinden der Tante. Dann fragte er nervös: „Hast du schon bestellt? Was nimmt man am besten? Ich habe keinen besonderen Appetit."

Marianne kannte ihren Verlobten schon so gut, das sie seine Verstimmung sofort spürte. „Du hast Ärger", sagte sie, ohne auf seine Frage einzugehen. „Ist etwas mit dem Examen?" Sie war selbst Studentin; Geschichte, Erdkunde, Sport, mit der Betonung auf dem letztgenannten Fach. Über kurze

Strecken und Hürden lief sie beachtliche Zeiten. Sie besaß die bildschönen, langen Beine der Leichtathletin. „Was ist schiefgegangen?"

„Es ist nichts mit der Uni", sagte Stefan finster. „In gewisser Weise ist es besser oder auch schlechter, wie man es nun auffaßt. Ich soll einen Mord begangen haben. Ja, du hast richtig verstanden: einen Mord. Warte, ich bestelle erst, sonst sitzen wir hier noch ewig, und dann erzähle ich."

Nachdem er seinen Bericht beendet hatte, sagte Marianne mit ihrer ein wenig rauh klingenden Stimme: „Stef, wir haben uns mal versprochen, daß wir uns nie anlügen wollen. Jetzt kommt die erste Probe, ob es etwas so Seltenes zwischen zwei Menschen gibt."

„Ich habe die Wahrheit gesagt."

„Still, ich bin jetzt dran! Wenn du es doch gewesen bist – mögen die Gründe gewesen sein, wie sie wollen –, so mußt du es mir sofort sagen, damit wir zusammen einen Ausweg suchen!: Südamerika oder so."

Obwohl ihm wahrhaftig nicht fröhlich zumute war's, mußte er lachen. „Du bist wunderbar, Janne. Wenn wir jetzt auf deiner Bude wären, würde ich sämtliche siebenundzwanzig Sommersprossen auf deiner entzückenden Stupsnase küssen."

„Stupsnase ist eine unerhörte Bezeichnung!"

„Also, Janne, schlage dir Südamerika aus dem Kopf. Ich war's nicht. Dir gegenüber verzichte ich sogar auf die billige Beteuerung aller Kinder, die dann allerdings meist doch etwas ausgefressen haben: ‚Bestimmt nicht!'"

„Dann brauchst du ein Alibi. Ein Jammer, daß ich nicht hier war, sonst würde ich sagen, daß wir um die fragliche Zeit meinetwegen sonst was gemacht haben."

„Du, Fräulein, so etwas muß beeidet werden."

„Na und?!"

„Auf Meineid steht Zuchthaus."

Marianne machte eine großartige Handbewegung, als wollte sie jeden derartigen Einwand vom Tisch fegen. „Pah! Schon Ibsen hat vor mindestens siebzig Jahren seine Nora etwas Schiefes mit Geld machen lassen, das sie für die Kur ihres kranken Mannes brauchte. Der war aber so tofflig, die Größe der Tat nicht einzusehen. Da hat sie ihm und ihrem ‚Puppenheim' Lebewohl gesagt. Aber ich kann nicht schwören, weil mindestens zwanzig Menschen wissen, daß ich am Sonntag schon bei Tante Bella war. Wir müssen die Sache anders anpacken, damit du vor den Bullen Ruhe bekommst."

„Deine Ausdrucksweise ist beinah stilecht. Der Mann, dieser Kerbitz, wirkt aber nicht einmal unsympathisch."

„Um so mehr mußt du bei ihm auf der Hut sein; er will dich einfach einwickeln. Überlege, Stef, als du da an der Chaussee rumgesucht hast, muß doch irgend jemand vorbeigekommen sein, der dir aus der Patsche helfen kann."

„Ich habe nur vorbeifahrende Autos gesehen und zwei Jungen mit Fahrrädern, die zur Badeanstalt wollten – sie hatten so ein Gummitier auf dem Gepäckträger –, und Pastor Füllsack auf seinem Meditationsgang."

„Na also, das genügt doch! Ich weiß gar nicht …" Das bestellte Essen wurde gebracht. Stefan nahm das Besteck mit sichtbarer Unlust zur Hand.

„Die können mir nicht helfen. Ich ließ mich nicht sehen, weil ich blöderweise ‚Räuber und Gendarm' spielen wollte. Außerdem mag ich das forschmoderne Gequassel des Pastors nicht. Der soll bei seinen Bibelsprüchen bleiben, besonders wenn er auf dem Lande sitzt, und nicht für die Nöte der heranwachsenden Jugend Verständnis heucheln."

„Du bist ungerecht, Stef."

„Natürlich. In meiner Lage habe ich das gute Recht dazu!"

„Zugegeben. Weiter: Wie sieht es mit einem Zeugen für die Zeit aus, als du auf der Heidekrautbank gesessen hast?"

„Auch dafür kann ich keinen Zeugen benennen."

Marianne legte Messer und Gabel auf den Tellerrand und lehnte sich ein wenig zurück. Ihr feines Ohr hatte den unechten Klang der letzten Antwort aufgefangen. „Stefan!" sagte sie, den Namen gegen alle Gewohnheit nicht abkürzend. „Unser Versprechen mit dem ‚Nie-schwindeln-Wollen' gilt doch hoffentlich als … Fair play. Ich meine, daß es da kein arglistiges Verschweigen gibt oder auch nur ein Manipulieren der Wort?"

„Ja doch, natürlich." Die Antwort klang schon ärgerlich.

„Bitte!"

„Wenn du das in einem Ton sagst wie Himbeereis in der Sommersonne, dann muß ich mich auf die damals vereinbarten Spielregeln berufen, in die, soweit ich mich erinnere, ein Notausgang eingebaut war. Also bitte: Antwort verweigert!"

„Das genügt mir", sagte Marianne beherrscht. „Demnach war es eine Frau oder ein Mädchen, die du schonen willst."

„Marianne, ich hasse große Worte und theatralische Gesten. Deswegen sage ich so ruhig wie möglich: Du hast keinen Grund zur Eifersucht", beteuerte Stefan mit Nachdruck.

Sie schüttelte ihr oft ungebärdiges Haar zurecht. Sofort glitzerten helle Lichter auf. „Eifersucht", sagte sie wegwerfend. „Das ist höchstens ein Thema für nachher. Jetzt dreht sich alles darum, dich rauszuhauen, und sei es mit Gewalt. Eifersucht, ha! Die sollst du zu spüren bekommen, wenn sich dieser verdammte Kommissar bei dir entschuldigt hat."

„Er tut nur seine Pflicht."

„Ja, ja, schon gut. Die Platte kennen wir." Marianne griff wieder nach dem Besteck, um die Mahlzeit zu beenden, aber ihre Gedanken waren weit fort. Als es damals vor ihrer Verlobung zwischen beiden den einen Hauptwunsch gab, sich so genau wie möglich kennenzulernen, hatte Stefan gesagt: „Soll ich dir jetzt alle Frauen und Mädchen aufzählen, die in meinem Leben eine Rolle gespielt haben?"

Sie hatte geantwortet: „Um Himmels willen, kein Leporello-Album! Ich kenne deine Einstellung auf diesem Gebiet inzwischen zur Genüge: Ich bin der größte Jäger, so weit das Auge reicht. Die Hirsche und Kaninchen möchte ich meistens schießen, die schönen Mädchen und charmanten Frauen aber hegen, das heißt, lebend besitzen. Ich erlasse dir jede Art von Aufzählung. Du brauchst nicht, wie es in eurer kuriosen Waidmannssprache heißt, feierlich ‚Strecke legen‘."

So tappte sie auf diesem Gebiet, zumindest, was Einzelheiten anbelangte, im Dunkeln. Sie überlegte angestrengt. Plötzlich kam ihr die Erleuchtung: „Du, Stef, die Heidekrautbank steht doch dicht an der Mellendorfer Grenze?"

„Dicht? Es sind gut 200 Schritt bis rüber. Wir pflastern unsere Sitze dem Nachbarn nicht direkt vor die Nase."

„Meinetwegen. Und das Gut gehört einem Sonderling. Du sagtest mal, er sei bei seiner Ornithologie mindestens so passioniert wie du bei der Jagd; Reigel oder so heißt er."

„Na, wenn schon. Er heißt übrigens Reibell."

„Jetzt kommt's. Die junge Frau ist sehr attraktiv, und jedesmal, wenn von ihr die Rede war, bekamst du deine tiefe männliche Stimme und rote Ohren. Stef, diese Frau Reibell ist bei dir gewesen!"

„Jetzt reicht es mir! Zum letztenmal, Antwort verweigert! Und zum Allerletzen: Ich bitte höflichst, das Thema zu wechseln, sonst bekomme ich vor versammeltem Publikum einen Koller."

„Wie du willst. Ich werde dir damit nicht mehr auf die Nerven fallen. Was machst du am Nachmittag?"

„Ich gehe nach Hause, schlafe erst mal eine Stunde und versuche dann endlich, etwas Vernünftiges zu arbeiten. Und wie ist dein Programm?"

Marianne aß mit spitzem Löffel die Portion gemischtes Eis, die sie sich als Nachtisch bestellt hatte. „Ich … ," sagte sie gedehnt. „Ich werde mich wohl um meine Leutchen kümmern müssen, was sie gestern ohne mich gemacht haben, die von der Übung bei Pustermeier."

Im Telefonbuch gab es nur eine halbe Seite, auf der die Mellendorfer Anschlüsse verzeichnet waren. So fand Marianne schnell die gesuchte Nummer. Das Gutsbüro meldete sich. Man würde zur Privatwohnung durchstellen.

„Ja, bitte?"

„Spreche ich mit Frau Reibell?"

„Am Apparat."

„Marianne Sielers. Ich bin die Braut von Stefan Maruhn."

„Ja … Womit kann ich Ihnen behilflich sein?"

„Frau Reibell! Stefan ist in einer scheußlichen Lage. Sie haben bestimmt von dem Mord an dem Mädchen aus der ‚Krone‘ gehört. Er passierte ja dicht an Ihrer Jagdgrenze. Nun vernehmen sie Stefan andauernd, weil er zur fraglichen Zeit im Revier war. Sie können sich vorstellen, wie unmöglich das gerade jetzt ist, weil in der nächsten Woche das Examen anfängt. Es müßte nur ein Zeuge kommen, der ihn entlastet, dann wäre diese entsetzliche Fragerei ein für allemal zu Ende. Frau Reibell! Wollen Sie nicht für ihn aussagen?“

„Ich … Hat Stefan, ich meine, Ihr Verlobter, gesagt, daß ich …“

„Nichts hat er, gar nichts! Sie müssen ihn doch kennen. Ich habe ihn heute mittag – am Sonntag war ich verreist, deswegen trafen wir uns erst heute, und deswegen kann ich auch nicht für ihn aussagen – heute beim Essen habe ich ihn also bestürmt, er solle wenigstens mir sagen, daß er Sie getroffen hat. Aber er wurde sofort zum großen Helden, der sich lieber opfert, als einer Dame auch nur die kleinste Verlegenheit zu bereiten. Frau Reibell, es geht hier um mehr als eine dumme Behördenschererei, es geht um Stefans Zukunft. Schließlich braucht man im Examen vor allen Dingen seine guten Nerven. Bitte, helfen Sie Stefan!“

„Das alles kommt ein wenig überraschend; so am Telefon …“

„Natürlich müssen wir es in Ruhe besprechen. Könnten wir uns nicht irgendwo in der Stadt treffen?“

„Ja, schon, aber es paßt nicht besonders gut. Mein Mann ist am Samstag mit dem großen Wagen zu einer ornithologischen Tagung fortgefahren. Es dauert noch ein paar Tage; Exkursionen, was weiß ich … In den kleinen Wagen sprang heute vormittag auf dem Weg vom Hof zur Koppel ein Stück Jungvieh. Ein Kotflügel verbeult, der Scheinwerfer nicht in Ordnung. Ich gab den Wagen sofort in die Werkstatt. Es macht mir nichts aus, mit dem Bus zu fahren; aber es gäbe Aufsehen.“

„Selbstverständlich können Sie nicht den Bus nehmen, wenn das halbe Dorf zuschaut; ich stamme selbst aus einer kleinen Stadt und kenne die Leute. Jetzt ist es halb zwei. Ich bin genau in einer Stunde bei Ihnen. Dann können wir alles in Ruhe besprechen.“

„Wenn Sie meinen.“

„Ich danke Ihnen sehr! Auf Wiedersehen in einer Stunde.“ Marianne legte den Hörer so schnell wie möglich auf. „Puh, dich habe ich rumgekriegt! Du kommst mir nicht mehr weg, und wenn ich dich an den Haaren zum Kommissar schleifen müßte. Diese Person! Eifersucht, kusch dich!“

Ist die Frau gepflegt!“ war Mariannes erster Gedanke, als sie Gerda Reibell in der Diele des Mellendorfer Gutshauses gegenüberstand. „Gepflegt, aber nicht hochmütig. Was ist mit ihr? Ist sie unglücklich und versucht sie, es zu verbergen?

Marianne war auf eine lange Auseinandersetzung, vielleicht sogar einen Kampf gefaßt, aber sie hatte sich getäuscht. Es genügte, das Vorgefallene noch einmal kurz zu schildern, dann war Frau Reibell zum Mitfahren bereit. „In fünf Minuten bin ich abfahrtbereit. Ich muß nur noch in der Küche Bescheid sagen."

„Dann gehe ich schon zum Wagen."

„Wie Sie wollen. Ich habe Ihnen noch gar nichts angeboten."

„Das macht doch nichts. Wir dürfen keine Zeit vertrödeln."

Gerda Reibell trug einen Sommermantel, zu dessen hellem Stoff ihr in einem Knoten aufgestecktes, fast schwarzes Haar in einem wirkungsvollen Gegensatz stand. Sie war ein wenig größer als Marianne.

„Es sind die Augen", dachte das Mädchen, „diese großen melancholischen Tieraugen, die fremdländisch aussehen. Was bin ich gegen diese Dame? Eine kleine Studentin, ein Gänschen. Wenn sie versucht, mir Stefan wegzunehmen, töte ich sie. Und ihn und mich. Ich bin verrückt und sollte lieber auf das Fahren aufpassen. Aber ich lasse mir Stefan nicht wegnehmen."

„Darf ich sprechen, oder ist es Ihnen unangenehm, wenn Sie am Steuer sitzen?" fragte Gerda Reibell, nachdem der Wagen vom Gutshof in die Dorfstraße eingebogen war. Drei kleine Mädchen spielten unter einer breitkronigen Linde Humpelkasten. Eine schwarzweiße Katze überquerte das Holperpflaster in gelassener Geschmeidigkeit, als gehörte ihr die Welt allein.

„Es stört mich kein bißchen; außerdem ist ja kaum Verkehr."

„Etwa vor einem Jahr … Nein, ich muß anders anfangen. Zuerst möchte ich Ihnen versichern, daß kein Grund zur Eifersucht vorliegt. Bitte, lachen Sie nicht spöttisch!"

„So war es nicht gemeint. Ich mußte nur lachen, weil ich die gleichen Worte heute schon einmal gehört habe; von Stefan."

„Sie können sich darauf verlassen, Fräulein Sielers." Gerda Reibell zog ihre Handschuhe aus. Außer dem Ehering trug sie keinen Schmuck. „Ich beneide Sie um Ihr Studium. Ich habe nur Primareife und hinterher nichts gelernt. Mit zwanzig heiratete ich. Mein Mann ist erheblich älter, aber das spielt keine Rolle. Er ist ein hervorragender Landwirt und ein begeisterter Vogelfreund. Ich hatte im ersten Jahr einen Autounfall und kann keine Kinder bekommen." Gerda Reibell erzählte mit leiser, manchmal nur mühsam zu verstehender Stimme, als spräche sie mehr zu sich als zu dem Mädchen, das die Augen nicht von der Fahrbahn abschweifen ließ.

„Im vergangenen Herbst rief Stefan – ich darf ja wohl so sagen – an, er habe auf ein Schmalreh geschossen, das krank zu uns herüber sei. Mein Mann war nicht zu Hause; irgendeine seiner Vorstandssitzungen. Zu allem andern hat er noch eine Unzahl von Ehrenämtern, mit denen er es sehr ernst nimmt. Vorsicht!"

Ein Huhn, das zu einem außerhalb des Dorfes liegenden Gehöft gehörte, wollte unbedingt noch vor dem Auto die Straße überqueren. Marianne mußte scharf bremsen, um ein Unheil zu verhindern. „Sie lernen es nie. Den Haubenlerchen dagegen passiert kaum etwas. Die wissen genau, wann sie beiseite fliegen müssen."

„Ja, sonderbar, wie sich manche Tiere mit den Gefahren der Umwelt arrangieren und andere Schiffbruch erleiden." Gerda Reibell glättete immer wieder ihre Handschuhe, als brauchte sie einen Gegenstand, dem sie ihre Aufmerksamkeit zuwenden konnte. Dann berichtete sie weiter. „Nach dem Anruf wegen des Rehes fuhr ich zur Grenze. Warum? Wir haben keinen Förster; dafür ist das Revier zu klein. Ich tat es wahrscheinlich aus Neugier oder Langeweile. Sie müssen verstehen, ich habe wenig Pflichten, zu wenig. Fräulein Krüger ist seit zwanzig Jahren im Hause. Sie leitet alles so perfekt, daß jede Einmischung überflüssig ist. Alles Dreinreden würde sie sich auch sehr energisch verbitten. Jedes Juwel wird zwangsläufig zum Haustyrannen. Da kann man nichts machen. Stefan hatte den Hund seines Onkels mitgebracht."

„Die Freia."

„Ja so heißt sie wohl, eine braune Kurzhaarhündin. Das Reh lag verendet bei uns in der Schonung. Es war eine leichte Nachsuche." Gerda Reibell schwieg. „Weswegen erzähle ich diesem fremden Mädchen das alles?" dachte sie erschrocken. „Ich bin doch sonst nicht so mitteilsam. Ich habe ja auch niemanden, zu dem ich sprechen könnte. Sie ist ganz anders als ich, so unbekümmert geradeaus und so beneidenswert gesund. Was dann in der Schonung geschah, davon sage ich aber nichts; das geht nur uns beide an, Stefan und mich. – ‚Warum sehen Sie mich so sonderbar an, Herr Maruhn?' – ‚Weil Sie sehr begehrenswert sind.' – ‚Eigentlich müßte ich Sie jetzt verwarnen.' – ‚Daß Sie es nicht tun, beweist, welch wundervolle Frau Sie sind.'"

Gerda Reibell strich sich eine Haarsträhne aus der Stirn, mit der sich der durch das halb geöffnete kleine Dreiecksfenster einströmende Fahrtwind vergnügt hatte. „In der Schonung war es fast noch sommerlich warm", sagte sie versonnen. „Das tote Reh war da und der braune Hund, der hechelnd daneben lag. Es roch nach Kien. Besonders diesen Geruch werde ich nie vergessen."

„Gerüche sollen länger im Gedächtnis bewahrt bleiben als Gesehenes oder Gehörtes, behaupten die Psychologen", sagte Marianne. Sie gab sich große Mühe, ihre Stimme nicht in wilder Eifersucht flattern zu lassen. In ihr brannte wilde Eifersucht.

„Wir haben uns dann noch drei-, nein, viermal getroffen. Ich weiß, daß es Unrecht gegenüber meinem Mann war, aber …" Die junge Frau zuckte die Schultern; es war eine ratlose Gebärde. „Aber ich konnte nicht anders. Dann kamen anonyme Briefe. Die Menschen auf dem Lande sind neidisch und boshaft und feige; natürlich nicht alle. Ich versprach meinem Mann, Stefan nicht wiederzusehen. Dann ging unser Leben weiter; nur die Unbefangenheit war zerstört.

Als ich jetzt zum letzten Wochenende wieder allein war . . Ich habe keine Verwandten, die mir nahestehen, keine Freundin, überhaupt niemanden. Das wird zu einem erheblichen Teil wohl auch meine Schuld sein. Ich weiß das. Am Sonntagnachmittag machte ich einen großen Spaziergang. Ich wollte so müde nach Hause kommen, daß ich endlich einmal eine Nacht ohne Tabletten schlafen konnte; man gewöhnt sich so an das Zeug. Da sah ich Stefan im Ansitzschirm. Mit meinem Glas sah ich ihn so nahe, als säße er dicht vor mir. Ich mußte zu ihm gehen. Aber Sie haben wirklich keinen Grund zur Eifersucht. Er erzählte mir sofort von Ihnen. Ich habe mein Versprechen nicht gehalten, und jetzt fahre ich mit Ihnen, um es amtlich zu bekunden."

Neben ihrer rasenden Eifersucht empfand Marianne plötzlich ein neues Gefühl. Die trotz aller äußeren Glücksumstände so einsame Frau tat ihr leid. „Sie brauchen keine Angst zu haben. Der Kommissar ist doch beinah wie ein Arzt. Er hat auch seine Schweigepflicht. Besonders dann, wenn wir ihn darum bitten."

Gerda Reibell mußte lächeln. Sie hatte Tränen in den Augen und lächelte trotzdem. „Kind, das ist nicht das Hauptproblem, das liegt tiefer. Der nächste Zweifel heißt doch: Soll ich es meinem Mann offen sagen oder feige verschweigen. Ich weiß, daß es ihm weh tun würde. Und dann das letzte: Ist das mein ganzes Leben? Lohnt sich dieses Leben? Kind, ich beneide Sie glühend. Nicht nur, weil Sie Stefan gefunden haben; um Ihre klaren Vorstellungen von der Zukunft beneide ich Sie noch mehr."

Marianne erblickte voraus ein paar Radfahrer und hupte warnend. „Dieses leichtsinnige Nebeneinanderradeln! Wenn dabei etwas passiert!"

„Daran denken sie nicht."

Kommissar Kerbitz deutete mit einer geringen Handbewegung auf den Stuhl vor seinem Schreibtisch. „Setzen Sie sich, Herr Maruhn! Es tut mir leid, daß ich Sie schon wieder bemühen mußte. Aber da sind ein paar neue Dinge aufgetaucht, die wir unbedingt besprechen müssen."

„Wenn Sie so weitermachen, werden Sie Ihr Ziel bald erreichen, entweder mache ich schlapp, oder ich drehe durch. Vor knapp vier Stunden entlassen Sie mich glücklich, und jetzt soll alles von vorn anfangen."

„Wenn wir keine langen Vorreden machen, geht es vielleicht ganz schnell. Erste Frage: Wann waren Sie vor dem Unglückssonntag das letztemal an der Heidekrautbank?"

„Vorher? Da muß ich erst nachrechnen. Am vorausgegangenen Wochenende bin ich in der Stadt geblieben; ich wollte eine Arbeit unbedingt zu Ende bringen. Und davor …"

„Halt, das genügt mir schon. Ich stelle fest, Sie haben den bewußten Platz mindestens acht Tage lang nicht aufgesucht." Der Kommissar war über die Antwort anscheinend so befriedigt, daß er sein an den Nerven der anderen zerrendes Spiel mit dem Brieföffner begann. „Nächste Frage: Sie bekundeten mehrfach, daß Sie am bewußten Nachmittag gegen Sonnenuntergang zur Bank gingen und sich dort eine gute Stunde – bis es finster war – aufhielten. Rauchten Sie dabei?"

Stefan Maruhn setzte sich unwillkürlich zurecht. In den zu harmlos klingenden Worten witterte er eine Falle, ohne sie jedoch vorerst klar zu erkennen. Deswegen antwortete er so vorsichtig wie möglich: „Wahrscheinlich habe ich geraucht."

„Wie viele Zigaretten mögen es gewesen sein?"

„Herr Kommissar, das kann ich Ihnen unmöglich sagen."

Das kleine verchromte Schwert wurde nachdenklich hin und her gedreht, als könnte es den Schlüssel zu allen offenen Zweifelsfragen abgeben. „Ich will Ihnen Vorschläge unterbreiten: Kann es sich um eine Zigarette gehandelt haben, um zwei, drei, vier …"

„Ich stecke mir doch nicht eine an der anderen an. Vier sind ausgeschlossen!"

Kommissar Kerbitz nickte zustimmend. „Das habe ich mir auch gedacht, als Löffler, einer meiner Assistenten, ein tüchtiger Junge, vor einer Stunde zurückkam. Er sollte den Tatort noch einmal untersuchen, sozusagen in aller Gemütlichkeit, ohne unter dem direkten Eindruck des Verbrechens zu stehen. Außer anderen Kleinigkeiten hat er vier Stummel Ihrer Zigarettenmarke gefunden. Sie waren ja so nett, uns am Vormittag eine Probe hierzulassen. Entschuldigung, Sie brauchen nicht aufzufahren. Es war nur eine nicht bös gemeinte Nebenbemerkung. Vier Kippen, nur ein wenig feucht, nicht durchgeweicht, mithin nach dem Wolkenbruch am vergangenen Dienstag vor der Bank begraben. Wie sich das für waldgewohnte Menschen gehört, waren sie, die Stummel, nämlich tadellos beseitigt. Wer gewissenhaft ist, nimmt sich bekanntlich auch dann in acht, wenn keine direkte Brandgefahr besteht. Die beiden, die von Ihnen stammen, Herr Maruhn, wurden vermutlich mit einem kleinen Hölzchen in die Erde gesteckt; etwa einen Zentimeter tief. Machen Sie das immer so?"

Stefan Maruhn hob die Schultern. „Ich weiß wirklich nicht. Was soll die ganze Fragerei?" Die Antwort klang beinahe ungezogen. Ein böses Feuer lag in seinem Blick.

Unbeeindruckt fuhr der Kommissar fort: „Die beiden anderen hat Ihre Begleiterin so ausgetreten, daß sie vollkommen flachgedrückt sind. Auch das ist eine sichere Methode. Wir wissen übrigens, daß es ein Mädchen war oder eine Frau. Es fanden sich geringe Spuren von Lippenstift. Im Labor sind sie augenblicklich dabei zu untersuchen, ob es der Lippenstift von Lena Wierke ist. Träfe das zu, sähe die Sache für Sie natürlich böse aus. Herr Maruhn, ich glaube, daß jetzt der Zeitpunkt gekommen ist, endlich mit dem Versteckspiel oder was es nun sein mag, aufzuhören und mir reinen Wein einzuschenken: Mit wem waren Sie an der Bank?"

Stefan Maruhn hatte Zeit gefunden, sich aufzufangen. Beherrscht sagte er: „Ich war allein da. Meine Zigaretten werden von Hunderttausenden gekauft. Die Bank steht nur dreihundert Schritt vom Parkplatz entfernt. Täglich kommen Spaziergänger dorthin. Einer oder eine von ihnen hat zufällig meine Marke geraucht."

„Sie sind ein schwieriger Fall. Ich muß mich tatsächlich zusammennehmen, um nicht aus der Haut … Ja, was ist denn?"

Der im Vorzimmer sitzende Angestellte war nach kurzem Anklopfen hereingekommen. Er legte einen Zettel auf den Schreibtisch: „Sie sind schon draußen, Chef."

Kerbitz überflog die wenigen Worte. „Na, Gott sei Dank!" sagte er mit einem befreiten Aufatmen. „Gute Kunde, Herr Maruhn! Wir bekommen Unterstützung. ‚Schützenhilfe' nennt man das wohl in Ihrer Sprache. Schicken Sie die Damen rein, Herr Niemeier, und, bitte, noch ein paar Stühle."

Als Stefan Maruhn gleich darauf seine Braut in Begleitung von Gerda Reibell erblickte, machte er eine Bewegung mit beiden Händen, die seine Kapitulation andeuten sollte. „Janne, das war das Verkehrteste, was du mir antun konntest."

Der Kommissar stand auf. Er war so zufrieden, daß er um den Schreibtisch herumgehen wollte, um die Damen zu begrüßen. Es kam aber nicht dazu, weil ein neuer Zwischenfall eintrat. Aus dem Vorzimmer waren laute, ja sogar erregte Stimmen zu hören. „Zum Kuckuck, wir wollen jetzt nicht gestört werden", sagte Kerbitz ärgerlich. „Sehen Sie doch, bitte, mal nach, Fräulein Schmitzchen, was da los ist."

Bevor die Sekretärin jedoch aufstehen konnte, wurde die Tür ziemlich heftig geöffnet. Zusammen mit Herrn Niemeier trat ein etwa dreißigjähriger, kräftig gebauter Mann ein, dessen braune, nicht mehr neue Lederjacke auf den Umgang ihres Trägers mit Motoren schließen ließ. Der Mann machte einen verstörten Eindruck; aber er war nicht betrunken.

„Herr Kommissar, ich will alles sagen."

„Was wollen Sie sagen? Herr, hat das nicht Zeit, bis wir hier fertig sind?"

„Nein, ich halt's nicht mehr aus! Sie sieht mich so lange an mit ihren halboffenen Augen, bis ich alles gesagt habe. Sie macht die Augen nicht zu. Sie sieht mich immerfort an. Seit Sonntag:"

„Wer sieht Sie an?"

„Die Lena. Ich wollte sie nicht töten. Das kann ich beschwören. Aber sie sollte aufhören, so zu schreien. Und jetzt sieht sie mich Tag und Nacht an."

„Wir unterbrechen unsere Angelegenheit", sagte Kommissar Kerbitz zu den beiden Damen und Stefan Maruhn. „Ich glaube, Sie können ruhig im Zimmer bleiben, schließlich ist es halb und halb auch Ihre Sache. Herr Niemeier, stellen Sie die Stühle ans Fenster. So, und jetzt zu Ihnen, immer hübsch der Reihe nach. Wie heißen Sie?"

„Wilfried Bongel."

„Fräulein Schmitzchen, bitte, notieren Sie! Wann geboren?"

„Am 18. 2. 1941."

Nachdem die Personalien des Lastwagenbesitzers aufgenommen waren, gab er an, Lena Wierke seit einem halben Jahr zu kennen. Mehrfach sei es in dieser Zeit auch zu Zärtlichkeiten gekommen.

„Waren Sie am Sonntag verabredet?" fragte Kommissar Kerbitz.

„Sie hat mir einen Brief geschrieben. Daß sie mich am Sonntag unbedingt sprechen muß. Ich sollte gegen drei Uhr zu der Bank kommen, wie immer. Wir haben uns da schon ein paarmal getroffen. Drunter stand noch: Wenn du nicht kommst, passiert was – mit dir. Das war doppelt unterstrichen. Ich bin mit dem Motorrad hingefahren. Sie kam dann, war aber ganz anders als sonst, ich weiß auch nicht wie. Als ich sagte: ,Was hast du denn?' entgegnete sie: ,Was ich habe? Daß du es gleich weißt: Bei mir ist was unterwegs, und du bist dran schuld.' Ich habe das natürlich bestritten und gesagt, daß sie es noch mit anderen gehalten hat, und von einem wüßte ich sogar den Namen. Da wurde sie schon wild und sagte: ,Du bist es gewesen, ich weiß es genau. Und du mußt mir 2 000 Mark geben, daß ich nach England fahren kann, damit es in Ordnung gebracht wird. Hier kenne ich niemanden, nur die alte Hexe, die meine Freundin Sofie fürs Leben versaut hat, und zu der gehe ich nicht. Du mußt mir die 2 000 Mark sofort geben, morgen oder spätestens übermorgen.'

Herr Kommissar, da wurde ich auch falsch. Ich habe gesagt, wie käme ich dazu, für ein Gör zu zahlen, das nicht von mir ist. Und sie verdiente doch selber genug.

Sie sagte: ,Ich habe zum 1. Juli all mein Gespartes an meine Schwester gegeben, weil sie doch baut, und sie zahlte auch Zinsen, genau wie die Sparkasse. Zu der kann ich nicht gehen und sagen: ›Ich will jetzt 2 000 Mark wiederhaben.‹ Dann fragt sie doch: ›Wofür?‹ Und ich kann es ihr nicht sagen, weil ihr Mann in solchen Sachen noch strenger ist als der Herr Pfarrer. Und ich müßte ihr das Geld geben, sonst passiere etwas.

Da habe ich sie ausgelacht und gesagt: Es passiert gar nichts, höchstens, daß du dich vor allen Leuten blamierst, weil du sonst immer so schlau tust und nun doch reingefallen bist.

Da ist sie aufgesprungen und hat gesagt und es war schon halb geschrien: Wenn ich nicht tue, was sie will, zeige sie mich an. Dann würde ich ja wohl keine große Strafe kriegen, aber der Wagen, mit dem ich es gemacht habe, der wäre hops."

Stefan Maruhn hatte bis jetzt ein wenig zusammengesunken dagesessen, als wäre er sehr müde, nachdem er von dem auf ihm ruhenden Verdacht befreit worden war. Bei den letzten Sätzen jedoch horchte er auf, hob den Kopf und sah unwillkürlich zu Kommissar Kerbitz.

Der verstand sofort. „Einen Augenblick, Herr Bongel! Bis jetzt ist mir Ihr Bericht klar. Aber Sie deuteten zum Schluß an, daß sie von dem Mädchen irgendwie erpresserisch bedroht wurden. Worum handelte es sich da?"

„Ich muß es ja doch sagen, Herr Kommissar. Es kommt auch nicht mehr drauf an. Deswegen ist es auch bloß passiert, das alles. Es war so: Im Winter habe ich mal ein Reh angefahren; aber nicht hier. Ich weiß nicht mal, wie das Nest heißt, wo es gewesen ist. Dem Reh war weiter nichts groß passiert; bloß das Genick hatte es gebrochen. Ich habe es auf den Wagen geworfen und einem … einem Bekannten gegeben."

„Wer war das, und wieviel hat er Ihnen dafür bezahlt?"

„Muß ich das auch sagen?"

Kommissar Kerbitz schüttelte den Kopf. „Zwingen kann ich Sie natürlich nicht, aber einmal bekommen wir es doch raus und zum anderen ist es wohl das beste für Sie, ganz reinen Tisch zu machen."

„Meinetwegen, mir ist schon alles egal. Es ist der Ochsenwirt aus Schelmstedt, wo ich her bin. Er hat mir 40 Mark gegeben. Dann, ein paar Wochen drauf, habe ich von einem Freund – den verrate ich aber nicht; der hat mit der ganzen Sache nichts zu tun – ein Kleinkalibergewehr gekauft, mit Zielfernrohr. Er hat es sich reell schicken lassen, von einer Firma, die die Dinger an jeden abgibt, wenn er alt genug ist. Zuerst habe ich bei uns in der Kiesgrube auf 'ne leere Blechbüchse geschossen und gestaunt, wie gut man damit treffen kann. Dann habe ich zwei oder drei – also gut, es waren drei – Rehe nachts geschossen. Als ich mal ein Glas zu viel getrunken hatte, habe ich damit vor der Lena angegeben. Und das nutzte sie jetzt gegen mich aus. Als ich zum zehntenmal sagte, daß sie von mir keinen Pfennig kriegt, geschweige denn 2 000 Mark, fing sie an zu schreien: ‚Dann wirst du den Wagen los!'

Sie müssen das verstehen, Herr Kommissar, der Wagen ist mein ein und alles. Ich habe ihn auf Abzahlung gekauft, neu gekauft, und schon so gut wie alles abgestottert. Jetzt soll endlich das große Verdienen anfangen. Da will sie mir alles verderben. Geschrien hat sie, daß ich Angst bekam, man hört es oben auf der Straße.

Da habe ich sie an den Schultern gepackt und geschüttelt, daß sie wieder zur Vernunft kommen sollte. Sie hat immer lauter geschrien: ‚Du bist ein Wilddieb! Mit deinem Wagen hast du gewildert! Du kommst ins Kittchen, und der Wagen wird kassiert!' So hat sie geschrien. Da hab' ich wohl die Hände um ihren Hals gelegt, daß sie still sein soll. Ich weiß es nicht mehr.

Herr Kommissar, auf Ehre und Gewissen, ich weiß nicht mehr, was dann passiert ist. Ich weiß bloß, daß es plötzlich so still war und daß Sie ganz baumlig war wie eine Stoffpuppe. Die Arme haben gebaumelt, und in den Beinen war keine Kraft mehr. Aber die Augen waren nicht zu. Aus halboffenen Augen hat sie mich angesehen. Dann war sie ganz still.

Ich habe sie ins Heidekraut gepackt, ein Stück von der Bank weg. Dann bin ich weggelaufen und nach Hause gefahren. Ich wollte mir einen ansaufen; mir wurde aber schlecht. Und die ganze Nacht über hat mich die Lena angesehen, so daß ich nicht richtig schlafen konnte. Am Montag habe ich nur eine kleine Fahrt gemacht und zu Mittag aufgehört, weil ich nicht mehr fahrtüchtig war. Und letzte Nacht war es genauso. Die Augen! Immer ihre halboffenen Augen. Deswegen bin ich zur Polizei gegangen, denn es hilft ja alles nichts." Der Mann schwieg. Große Schweißtropfen standen auf seiner Stirn. Er zog ein Taschentuch hervor und wischte sich die Stirn ab.

Kommissar Kerbitz stand auf. „Es war richtig, daß Sie uns alles gesagt haben, Herr Bongel. Wir werden dann ein Protokoll aufnehmen, damit es seine Ordnung hat. Dazu brauchen wir aber die andern Herrschaften wirklich nicht mehr." Er ging um den Schreibtisch herum. „Vorhin wollte ich mich Ihnen vorstellen", sagte er zu Gerda Reibell. „Aber ich glaube, nach Sachlage der Dinge ist das nicht mehr notwendig. Deswegen möchte ich mich von Ihnen gleich verabschieden: Meine Hochachtung! Und auch bei Ihnen, mein Fräulein, fällt mir nichts Besseres ein, als zu sagen: Meine uneingeschränkte Hochachtung!" Er schüttelte beiden Damen die Hand; sein Gesicht strahlte.

Dann wandte er sich an Stefan Maruhn: „Seien Sie mir nicht mehr böse, daß ich Sie zwei Tage lang von Ihrer Arbeit weggeholt habe; es ging halt nicht anders. Und zum Examen: Hals- und Beinbruch!"

Er wollte zu seinem Platz zurückgehen, da fiel ihm noch etwas ein: „Herr Maruhn, ich will nichts berufen, aber ich glaube, daß Sie glänzend abschneiden werden. Wer so viel Rückendeckung hat wie Sie, bei dem kann einfach nichts schiefgehen."